KB270350

광덕스님 시봉일기 · 2

금하총서 ①

광덕스님 시봉일기 · 2
- 징검다리 -

지은이 · 松菴 至元
펴낸이 · 김인현
펴낸곳 · 도서출판 도피안사

2001년 2월 25일 1판 1쇄 발행
2001년 3월 25일 1판 2쇄 발행
2002년 1월 20일 2판 1쇄 발행

책임편집 · 이상옥
영업담당 · 惠空 김두생
인쇄 · 동양인쇄(주)

등록 · 2000년 8월 19일(제19-52호)
주소 · 경기도 안성시 죽산면 용설리 1178-1
전화 · 031-676-8700
팩시밀리 · 031-676-8704
E-mail · dopiansa@kornet.net

ⓒ 2002, 송암

ISBN 89-951656-3-4 04220
      89-951656-0-X 04220(세트)

眞理生命은 깨달음(自覺覺他)에 의해서만 그 모습(覺行圓滿)이 드러나므로
도서출판 도피안사에서는 '독서는 깨달음을 얻는 또 하나의 길' 이라는 신념으로 책을 펴냅니다.

佛光香風
2

광덕스님 시봉일기 2

징검다리

글 · 송암지원

DOPIANSA
到彼岸社

일생을 보현행자로 살았고 반드시 이 땅에 환생하여

반야바라밀결사 구국구세 운동을 다시 이을 것을 서원하신

金河堂 光德大禪師의 환생 후신전에

삼가 이 책을 바칩니다.

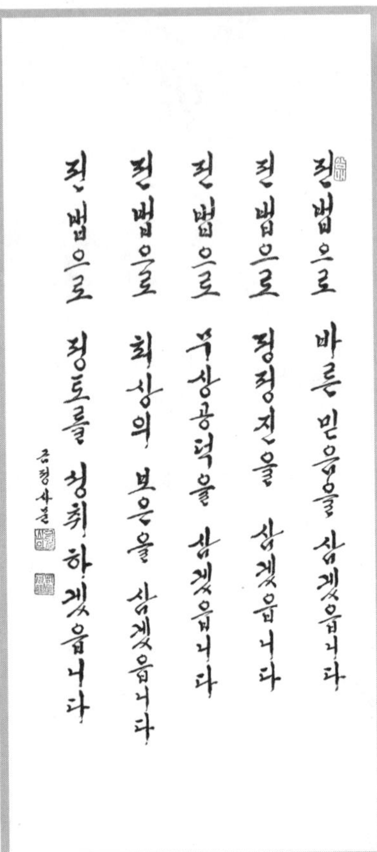

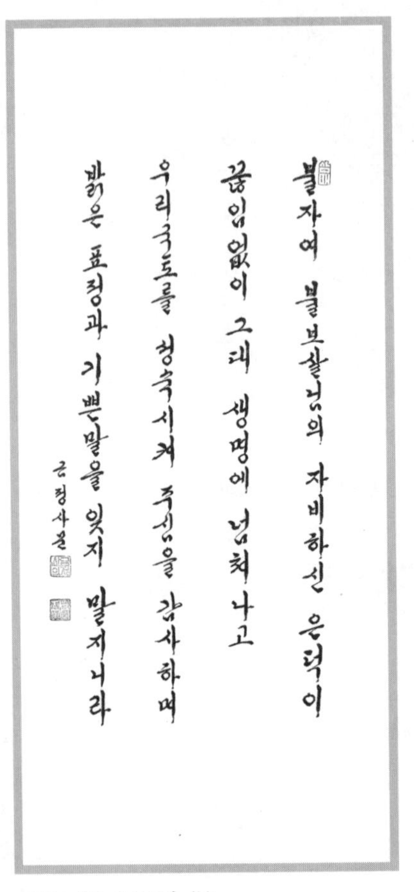

글씨 / 석주 (1986년, 作)

왼쪽은 先師께서 매월 포살 때 대중에게 다짐받은 포살 계목 중의 하나이고,

오른쪽은 매주 법회 때마다 동참 대중이 다짐한 전법오서임.(필자)

그림 / 석정

普賢身相如虛空　　　　보현보살　미묘한몸　형상이없어

依眞而住非國土　　　　어느 때나　법신광명　두루 비추네.

隨諸衆生心所欲　　　　일체중생　원하는바　이루기위해

示現普身等一切　　　　보현원왕　일체처에　현전하시네.

보현행원으로 보리 이루리

보현행원 수행하는 보살들이여

1. 모- 든- 부처님께 예경할지라
2. 일체여래 모든공덕 찬탄할지라
3. 시방세계 일체불께 공양할지라
4. 무시이래 지은업장 참회할지라
5. 모든여래 지은공덕 기뻐할지라
6. 일체불께 설법을- 청할지로다
7. 일체제불 주세간을 청할지로다
8. 어느때나 여래따라 배울지로다
9. 온갖형상 일체중생 수순할지라
10. 중생에게 모든공덕 회향할지라

'허공계가 다하고 중생 다하고
중생의 번뇌가 다할지라도
보살의 행원은 다하지 않아.'

보현행원은 나의 진실생명의 문을 엶이어라

　　　무량위덕 발휘하는 생명의 숨결이어라

보현행원은 나의 영원한 생명의 노래

　　　나의 영원한 생명의 율동

　　　나의 영원한 생명의 환희

　　　나의 영원한 생명의 위덕

　　　체온이며 광휘이며 그 세계이어라.

내 이제 목숨 바쳐 서원하오니

삼보 자존이시여 증명하소서

보현행원을 수행하오리

보현행원으로 불국이루리

보현행원으로 보리이루리

나무마하반야바라밀

나무대행보현보살마하살

그림 / 소공

울려서 법계를 진동하여 천
위산이 밝아지고 잠잠해서 겁
전 봄소식이 겁후에 찬란해라
일찌기 형상으로 몰형상을
떨쳤으니 금정산이 당당하여
그의 소리 영원하리

근하 광덕 대선사 열반송을 쓰다

기묘년 봄 법진 정웅 표

사진/관조   1987년 5월경, 세수 61세를 맞이하여 보현사에서(필자)

金河堂 光德大禪師는
1927년 4월 4일(정묘년 3월 3일) 경기도 화성에서 출생.
1950년 가을, 24세 때 부산 범어사 입산. 그 이후 오직 爲法忘軀 傳法度生으로 이 시대의 횃불이 되다.
1999년 2월 27일 오후 2시경 불광사 법주실에서 세수 73세,
법랍 48세로 사바 세연을 조용히 거두고 대원적에 들다.(연보는 뒷면)

- 門人 松菴至元 謹抄

용생룡(龍生龍)이요, 봉생봉(鳳生鳳)이라!

무주청화(無住淸華) | 조계종 원로 · 성륜사 조실

금하당(金河堂) 광덕 큰스님은 한국불교사에서 찬연히 빛나는 불멸의 횃불이시다.

큰스님은 복잡한 서울, 그 한가운데서 문수의 투철한 반야지혜(般若智慧)와 보현의 훈훈한 자비행원(慈悲行願)을 몸소 실천하신 대비보살이셨음은 비단 우납(愚衲)만의 찬탄이 아닌, 모든 불자의 위대한 의호(依怙)로서 앙모(仰慕)하여 마지않는 불세출(不世出)의 선지식이시다.

큰스님 유별(有別)의 청수(淸秀)하고 고결(高潔)한 풍모와 이십여 성상을 두고 불광지를 통하여 베풀어주신 시기상응(時機相應)한 사자후는 모든 불교인들의 가슴마다에 뜨거운 감격으로 오래오래 메아리치게 될 것이다.

고인(古人)의 격담(格談)에 용생룡(龍生龍)이요 봉생봉(鳳生鳳)이라 하였는데, 큰스님의 문하에 수많은 용상대덕들이 나오신 가운데 특히 송암당(松庵堂) 지원화상은 철두철미(徹頭徹尾) 지성일관(至誠一貫)하여 은법사(恩法師)이신 광덕 큰스님의 고매한 유지를 받들어 『광덕스님 시봉일기』라는 책을 펴냈을 뿐만 아니라, 도피안사의 대작불사를 발원 진행 중이시니 실로 사자상승(師資相承)의 귀감으로서 우리 불가의 희유한 수범(垂範)이 아닐 수 없다.

본시 우납은 평소 도회은거(韜晦隱居)로 지내왔기에 광덕 큰스님과 배면(拜面)의 연(緣)은 없었으나 큰스님의 출천고풍(出天高風)은 이심전심으로 경모하여 마지않았다.

이번 송암화상의 간곡하신 부탁을 과분하게 생각하며 다만 성긴 말 몇 마디를 보태어 추천사를 대신하는 바이다.

辛巳年 부처님 오신 날을 앞두고

聖輪寺 禪窓에서

無住 淸華 合掌

기도하면서 썼고, 쓰면서 기도한 스승 존경의 길잡이

원성 김종서(圓成 金宗西) | 문학박사, 서울대 명예교수

불과 얼마 전에 있었던 일이다. 내가 교직생활을 처음 시작할 무렵에 가르쳤던 제자 십여 명과 오랜만에 저녁식사를 같이 하였다.

그때 그들 중 몇 명이 방밖 출입이 잦았다. 아마도 담배를 피우기 위하여 드나드는 것 같아서 나는 이를 눈치채고 "담배를 밖에서 피우지 말고 여기서 피우지."라고 말하였더니 그들은 "스승님 앞에서 어떻게 담배를 피웁니까?"라고 대답하는 것이었다. 그때 나는 "지금 몇 살이나 되었지." 하고 다시 물었더니 머리를 긁적이며 "일흔셋입니다."라고 말하는 것이었다.

이것이 원래 우리의 '스승과 제자' 관계였다. 그러나 최근에 와서 이러한 전통적인 관계는 땅에 떨어지고 스승이 체벌을 한다고 학부모나 학생이 선생님을 고발하고 심지어는 폭행까지 하는 현상까지 나타나고 있으니⋯⋯.

아, 이 어찌된 일인가?

'군사부일체(君師父一體)'니 '스승의 그림자는 밟지도 않는다'는 말은 이미 옛말이 되고 말았는가? 참으로 비감(悲感)한 생각마저 드는구나!

이때, 홀연히 한줄기 희망의 빛이 비쳤으니 바로 송암지원(松庵至元) 스님이 지어낸 『광덕스님 시봉일기』이다. 이 책은 스승과 제자의 관계를 올바르게 정립하는 지침서이며 하나의 시금석(試金石)이기도 하다.

살펴보면 오늘날의 사회는 급격히 변하고 있다. 이 급변하는 사회에 사는 현대인은 두 가지의 가치관(價値觀)을 동시에 추구해야 한다. 그 하나는 변하는 사회에 적응하기 위한 '변하는 가치관'의 추구이며, 다른 하나는 사회가 아무리 변하여도 변해서는 안 되는 '항구적 가치관'의 추구이다. 스승 존경의 가치관은 후자에 속한다. 왜냐하면 사제지간의 올바른 관계의 설정이 이 사회를 발전시키는 근간이고 원동력이 되기 때문이다.

인류가 쌓아놓은 문화유산의 전달자는 스승이며 이를 전수 받은 제자는 이를 보다 확대 발전시켜 다음 세대를 위한 전달자가 되어야 한다. 이러한 스승 존경의 훌륭한 전통은 특히 우리 불교에서 더욱 뚜렷이 나타나고 있다.

도(道)를 구하기 위해 자신의 팔을 끊어 스승인 달마대사(達磨大師)
에게 바쳤던 혜가(慧可)스님의 이야기는 비록 불자가 아니라고 해도
모르는 사람이 거의 없을 정도로 널리 알려져 있다. 이리하여 '역대전
등 제대조사(歷代傳燈 諸大祖師)'가 부처님 가르침의 정법(正法)을 면
면히 이어나가고 있다.

송암스님이 쓴 이 책, 『광덕스님 시봉일기』는 스승을 어떻게 받들어
야 하는지를 우리의 마음과 몸속에 깊숙이 스며들도록 제시하고 있다.
또 이 책은 저자인 송암스님이 다년 간에 걸친 관찰과 체험과 감동을
통하여 스승이신 광덕대선사의 불교사상과 수행 실천의 모습을 실상
그대로 예리한 필봉으로 부드럽게 표현한 스승 존경의 길잡이 책이다.
여기에는 저자가 평소 스승이신 광덕스님을 얼마나 절대시하였고, 존
경하였으며, 진심으로 받들었는지가 구구절절이 잘 나타나 있다.

특히 시봉일기 중에서 처음 두 권은 저자가 스승께서 입적하신 뒤
백일 추모재를 올리는 날, 제1권을 상재(上梓)하고 바로 티베트 수미
산과 인도 부처님 성지(聖地)를 돌며 스승의 환생기도를 올렸다고 했

다. 그때 다시 크게 깨닫는 바가 있어 스승의 1주기 재를 올리는 날, 천일기도를 입재하고 그 날부터 집필에 들어가 정확히 367일 만에 제2권을 세상에 내놓았다. 이제 또 저자는 집필에 착수하여 천일기도가 끝날 무렵 나머지 책을 마저 출간할 예정이라고 한다.

즉, 이 책은 저자인 송암스님이 천일기도를 하면서 썼고, 쓰면서 기도하였기 때문에 글 하나하나가 살아 있어서 책을 읽는 독자의 피부를 뚫는 느낌을 받게 된다.

아무쪼록 이 책이 스님들은 말할 것도 없고, 학교 교육자, 사회 교육자, 학부모, 사회인, 학생 등 모든 사람들에게 널리 읽혀 스승과 제자의 본래면목을 각기 되찾아 스승 존경의 풍토가 이 사회에 다시 가득 차기를 바라는 간절한 마음에서 이 책을 추천한다.

2001년 스승의 날을 앞두고

圓成居士 金東西 합장

제 1 장

스님, 속히 돌아오소서

- 스 님 찾 아 십 만 억 국 토 를 지 나 -

可笑尋牛者	우습다, 소 찾는 자여
騎牛更覓牛	소를 타고 앉아서 소를 찾는구나.
折來無影樹	그림자 없는 나무를 꺾어와서
燒盡海中泡	바다의 물거품을 모두 태워 버려라.

수미산 순례와 스님 환생기도

1999년 6월 6일, 우리 스님 입적 백일을 당하여 지난해 가을부터 쓰기 시작했던 스님의 가르침을 묶어서 『내일이면 늦으리』라는 제목으로 상재(上梓)하였다. 기왕 나와야 될 책이라면 스님 떠난 슬픔이 가시기 전에 출간하면 내 마음도 조금이나마 위안이 될 것 같았고, 스님에 대한 작은 효도(?)도 되리라는 순직한 생각으로 서둘러 낸 것이다.

사실 나는 스님께서 오랜 세월 동안 병석에 계셔도 이렇게 갑자기 입적하리라는 생각은 미처 못하고 지냈다. 그런데 막상 입적이란 큰일을 당하니까 말로 형용할 수 없는 크나큰 상실감과 슬픔이 거대한 파도처럼 내 몸을 휘감아 버렸다.

나는 이런 내 마음을 하루라도 빨리 진정시키기 위하여 스님을 잊으려고 애를 썼다. 그러나 잊으려고 애를 쓰면 쓸수록 슬픔은 더욱 사무치고 회한은 넘쳐 이대로는 도저히 내 마음을 안정시킬 수가 없었다. 어디를 가나 무슨 일을 하나 온통 스님 생각뿐이었다.

돌이켜보면 우리 스님과 나는 특별한 인연이 있었다. 스님 앞에서 머리 깎고 출가하여 스님 곁을 떠나본 적이 없었다. 자기를 낳아준 부모라도 그렇게 가까이서 평생 모실 수는 없었을 것이다. 그랬기에 내 가슴속에 깊고 간절한 소원은 스님과 영원히 헤어지지 않는 것이었다.

그러나 '스님의 금생 육신은 이제 다시는 찾을 길 없는 것 아닌가. 그렇다면 스님께서 다시 이 땅으로 돌아오시면 되겠지. 아마 스님도 빨리 이 땅으로 오고 싶으실 거야. 와서 못 다한 반야바라밀 결사운동을 계속하실 거야.' 하는 데까지 내 생각이 이르렀을 때, 나는 홀연히 짐을 챙겨 티베트로 떠났다. 그리고 지구의 성산(聖山) 수미산을 향하여 평균 고도 5천여 미터의 티베트 서부 고원지대를 쉬지 않고 달렸다. 고소(高所) 적응이 여의치 않아 몇 번이나 기절하다시피 정신을 잃어가면서도 오직 일념은 수미산을 참배하는 것이고 수미산을 친견하는 것이었다. 수미산에서 스님의 환생을 간절히 기도하는 것이 목적이었다.

그렇게 천신만고 끝에 드디어 수미산이 멀리 보이는 티베트 서부 고원지대, 어느 언덕 위에 올라서게 되었다. 그 동안 사진으로는 수미산을 여러 번 보았지만 실제로는 처음 보는 수미산이었다. 수미산이 눈에 들어오는 순간, 경탄의 소리를 지르기도 전에 나는 그 자리에서 무릎을 꿇었다. 그리고 절을 하며 간절하게 기도하며 빌고 또 빌었다.

"원하옵건대, 수미산이시여! 제발 우리 스님이 하루 속히 환생하시어 그 후신을 다시 만나게 해 주소서."

내 기도는 스님에 대한 가슴속 가득한 그리움이 푸념처럼 엮어져 나오는 넋두리요, 애달픈 고백이며 무가(巫歌)였다. 이렇게 시작된 수미산 친견과 스님의 환생을 비는 기도는 계속되었고, 그러기를 또 며칠이 지나서야 마침내 수미산 턱밑에서 그 대답을 듣는 깨달음을 얻게 되었다.

수미산의 눈 녹은 물이 철철 소리내어 흐르는 개울가에서 하루의 순례 일과를 마치고 바늘로 찌르는 것같이 따가운 빙설 같은 개울물에 세면하려고 손을 넣는 순간, 내 의식이 확 바뀌어 일대전환을 맞이하였다. 무엇에 묶여 있는 것 같았던 몸과 마음이 거대한 성산의 기운을 그대로 받아들인 듯, 수미산과 내가 둘이 아님을 즉시 알아채었다. 그리고 스님의 환생을 틀림없이 믿게 되었다. 동시에 의심 없는 확신의 메시지를 너무도 뚜렷하게 전달받았다. 정말 놀랍고 기쁜 일이었다. 뛸듯이 환희에 찬 마음이었다.

나는 비로소 이제껏 힘든 과정으로 찡그리기만 했던 얼굴을 펴고 저절로 터져 나오는 속 깊은 웃음을 웃었다. 나는 가슴 가득 차오르는 환희의 용솟음을 지긋이 누르고 이제부터 내가 과연 무엇을 해야 하느냐를 생각했다. 그러자 스님 후신이 오시면 모실 준비에 착수해야 된다는 느낌이 또 전광석화처럼 가슴을 치고 지나갔다. 스님 후신이 와서 반야바라밀 결사운동을 계속할 수 있는 터전을 마련하고, 금생에 보여준 스님의 면모를 고스란히 보존하여 서로 계합하도록 해야겠다는 다짐이 일었던 것이다.

세수하려고 숙였던 허리를 펴고 심호흡을 하며 수미산을 올려다보았다. 구름 속에 얼굴을 묻고 있던 수미산이 어느새 그 얼굴을 환히 드러내고 나를 향해 정답게 미소하며 고개를 끄덕이고 있었다. 그것으로 충분했다. 그것으로 기도는 이미 원만성취되었다. 나무마하반야바라밀, 나무대행보현보살마하살⋯⋯.

사실 수미산까지 가면서 무척 힘든 고비가 여러 차례 있었다. 신체적인 한계를 느껴서 용기를 잃고 돌아가려고 했던 때도 있었고 게으른 생각이 일던 때도 많았다. 그런 어려운 때에는 스님께서 어김없이 내 깊은 의식인 꿈으로 오셔서 인도해 주셨다. 내일 가는 길을 미리 알도록 암시와 용기를 주셨고, 나를 보고 다정하게 미소지어 안심을 주셨다. 그러나 그런 다음날에도 고산병으로 속이 울렁거려 밥 먹기조차 힘들었지만 간밤에 스님을 만났다는 기쁨과 나를 인도해 주신다는 믿음 때문에 내 힘든 육신을 앞으로 밀고 나갔다. 그렇게 온갖 난행·고행을 되풀이하여 마침내 수미산 북쪽 지역(수미산 뒷모습)에 당도했다.

산은 구름에 가려 잘 보이지 않았지만 그 주변 분위기만으로도 신비하기 그지없는 성산(수미산)의 자태를 충분히 느낄 수 있었다. 나는 무엇에 홀린 사람처럼 그 자리에서 또 수없이 절을 올리면서 감사 기도를 했다. 하염없이 절을 하면서 오직 일념으로 감사했고 또 감사했을 뿐이었다. 돌멩이만 쌓여 있는 산비탈에서 무릎이 아픈 줄도 모른 채 마냥 절을 하면서 감사를 올렸다. 더 이상 아무것도 바라는 것이 없는 만족과 행복이 충만한 감사 기도였다.

한동안 그렇게 기도를 하다 문득 고개를 들어 다시 성산을 올려다본 순간, 나는 그만 화들짝 놀라고 말았다. 어쩌면 저렇게도 기상천외(奇想天外)일까. 정말 놀라서 아무 소리도 못하고 가슴에 전류가 흘러가는 찌릿한 느낌만 받았다. 이곳에 와서 처음 수미산을 보았을 때는 구름에 가리어서 그 윤곽만 보였다. 그런데 내가 기도를 끝내고 다시 올려다 본 수미산은, 구름 한 점 없이 너무나 깨끗한 모습으로 흰 왕관(꼭대기에 눈이 덮여 있음)을 머리에 쓴 채, 때마침 석양빛을 받아 준미하기 그지없는 출중한 모습 그대로 환하고 고결하게 거기 있었다. 그런 성산을 대하는 내 마음에는 큰 파장이 일었고 동시에 뜨거운 가슴속 탄성이 저절로 터져 나왔다. 바로 수미산이 우리 스님 같았기 때문이었다. 준수한 모습이 스님 같았고 스님이 평생 살아온 덕화의 삶이

저 성산 같았다. 저렇게 우뚝했고 저렇게 고결하고 훤출했다.

그 이후 나는 수미산을 우리 스님이라고 생각하고 있다. 구름에 덮여 있던 수미산이, 아니 우리 스님께서 내 기도에 응답하기 위해 초출(超出)한 그 웅자(雄姿)를 아낌없이 그렇게 낭연히 내 앞에 과시했던 것이다.

나무귀명정례 수미산!

마나슬로바 호수

티베트는 지구의 고원이다. 그 고원 위의 또 고원이 창탕고원이다. 고원(티베트) 위에 있는 고원(창탕)의 남서쪽에 수미산(카일라스)이 있으며 그 산의 눈 녹은 물이 모여들어 마나슬로바 호수가 되었다고 한다.

1999년 7월 15일 오후, 나는 마나슬로바 호숫가의 허술하기 짝이 없는 여관에 짐을 풀어 놓고 푸르기만 한 호수를 아득히 바라보면서 거닐었다. 북쪽으로는 멀리 수미산이 우뚝 보이고 남쪽으로는 또다시 히말라야 연봉(連峰)이 이어져 있는 장대한 자연 속에서 한 점이 되어 거닐고 있었다.

티베트는 땅만 거친 것이 아니고 하늘도 무척 거칠다. 구름마저도 솜구름이니 새털구름이니 하는 보드라운 모습은 도무지 찾아볼 수 없고 먹장 같은 구름이 우람하게 히말라야 봉우리들을 걸터타고 앉아 온갖 사나운 표정을 시시각각으로 바꿔 가면서 여차하면 한바탕 할 것 같은 기세가 사뭇 흉흉하기 그지없다. 해발 오천여 미터나 되는 높이 때문에 잠깐이라도 모자를 쓰지 않으면 이글거리는 태양의 위세 앞에 금방 머리가 터질 것 같은 심한 통증을 느끼는 것이 또한 티베트 하늘의 무서운 독재자인 태양님의 위세이고 권능이다. 이와 같이 티베트의 모든 것은 강하다. 그렇다. 사방 어디를 둘러보아도 강한 것뿐이다. 흙·돌·풀·짐승도 사람도…….

그 중에서 유일하게 부드러운 것은 마나슬로바 호수이고 또 그 속에 살고 있는 물고기들일 것이다. 낚시를 하거나 천렵(川獵)을 하는 일이 없어서인지 사람을 보아도 물고기들은 전혀 놀라지도 않고 오히려 사람의 발자국 소리와 물에 비치는 그림자를 따라 한꺼번에 몰려들기까지 한다. 한국의 개울가 여느 물고기와 마찬가지로 유연한 몸놀림을 하면서 평화스럽게 생을 즐기는 그들을 보면서 비로소 나는 티베트의 무서울 정도로 강한 것에서 잠시 벗어나는 안식을 얻게 되었다.

편안한 심정으로 호숫가를 한참 걸었는데 나도 모르게 그만 숨이 가쁘고 팔다리와 육신에 힘이 쭉 빠져서 그만 물가에 털썩 주저앉고 말았다. 그리고 멀리 수미산을 바라보고, 히말라야 연봉을 바라보고, 호수를 바라보며 깊은 상념에 빠져들었다.

지구의 끝이라고 해도 좋을 이곳 티베트 땅에 와서도 나의 가슴속에 살아 있는 가장 절실한 생각은 뭐니뭐니 해도 스님에 대한 그리움이었다. 몸이 어디를 간다고 해서 평소의 생각이 멀어지거나 떨어지는 것은 아니다. 오히려 몸과는 무관하게 정신작용은 그대로 계속되고 있음을 깨닫게 되었다.

강렬한 태양 빛을 피하느라 모자를 푹 눌러 쓴 채 호수의 물결이 햇빛을 받아 금모래처럼 반짝이며 춤추듯 출렁이는 것을 바라보며 나도 모르게 어느 사이 스님의 모습을 조용히 떠올리고 있었던 것이다. 나는 평상시에도 자주 스님의 단정한 모습과 부드러운 언행을 떠올렸고,

나에게 내린 고구정녕의 훈도를 떠올렸고, 법상에 앉아 법을 설하는 환희에 찬 스님의 천진용자(天眞蓉姿)를 떠올렸다. 이러한 스님의 구석 구석을 모두 떠올리며 마나슬로바 호숫가에 앉아서 하염없이 스님 생각에 빠져들었다.

마치 호수의 물고기들이 교대로 번갈아가며 물위로 몸을 떠올리듯이 내 마음의 호수에 스님 모습이 저 물고기들처럼 끝없이 떠올랐다. 스님을 다시 생각할수록, 떠올릴수록 스님은 역시 가지런한 분이었다. 인간의 근본 무명 탐·진·치를 수행으로 극복하고 오욕락을 벗어난 스님의 일상(日常)은 구름 한 점 없는 가을하늘처럼 지극히 맑고 가지런하게 잘 정돈되고 언제나 청결하게 텅 빈 상태였다.

인간의 삶이란 모든 사람이 거의가 같거나 비슷할 것이다. 스님도 역시 겉모습은 여느 사람과 마찬가지로 잠자고, 밥 먹고, 얘기하고, 웃고, 때로는 고뇌하고, 남 돕고, 제자들에게 훈도하는 그런 평범한 것들이었다. 스님이라고 해서 특별히 더할 것도 덜할 것도 없는 이웃집의 평범한 장삼이사(張三李四)와 똑같았다. 어느 구석에도 신기하거나 놀라울 것이 전혀 없는 너무나 평범한 삶, 그것이었다. 적어도 겉으로 보기에는 말이다.

그러나 조금만 진지한 관심을 갖고 스님의 일상을 들여다보면 그 일상적인 삶 속에 스님의 수행과 법력이 그대로 녹아 있는 것을 발견하게 된다. 스님을 얼핏 겉으로만 보면 몰라볼 정도로 자연스러운 할아버지의 모습이고 범부의 모습이지만, 사실은 스님의 모든 위의와 거동이 어느 때나 진리와 함께 숨쉬고 동고동락하고 있는 것이다. 평상의 특별하지 않은 일상 속에서 스님은 법의 위덕(威德)을 그대로 여여하게 나타냈고 여여하게 떨쳤다. 그 떨치고 나타남은 아주 미세하여 범부의 눈으로는 식별이 어려웠고, 그 은근함은 잔잔하여 조금도 물결이 일지 않았다. 마치 물이 사막으로 스며들 듯이 소리도 없었고 흔적도 없었다. 중생 속으로, 형제들 곁으로 스님은 그렇게 스며들었고 하나가 되었다.

스님은 법 따로, 수행 따로, 삶 따로가 아닌, 모든 것이 두루 원융하여 상통했고 안팎이 한 뜻으로 사무쳐 밝았다. 그러니까 스님의 삶에서 그 어떤 가식이나 허위를 조금도 느낄 수 없었고 찾아볼 수도 없었다. 스님에게서 느낄 수 있는 것은 오직 평화뿐이었다. 스님 스스로 엄격하게 절제하고 자신을 극복하는 삶 속에서 평화가 생산되었고 안온과 온유가 소리 없이 피어 올랐다.

세간의 삶은 때로는 태풍처럼, 회오리바람처럼 종잡을 수 없고 예측할 수 없을 때가 많다. 무명삼독의 광풍은 사납기 그지없고 오욕의 물결은 거칠고 높기만 한데도 스님은 그 한가운데서 언제나 요지부동으로 조용히 평화스러운 모습을 유지하고 있었다. 스님이 아픈 몸을 일으켜 세워 법의 자리를 지키며 밝고 밝은 본래 면목을 환하게 드러냄은 매우 뛰어난 격 밖의 참 도리라고 말하지 않을 수 없다.

내가 이곳 티베트 고원 마나슬로바 호수까지 와서야 이런 생각이 뒤늦게 들었다는 것은 역시 나의 둔감이고 불찰이라고 밖에 말할 수 없다. 변명의 여지가 없다. 그래서일까. 문득, 저 유명한 법화경 여래수량품의 말씀이 생각난다.

너희들 지혜자는 의심치 마라.
마땅히 의망 끊어 영영 없애라.
부처님의 말씀은 진실하나니

지혜스런 의사가 선방편 써서
미치광이 아들을 고치느라고
살고서도 죽었다고 말하는 것을
허망타고 말하지 못하느니라.

- 先師 譯 -

그렇다. 참으로 그렇다. 내가 스님 생전에 지금 생각 반만 했어도 무척이나 달라졌을 것이다. 스님은 무지한 나를 하루 빨리 인도하고 제도하기 위해 서둘러 열반에 들었나 보다. 내가 스님 생각을 자주 하게 되고, 많이 하게 되는 것은 시도 때도 없이 문득 떠오르기 때문이기도 하지만, 짐짓 생각을 스님에게로 몰아갈 때도 있다.

왜냐하면 스님 생각을 떠올리면 그 모두가 나에게는 공부가 되기 때문이다. 뉘우침도 있고, 보충도 있고, 각오와 다짐도 있고, 세상을 다시 보기도 하고, 그래서 나의 눈과 귀가 총명해지며 마음이 맑아지고 진리에 대한 간절함이 더욱 열렬해지기 때문이다. 즉 내 삶과 수행을 한층 충실하게 다져가는 토대가 되기에 의도적으로 스님을 생각할 때도 있다. 이런 까닭에 스님에 대한 그리움은 갈수록 깊어가고 스님을 따라 배우고자 하는 간절함은 수십 수백 생을 이미 넘어서 있다.

아무튼 나는 머나먼 티베트 고원 서부의 마나슬로바 호숫가에 앉아서, 무수한 훈도를 이 세상에 남기고 떠난 스님의 선방편을 차곡차곡 챙겨 보았다. 챙길수록 스님의 간곡한 자비를 다시금 깨닫고 절감할 뿐이다. 이곳 태고의 호수는 끝없이 푸르고, 호수 밑바닥엔 눈 덮인 히말라야 연봉이 물구나무서서 나를 가랑이 사이로 치켜볼 뿐, 인적이라곤 찾을 곳이 없는 혼자만의 외로운 세상이다.

스님과 나는 공식적으로는 스승과 상좌지만 실제로는 특별한 인연
이 있다. 이렇게 나 혼자서 오랫동안 스님을 독차지한 채 많은 훈도를
받고 있으니까…….

룸비니에서 들은 일화

2000년 1월 26일, 나는 우리 절의 인도 성지순례 불자들과 함께 네팔 룸비니 대성 석가사에서 머물고 있었다. 평소 부처님 성지마다 한국 절이 있었으면 하는 소원을 가졌는데 부처님 성지 중에서 가장 대표적인 이곳 룸비니에 대성 석가사가 우람하게 들어서고 있었다. 처음 절 지을 터를 마련할 때부터 관계했던 주지 법신 스님이 현지인들의 우상이 되다시피 열렬한 지지를 받아가며 절을 짓는 곳이기 때문에 세계 어느 나라의 절 공사보다 안정된 분위기에서 순조롭게 불사가 착착 진행되고 있었다. 역시 불사는 돈의 힘보다 사람의 힘이 훨씬 크다는 것을 이곳에 와서 법신 스님을 보면 깨닫게 된다. 기왕 법신 스님의 얘기가 나왔으니까 그의 미담이랄까, 덕담을 하나 더 곁들여야겠다.

법신 스님은 우선 출가 수행자로서 자비롭고 매우 친절하다. 누가 오더라도, 다시 얘기하면 절 짓는데 도움이 되든 안 되든 대성 석가사를 찾아오는 사람이면 설혹 밤중이라도 벌떡 일어나 반갑게 맞이하고 손수 공양상을 돌봐주는 타고난 자비와 친절의 인간미가 넘치는 분이

다. 그래서 한번이라도 대성 석가사를 다녀간 사람은 그를 잊지 않을
뿐만 아니라 알게 모르게 절 짓는 좋은 협력자가 되곤 한다.

혼자서 절 살림 다 꾸리면서 또 한쪽에서는 절 지어가며 눈코 뜰 새
없이 바쁜 일정이지만 그런 중에서도 잠시 시간이 나면 단체 순례객들
에게 룸비니 주변을 직접 안내하기도 한다. 수행자로서 신심이 깊다고
할까, 아니면 삶에 대한 열성이 이만저만 아니라고나 할까, 아무튼 남
들이 어떻게 흉내내 볼 수 없는 곳까지 도달한 인생의 친절과 근면의
최고 경지에 도달한 수행자라고 해야겠다.

사실 여행은 본인이 원하여 떠나는 일이긴 해도 때로는 고달프고 힘
들 때도 많다. 그런 점을 잘 알고 있는 법신 스님. 그는 여러 단체들이
한꺼번에 밀어 닥쳐 무척 바쁜 시간이었음에도 불구하고 우리 일행에
대한 특별 안내를 자담하고 나섰다. 룸비니 주변에 흩어져 있는 여러
성지를 함께 돌며 차를 타기도 하고 때로는 걷기도 했다. 차안에서는
직접 마이크를 들고 부처님 생애에서부터 주변 이야기와 네팔 사람들
의 고단한 삶의 이야기까지 얼마나 구수한 입담으로 진솔하게 잘하는
지 나와 신도들은 연신 숙연해지기도 하고 또 웃기도 하며 시간 가는
줄 몰랐다. 그와 함께 했던 하루가 나와 일행들에게는 무척 뜻깊었다.
법신 스님이 유적지를 찾아 논두렁 밭두렁을 앞장서 걸으며 나에게 들
려 준 얘기는 값으로 치면 천금으로도 비교되지 않을 소중한 내용이었
다. 그때 나와 같이 다니며 틈틈이 자기가 느낀 광덕 스님에 대한 여러
얘기를 들려주었다. 그 얘기 중 나를 움찔하게 했던 내용은 바로 용성
조사 전집을 만들 때의 이야기였다.

용성 조사께서 입적하신 뒤 51주기를 맞이하여 당시 대각사 주지였
던 도문 스님께서 용성 조사 전집 간행 발원을 하여 출판에 착수했을

때였다. 법신 스님은 당시 대각사 총무를 보면서 주지이신 은사 도문 스님의 전집 간행불사를 받들었을 때였고 절 내의 대소사를 모두 책임 맡았을 때였다. 도문 스님의 원력과 담당자들이 노고에 노고를 거듭하여 전집이 계획했던 대로 용성 조사의 기일에 맞추어 출판되었다. 대각회로 보면 가히 대작불사인 용성 조사 전집이 출간되면 순서상 이사 스님들과 문중의 어른들께 먼저 드리는 것이 도리였기에 당연히 대각회 이사장이었던 스님께도 책을 올리게 되었다. 간행의 실무 주임을 맡았던 소임자가 이사장 스님께 책을 가지고 가서 여러 가지 말씀도 드리고 경과를 설명하기로 했다는 것이다. 그 담당자가 바로 총무였던 법신 스님이었다.

그래서 법신 스님은 불광사에 미리 전화를 하여 방문 사유를 스님께 여쭈었더니, 다 듣고 난 스님은 책 만든 담당자들에게 우선 노고를 위로하고 불사의 높은 뜻을 설명하고 칭찬과 찬사를 아낌없이 베풀었다고 한다. 어찌나 은근하고 자상하신지 듣고 있던 법신 스님이 감격의 눈물이 솟아났다고 했다. 그 동안 법신 스님은 책 내느라고 동분서주하여 미처 출간의 참뜻을 다 헤아리지 못하고 지냈는데 스님의 각별하신 찬사를 듣고서야 비로소 불사의 진정한 의미를 다시 깨닫게 되었다고 했다. 그리고 법신 스님은 불사를 함께 기뻐함에 대한 보현행의 숭고한 뜻을 그때 가슴속에 간직하게 되어 그 후부터는 누가 무슨 불사를 했다고 하면 스님으로부터 들었던 말씀들이 떠올라 똑같이 함께 기뻐하려고 노력한다는 얘기도 고백하는 것이었다.

아무튼 당시 소임자였던 법신 스님이 잠실까지 책을 가져다 드리려고 했는데 한사코 스님께서 몸소 대각사로 가겠노라고 하여서 스님 뜻을 거스리지 못하고 따를 수밖에 없었다고 했다. 스님은 몸이 불편하여 거동이 무척 힘든 상태에서도 앉아서 가져다 주는 책을 받지 않고 꽤 먼 거리를 단지 책 가지러 허위단심 용기를 냈던 것은 무슨 까닭이 었을까를 나는 법신 스님의 이야기를 들으면서 속으로 곰곰 생각해 보았다. 그것은 스님의 할아버지 스님에 대한 공경심과 사상을 계승해야 겠다는 굳은 결의였으리라고 믿어졌다. 평소 스님의 설법 가운데서도 용성 조사의 가르침과 조사가 이룩하신 불사의 위업을 자주 현양하였다.

스님이 펼치고 있는 새 불교운동의 뿌리를 용성 조사의 가르침에 두었다는 것은 이제 누구나 다 아는 사실이 되었으니, 그러한 뜻에서 용성 조사의 가르침을 집대성한 용성 대종사 전집을 받으러 직접 찾아갔던 것이라 여겨졌다. 몸도 불편한 입장에서 웬만하면 못 이기는 척 아랫사람의 청을 받아주고 편히 있어도 되었는데 스님은 결코 당신의 마음에 어긋나는 일을 하지 않았다. 듣고 보니 다시금 놀라운 일이다.

어느덧 벌써 10여 년의 세월이 지났고 법신 스님이 룸비니에서 절 짓느라 다른 생각할 겨를이 없을 텐데도 얼마나 감동적인 교훈이었으면 그때 나에게 그렇게 신명나게 전해 주었을까. 좋은 향기는 멀리 퍼져 나간다고 하더니만 역시 그것은 틀림없는 사실이다. 스님의 오분향이 여기까지 이른 것을 보면 말이다.

법신 스님은 그때의 일이 무척 감동적이었고 깊은 감화를 받았다는 것을 내게 충분히 전해 주었다. 부처님 강생의 성지에서 스님의 감명 깊은 일화를 다시 들으니 나 역시 크게 느끼고 생각하는 바가 많았다.

간디와 광덕 스님

나는 그 동안 인도 성지순례를 다섯 번이나 다녔지만, 인도 건국의 아버지였고 인류에게 비폭력 운동의 진정한 뜻을 심었던 마하트마 간디의 기념관을 방문한 것은 인도 방문 여섯 번째였던 올해 초였다.

2000년으로 넘어가는 과정에서 컴퓨터가 오류를 일으켜 대혼란이 일어날지도 모른다는 세계적인 우려 때문에 출발 날짜를 조금씩 미루다 보니 원래 계획했던 날짜보다 일주일 가량 늦게 김포공항을 이륙하였다. 이렇게 출발한 여섯 번째의 나의 인도 방문 첫 도착지가 뭄바이였고 바로 나식과 엘로라, 아잔타의 동굴을 거쳐 산치대탑을 참배하고 곧장 인도의 수도 델리로 달려갔다. 아마 델리에 도착하여 가장 먼저 찾았던 곳이 간디 기념관으로 생각된다.

나는 그 동안 반평생의 인생을 살면서 성장기의 앞부분을 빼면 반평생 중의 반이 훨씬 넘게 부처님 곁에서 머물렀고 또 그 대부분을 부처님 생각으로 인생을 살아왔다. 이렇게 부처님을 생각하다 보니 자연스럽게 인도를 생각하고, 인도를 떠올리고, 인도의 문화와 역사를 통한 인도 이해를 바탕으로 감정적인 인도가 내 마음 가운데 오랜 세월 동

일러스트 / 최홍원

안 소리 없이 표나지 않게 자리잡아 갔다. 이렇게 나도 모르는 여러 해 동안 내 속에 인도를 깔고 앉아 살다 보니 인도가 싫을 때보다는 좋을 때가 훨씬 많았다. 인도의 사람이 좋고 철학·예술·문화가 좋아서 더더욱 인도에 푹 잠겨버리지 않았나 생각해 본다. 그 가운데서도 인도의 전 역사를 통틀어 누가 제일이냐고 나에게 묻는다면 대답하나마나 부처님일 것은 너무나도 당연하다. 그 다음을 꼽으라고 하면 물론 불교의 여러 조사님들이겠지만 여기 이야기의 줄거리상 간디를 거론하여 대답하고 싶다.

나는 여기서 인도의 독립을 위해 물레를 돌리며 한평생을 살았던 독립운동가 간디를 말하고 싶은 것이 아니다. 진리로서 구국구세 운동을 일으켜 세계평화의 원리와 인류행복의 방안을 보여 주었던 성자(聖者)로서의 간디를 말하고 싶다. 남을 해치지 않는 승리, 남을 억누르거나 굴복시켜서 얻는 세속적인 승리가 아니라 결국은 모두 함께 열락(悅樂)을 얻는, 인류 전체가 승리하는 길을 간디는 보여 주었다. 나는 젊은 시절 한동안 간디에 심취하여 간디에 대한 기록을 눈에 띄는 대로 모두 사 모아 놓고 읽어 제꼈던 때도 있었지만 결국 내 눈에는 그가 오늘날 현대의 참다운 보살로만 보였고, 인도만 구한 것이 아니라 이 세상도 함께 구한 대승보살로 내 머리 속에 각인(刻印)되었다.

이처럼 나는 간디를 이미 오래 전부터 만나고 있었고 흠모하고 있었다. 간디에 대한 평소의 이러한 생각을 품고 약간 흥분되고 두근거리는 마음으로 델리의 간디 기념관에 들어섰다. 익히 알고 있던 여러 감동 깊은 장면과 감명 어린 간디의 철학을 다시 대하면서 경건하게 기념관을 둘러보고 나오는 길에 기념품 가게에 잠깐 들렀다.

간디가 명상에 잠겨 있는 모습을 그린 초상화가 내 눈을 붙들었고 나의 발길을 가게 안으로 불러들였다. 가게 안에 들어가서 간디의 초상화를 다시 바라보는 순간 내 머릿속에는 스님이 떠올랐다. 내 눈에는 간디가 흡사 스님 같았다. 그 순간 뭐라고 말할 수 없는 충격이 내 내부에서 일어났다. 나는 값이 얼마인지도 모르면서 얼른 그 초상화를 가슴에 안았다.

간디는 억압과 폭력 앞에서도 상대방에 대한 미움을 갖지 않았고 저주와 분노 대신 사랑과 기도를 가졌다. 한없는 겸손과 사랑 속에서만 조국 독립의 길을 찾았고 인류가 걸어가야 할 진리의 바른 길을 우리 앞에 제시했다. 또한 세계평화라는 인류 공도(公道)의 길을 열어 주었던 마하트마 간디, 그 위대한 영혼이 바로 나의 스님 같았다. 시간과 장소는 달라도 두 수행자는 온갖 어려움 속에서도 꿋꿋했고 벅찬 병고와 숱한 괴로움 속에서도 자비와 안온을 가지고 세상을 보았고 사람을 보았으며 그 속에서 바른 길을 열었다. 그랬기에 언제 보아도 두 수행자의 얼굴은 둥글고 편안했다. 마치 밝은 보름달 같았다. 그러했기에 두 성자들을 사람이 어쩌지 못하고 권력이 어쩌지 못하고 흉악한 폭력이 어쩌지 못했던 것이다. 내지 일이나 장애가 어쩌지 못하고 흘러가는 세월마저 어떻게 해볼 수 없었던 초출(超出)함이 있었다. 그리고 이 세상이 한꺼번에 달려들어도 어쩌지 못하는 본래 면목 그대로를 언제나 여여히 둥글고 밝은 달 같은 얼굴에 환히 드러내 주었던 것이다.

나는 기념관 앞마당에 놓여 있는 간디 동상 앞에서 턱을 괴고 앉아서 간디를 보고, 나무를 보고 또 인도의 하늘을 바라보았다. 문득 아득한 동쪽나라 한국이 지척으로 느껴졌다. 벌써 스님 입적 1주기가 다가오는구나 하는 생각을 하며 다시금 스님 가신 슬픔과 아쉬움이 간절하여 무상(無常)이 내 가슴에 젖어들고 있었다.

가서 기도해

그러니까 서기로 치면 1992년 1월이었다. 나는 그 전해 10월부터 불광법회에서 인도 성지순례단을 모집하고 있었다. 그 당시 나는 이미 두 번이나 인도 성지순례를 다녀왔으니 세 번째 가는 순례 길이었다. 그런데도 처음 가는 사람처럼 흥분과 열정에 사로잡혀 있었다. 그것은 인도라고 하는 나라의 묘한 매력이 나를 강하게 잡아당겼고 부처님 성지 참배라는 신심이 나를 더욱 신나고 기쁘게 했던 것 같다. 사실 어느 정도 인도를 알고 부처님 생애를 아는 까닭에, 성지순례의 묘미를 알고 있었기에 내 기분은 한층 고양되어 있었다고 보아야 할 것이다. 그러한 나를 불러 스님께서 다음과 같이 부탁 겸 훈도를 주었다.

"송암, 내가 못 가본 인도를 송암이 가게 돼서 기쁘다. 그런데 성지에 도착하면 제일 먼저 기도하고 발원하는 것을 잊어서는 안돼. 어느 성지라도 마찬가지야. 기도가 없으면 비록 성지를 갔다고 하여도 부처님을 만날 수 없어. 부처님 만나지 못하는 성지순례가 무슨 의미가 있겠어. 그런 뜻을 명심해서 기도를 소홀히 하는 일이 없도록 단단히 준비하고 각오해 주길 바래. 이르는 성지마다, 발길 닿는 곳곳마다 부처님의 진신을 친견해야 되고 크게 보리심을 발하여 중생제도를 서원해야 한다. 옛 스님들은 성지순례를 목숨 걸고 떠났지. 다시 돌아온다는 기약 없이 멀고 험한 길을 갔던 것을 생각하고 편할 생각하지 말고, 늘 기도할 생각을 많이 했으면 좋겠어. 특히 신도들과 함께 가는 순례 길이니까 잠시도 방심하지 말고 더욱더 진지하고 뜻 깊은 순례가 되도록 명심하길 바래. 그리고 몸 건강히 잘 다녀와.”

나는 스님의 말씀을 듣고서야 비로소 느끼고 깨닫는 바가 있었다. 곧바로 동덕여고에서 역사를 가르치며 불교학생회를 성공적으로 지도하고 있는 김재영 불자님을 찾아가서 부처님 성지마다 발원문을 좀 써 달라고 부탁했다. 내가 미리 조사한 대로 성지의 기도 장소를 선정해 보았더니 열 곳이 되었다. 그래서 나는 그것이 무례인 줄도 모르고 별다른 의논 없이 내 생각대로 성지 발원문 열 편을 써 달라고 요청 겸 부탁했다. 그때 발원문 청탁을 왜 김재영 불자님께 했느냐 하면, 김 선생님이 한국에서는 처음으로 부처님 생애를 현대인에게 알기 쉽게 썼기 때문이었다.

나는 김재영 선생님으로부터 약속한 날짜에 발원문을 넘겨받아서 순례용 기도 책자를 만들었다. 발원문과 부처님 생애도 적절하게 간추려 넣고 여러 가지 준비물과 주의사항 등을 따로 적어 넣어서 책을 만들었다. 꽤 두툼한 성지순례 기도집이 되었다. 동참자들에게 나누어 주고 남은 것은 다른 절의 불자들에게도 주었다. 아마 당시에 순례용 책을 만들었던 것은 우리가 처음이었을 것이다. 스님의 가르침으로 이루어진 부처님 성지순례의 철저한 준비였다.

실지로 스님의 가르침을 따라 준비한 우리들의 부처님 성지순례는 그야말로 감동의 도가니가 되었다. 우리는 가는 곳마다 먼저 예불을 올리고 석가모니불 정근을 하고 다함께 목청껏 발원문을 낭독하며 보살도를 발원하고 서원했다. 다음 장소로 이동하는 차안에서 나는 젊은 혈기와 열정적인 신심으로 쉬지 않고 부처님 생애를 강의했다. 마냥 흔들리는 차안에서 몸은 흔들리는 차체에 그대로 맡겨 놓고 열변(강변) 을 토했던 것이다. 생각하면 어제의 일인 듯 새롭지만 어느덧 십 년 가까운 세월이 흘러 서기 2000년이 되었고, 스님은 이미 사바를 떠났고 나도 그때의 젊은이가 아닌 오십의 가당찮은 인생이 되었다.

나는 올해 스님 입적 1주기를 앞두고, 즉 2000년 1월 14일에 다시 순례 길에 올랐다. 이번 순례도 지난번 수미산 순례처럼 스님께서 속히 이 땅에 오시기를 바라는 환생기도였다. 즉 나의 뇌리 속에는 십 년 전 스님의 가르침이 너무도 선명했고 또 스님이 속환하시도록 기도해야 겠다는 생각이 간절했던 것이다. 그리고 스님이 마치 석가모니 부처님 의 후신처럼 여겨졌기 때문에 인도에 가서 기도하면 더 빨리 오실 것 같았다. 부처님께서 이 시대에 다시 우리 중생 곁에 오신다면 바로 스 님처럼 한량없는 자비와 크나큰 서원으로 화현하시지 않을까 하는 생 각과 믿음이 앞섰기 때문에, 급기야 다시 인도 성지순례 길에 오르게 되었던 것이다. 어쩌면 내 마음 깊은 구석에는 스님이 그리워 방랑 길 에 나서면서도 순례라고 말하고 다녔는지도 모르겠다. 그러나 이번 순 례를 준비하면서 과거에 빠졌던 성지 두 곳의 발원문을 추가했고, 또 발원문을 지은 김재영 법사님과 동행이 되어 이십여 일의 일정으로 원 만하게 다녀왔다.

가만히 돌이켜보면, 스님은 나의 일거수 일투족에 크나큰 영향을 끼 쳤던 선지식임이 분명하다. 무엇 하나 스님을 빼고는 나를 얘기할 수 없기 때문이다. 이제 스님의 훈도는 더욱 크게 꽃을 피워 그때 지은 발원문이 책이 되어서 대한민국 불자들에게 인도 부처님 성지순례의 길잡이가 되었다. 아아, 스승의 은혜는 햇빛 같고 보답해야 될 나의 힘은 반딧불 같구나.

운서주굉 스님

스님들은 누구나 출가하여 산문에 들어가면 제일 먼저 출가사문의
법도를 배워 익히게 된다. 그 첫 교과서가 『사미율의 요략』인데, 저자
는 중국 명나라 때의 저 유명한 고승 연지(蓮池) 대사이다.

더벅머리를 갓 면한 나의 행자시절, 앉고·서고·다니고·눕고 하
는 일상의 위의 중에서 어느 것 할 것 없이 모두가 서툴기만 하던 때,
하루종일 후원에서 세속의 때〔垢〕를 벗겨내느라고 온갖 힘겨운 육체
적인 운력과 정신적인 인욕, 하심 수행을 겪으며 잠시 쉴 틈도 없이 수
련하다가, 저녁이 되면 피곤해 지친 몸을 억지로 앉혀 놓고 배우는 첫
출가사문의 규범 수업이 『사미율의』였다.

그 당시에는 이미 계 받은 모든 스님들이 하늘처럼 높아 보이고 무
섭고 어렵기만 하여 감히 졸거나 피곤하다 하여 꾀부릴 시절이 아니었
다. 비록 몸은 고단해도 정신은 긴장감으로 팽팽하게 당겨져 있어서
그 많고 어려운 염불도 불과 며칠 만에 다 외워 버렸던 때이니 만큼,
『사미율의 요략』 공부도 정신의 날이 새파랗게 선 채 한 사문(沙門)의

규범 공부였다. 더군다나 그때의 강사 스님이 책의 저자인 연지 대사를 어찌나 자랑스럽게 설명하는지 나도 연지 대사 같은 훌륭한 스님이 되어야겠다고 하는 간절한 다짐이 들기도 했다.

그 이후 계를 받고 스님이 되어서 연지 대사의 『선관책진』이라는 유명한 선문(禪門) 교과서가 있다는 사실을 알게 되었고, 그 책은 바로 우리 스님께서 수년 전에 번역했던 책이라는 사실도 알았다. 이참 저참 반가워서 그 당시 나는 『선관책진』을 일독, 이독, … 숙독, 정독을 거퍼거퍼 했다. 그때 나는 초발심 시절에 『선관책진』을 읽으면서 어찌나 간절한 신심이 우러나고 마음이 기쁜지 뭐라고 말할 수 없는 감흥과 보리심에 젖어 들었다. 이것이 나의 두 번째 연지 대사 친견이었고, 이 친견은 오로지 스님이 마련해 준 신심 깊은 자리였다. 세 번째는 그후 내가 불광출판부 책임자로 있을 때 『만선동귀집』 출판 일로 그 역자인 일장 스님을 만나러 제주도에 갔는데, 그때 일장 스님이 살짝 귀띔해 주었다.

"연관 화상에게 좋은 원고가 있는데 송암 스님이 육지로 나가자마자 찾아가서 책으로 만들어 봐요. 원고 이름은 '죽창수필'이고 연지 대사 만년의 저작인데 모든 수행자들의 교훈이 되고 거울이 될 거요. 그리고 연관 스님은 한문실력도 뛰어나지만 평소 시를 좋아하여 문장이 간결하고 핵심을 짚어가는 묘미는 남들이 흉내내지 못할 거요."

이렇게 하여 나는 바로 일장 스님을 하직하고 그 길로 경북 문경 김용사로 연관 스님을 찾아갔다. 처음 뵙는 연관 스님이 좀 무뚝뚝한 느낌이 들었지만 툭툭 한마디씩 던지다시피 하는 말들이 가슴에 깊이 닿아서 처음 만나는 사이였지만 느낌이 매우 좋았다. 그 덕분에 우리는 흔쾌히 『죽창수필』 출판 약속을 맺었고, 나는 좋은 원고를 세상에 공표하는 그 일을 서둘렀다.

그 당시 나는 불광출판부를 획기적으로 운영하기 위해 일류 북디자이너 안상수 씨(현 홍익대 교수)를 만나 불광출판부에서 발행하는 모든 책표지를 의뢰했던 터라 곧장 새로운 얼굴의 책 제작에 들어갔다. 실지로 책이 발간되니까 어느 정도 예상하고 기대했던 대로 많은 사람들이 『죽창수필』을 좋아했다. 그 후로 꾸준히 판을 거듭하여 연지 대사의 『죽창수필』은 불광출판부의 위상을 한껏 높여 주었다. 특히 이 책은 스님들이 좋아하여 간혹 스님들 방에 초대되어 가서 책꽂이에 『죽창수필』이 나를 향해 미소짓고 있는 것을 보면 그렇게 반가울 수가 없었다. 이 책으로 모처에서 주는 우수 디자인상까지 받았으니 여러 모로 연지 대사의 은혜가 컸다고나 할까. 아무튼 나는 이때 스님께 『죽창수필』 출판을 자세히 보고하였다.

"스님! 저는 이번 책 출판으로 연지 대사를 세 번째 만나는 것입니다. 아마 저와 과거 생에 깊은 인연이 있었다고 봅니다. 나중에 기회 있으면 중국 항주 운서사에 꼭 한번 가보고 싶습니다."

나의 희망사항을 듣고 스님은 웃으면서도 스승으로서 직분을 잊지 않고 고마우신 훈도를 보태 주었다.

"연지 대사의 업적이나 뛰어난 덕행은 실로 헤아리기 어렵다. 내가 『선관책진』을 번역했고 송암이 『죽창수필』을 출판하였으니 과거 생에 연지 대사와 우리는 무슨 특별한 인연이 있었나 보다. 아무튼 대사의 가르침을 통해 이 시대의 등불이 되길 바란다."

그 이후 10년도 더 지난 어느 해, 나는 혼자서 배낭을 짊어지고 석 달 동안 중국을 다녀볼 기회가 있었다. 오랜 세월 별러 왔던 나는 어김없이 항주를 찾았고 운서사(雲棲寺)를 물어물어 찾아갔는데 그 유서 깊은 절은 온데간데없고 항주 공작청의 휴양소가 되어 있었다. 운서사 초입, 삼륜차에서 내려 걸어 올라가는데 대나무가 어찌나 울창하든지 하늘은 보이지 않고 굵고 긴 대나무가 군집(群集)해 있는 품새가 잘 훈련된 군인들 같았다. 그곳 항주 인근의 사람들은 그 길을 죽경(竹徑)이라고 했으며 천하의 풍광 좋기로 이름난 항주에서도 명소로 소문난 정도이니 가히 상상 불허다.

나는 대나무 밀림을 지나 휴양소 찻집에 앉아서 때마침 주룩주룩 풍성하게 내리는 빗줄기를 하염없이 바라보고 있었다. 그러다가 자기네 조상의 높은 정신세계를 알지 못할 뿐만 아니라 도외시하고 불교를 업신여기는 중국식 사회주의가 너무나 안타까워서 폐사가 된 내력을 따져보려고 직원 한 사람을 불렀다. 그렇지만 간신히 주고받는 필담의 한계로 인해 제대로 이야기를 꺼내 보지도 못하고 운서 스님 이야기만 몇 글자 써서 그 뜻만 전해 주고 말았다. 내가 존경해 마지 않던 연지 대사의 그 유명한 운서사가 오늘날 공원들의 휴양소가 된 안타까운 모습을 내 짧은 한문 실력으로 간신히 시를 지었다. 그러고는 조상의 훌륭한 점을 모르는 오늘날의 그 한심스러운 후손들에게 종이 쪽지에 적은 시를 욕하듯이 내밀고 돌아서 나오고 말았다.

욕은 했지만 그래도 아쉬움이 남아 나오는 길에 다시 이곳저곳을 자세히 살펴보니 대나무 숲, 죽경이 끝나는 지점에 연지 대사의 무덤이 있었고 조그만 팻말에 운서 주굉 대사라는 반가운 이름이 적혀 있었다. 그것을 대하는 순간 만감이 교차했다. 과연 인간사 무엇이 영원할까? 나는 땅바닥에 엎드려 큰절을 올리면서 다시 연지 대사를 생각했고 그 덕행을 사모했다. 또 간 곳 없는 운서사의 변신에 안타까운 생각을 되뇌었다. 나는 연지 대사의 무덤을 몇 번이나 맴돌면서 잡초도 뽑고 사진도 찍었으나 쉬 발길이 떨어지지 않았다. 나는 결국 돌아갈 시간이 됐다는 나그네 특유의 시간 감각으로 발길을 재촉해 겨우 운서의 경계를 벗어났다. 그렇게 좋아했고 기다렸던 연지 대사의 운서사였는데도 오히려 기분은 한없이 우울했다. 새삼스럽게 무상감이 내 가슴에 깊이 파고들었다.

운서사도 갔고, 연지 대사도 갔고, 스님도 갔다. 이제 내 차롄가? 그렇다면 언젠가 나도 가겠지. 문득 눈을 들어 앞산을 바라보니 흰구름이 봉우리를 넘어가고 있었다.

물려받은 유산

　스님 입적(入寂) 후, 나는 마음의 갈피를 잡지 못해 티베트 고원에 있는 수미산 순례를 다녀왔고 또다시 인도 성지순례를 다녀왔다. 수미산의 그 힘든 여정도 스님 덕분에 잘 해냈고, 인도에서는 하루에 잠을 두세 시간씩만 자도 낮 시간에 졸지 않고 많은 생각을 할 수 있었던 것은 오로지 내 가슴속에 간직된 스님에 대한 그리움이 큰 힘이 되었던 것 같다.

　나는 스님의 생전보다 입적 후에 더 큰 가르침을 받고 있고 힘을 얻고 있다는 생각을 하면서도 '이 무슨 박복하고 경망한 생각이람.' 하고 나를 나무라고 다시 추스릴 때도 있지만 그것이 사실임에는 숨길 수가 없다. 그러고 보니까 스님은 내게 남모르는 유산을 은밀히 많이 남겨 놓았던 것이라고나 할까, 구석구석 챙겨볼수록 금은보화(?)가 한없이 쏟아져 나오는 것을 솔직히 실토하면서 그 값진 유산에 대한 끝없는 경의와 감사, 솟아오르는 보은의 심정을 주체할 수 없고 또한 금할 수가 없다.

나는 수미산에서나 인도에서나 또 그 밖에 어디를 가나 거의 한결같이 스님이 물려준 유산을 챙기는 일에 대부분의 시간을 보냈다. 잠자는 시간을 빼고는, 아니 어떤 때는 꿈에서까지 스님을 만나서 새로운 유산을 전해 받고 느끼고 깨닫고 했으니 더 이상 무슨 할 말이 또 있겠는가! 그러나 그 중 한 가지, 인도에서의 일이었다.

열반지인 쿠시나가라에서 부처님 발에 입 맞추며 기도한 뒤 기원정사로 가는 차안에서 서울에서 준비해 간 '보현행원송' 카세트 테이프를 틀었다. 잠잠히 한동안 심취해서 속으로 가만히 따라 부르기도 하고 가사를 음미하며 조용히 듣고 있는데 나도 모르는 사이 눈물이 주르륵 흘러내렸다. 어느 사이 스님을 생각했기 때문이었다.

1992년 4월 2일 「보현행원송」을 공연하던 세종문화회관, 무대에서 제1부가 끝나고 제2부마저 끝나면서 스님의 인사 말씀이 있었다. 그때 나는 시 낭송의 배역 때문에 무대 위에 서 있었고 스님은 관람석에 앉아 있다가 인사 차례가 되어 무대로 올라오셨다. 4,000여 명의 청중이 조용히 지켜보는 가운데 스님은 부축도 없이 씩씩하게 올라와서 인사 말을 했다. 바로 내 곁에 서서 「보현행원송」 발표 취지를 말씀하면서 스님은 온몸을 떨었다. 장삼이 출렁이도록 감동의 격정을 보였다. 그때 나는 스님의 모든 것을 느낄 수 있었다. 그리고 스님의 심정을 하나도 남김없이 알 수 있었다. 소년 같은 순수한 심정의 감격과 감동을 그 어느 누구보다도 더 실감하고 있었다. 그러한 스님이 그리워서, 그 순간 너무나 보고 싶어서 갑자기 가슴이 죄어들면서 압박과 통증이 느껴지고 코끝이 찡하더니만 급기야 눈물보가 터졌다. 여러 신도들이 있는데도 불구하고 소리내어 흐느끼며 울고 말았다.

세종문화회관 대강당 무대에 서서 소년처럼 감동에 떨던 스님이, 이제는 내가 지금 찾아가는 기원정사에서 『금강경』을 설하면서 나를 기다리고 있다는 환상이 문득 들었다.

나는 스님이 기다리고 있을 것 같은 기원정사를 향해 조금이라도 빨리 가고 싶어서 안달을 하며 중간에 쉬지 않고 달려가 주길 운전기사에게 부탁한 뒤 허리를 더욱 꼿꼿하게 세운 채 줄곧 앞만 응시하면서 길을 재촉했다. 비밀리에 목적지를 향해 달려가는 칭기즈칸의 특명 기마대처럼 온 정신을 집중하여 그렇게 기원정사로 스님을 찾아간 적이 있었다. 기원정사에 도착하여 스님 이름 대신 석가모니불을 열심히 찾았다. 마음속에는 스님, 목소리는 석가모니불이었다.

그렇게 다니면서 힘을 얻은 것도 물론 스님의 유산 덕분이다.

나는 그런 저런 온갖 곡절을 겪고 나서 다시 마음을 가다듬고 스님의 일(포교)을 하기로 결심했다. 천일기도와 동시에 전법불사 준비작업에 착수하여 그 동안 모아 두었던 자료(유산)를 하나하나 챙겨보니 모든 것이 실로 넉넉했고 고루고루 잘 갖추어져 있어 아무런 걱정이 없었다. 스님께 물려받은 유산이 너무나 다양하고 훌륭하고 풍부했기 때문이다. 모든 것이 완벽하게 준비된 상태였고 그것은 이미 나의 손길을 기다리고 있는 대기상황이었다. 움직이면 되고 쓰면 되고 행하기만 하면 되는 지극히 쉬운 일만 남아 있었다. 나를 기다리면서…….

나는 혼자 좋아서, 너무나 좋아서 그만 참지 못하고 회심의 미소를 빙그레 짓고 말았다. 스님이 시작하고 이루어 놓은 일을 어떻게 해야 할까를 그 동안 나름대로 고뇌했고 걱정했는데 막상 뚜껑을 열고 보니 눈부신 광채를 마구 뿜어대는 보석들이 상자마다 가득가득한 상태였다. 비유하자면 그와 같았다. 마치 그 보석들이 나를 오랫동안 기다리고 있었던 것처럼 알알이 영롱하여 보는 순간 주체할 수 없는 기쁨이

숫아올랐던 것이다. 벌린 입을 미처 다물 수조차 없는 지경이었다. 스님은 나에게 주려고 불교의 모든 의식을 현대에 맞게 이미 손수 정리하였고, 미래 세상을 열어가는 데 필요한 제도나 방침은 스님의 순수하고 열정적인 성품과 뛰어난 예견력과 미래안으로 벌써 완비된 상태였고, 모든 신앙형태는 반야바라밀로 핵심을 짚었을 뿐만 아니라 원융회통하여 부족하거나 치우침이 조금도 없었다.

스님의 밝은 지혜와 역사 발전의 통찰력은 땀 어린 노고의 결실과 완벽한 현현(顯現)으로 불광 수행에 원만구족하여 미처 내 감당이 다 미치지 못할 뿐이었다. 구국구세의 방략은 스님의 따뜻한 체온에 의해 내 생명 근원지에 감전된 지 역시 오래였다.

그렇다! 모든 준비는 성실하고 훌륭했다. 이 얼마나 대단한 일인가. 전대미문의 불가사의(不可思議)이리라! 그리고 이 얼마나 큰 유산인가. 물질의 표현으로라면 항하사 모래 숫자로도 부족한 일이고 감당되지 않을 비교다. 거듭 생각해 보고 또다시 말해 보더라도 '이제 나는 아무 걱정이 없다. 그 누구에게도 더 요구하거나 원할 것이 없다.' 다만 스승이 각고의 수행 끝에 얻은 결실을 내가 제대로 쓰면 되는 것이다. 마치 부모가 마련해 놓은 값진 재산을 그 아들이 소용에 맞추어 쓰듯이 말이다. 오직 잘 쓰기만 하면 일은 저절로 되는 것이다. 진리는 굴릴수록 자꾸만 커질 테니까, 눈덩이를 굴리는 것과 같다고나 할까. 그리고 잘 안 될 수 없는 이치와 근본 원리가 그 유산 속에 그대로 함장되어 있기에 더더욱 말이다. 새삼스럽지만 실로 놀랍고 경탄스럽다. 아, 이 큰 유산의 은혜여! 미천(彌天)이로구나.

스님의 잠자는 모습

　오래 전, 중국 사천성 성도에서 상해까지 기차를 타고 여행한 적이 있었다. 마침 운좋게도 특급열차 침대칸 표를 구해서 안락하게 여행을 하게 되었는데, 마침 내 좌석 바로 건너편 자리에 성도 사천대학 교수가 타고 있었다. 우리는 서로 한문을 써서 주고받으며 필담으로 통성명도 하고 간단한 일상의 관심사에 대한 문답을 주고받기도 했다. 불편하기 짝이 없는 의사소통 방법이었지만 내가 중국말을 못하고, 그가 한국말을 못하는 서로 딱한 입장에서는 그래도 열심히 한문을 생각하여 메모지에 쓸 수밖에 없었다. 그런 중에서도 다행인 것은 두 사람 모두 시간이 무척 많았다는 것이다. 사실 시간 오래 걸리는 필담이 2박 3일 동안의 긴 여행의 무료함을 달래는 방법이기도 했다.

　우리는 그렇게 필담으로 대화를 나누며 또 함께 잠자고 생활하며 2박 3일의 기차여행을 친숙하게 보냈다. 그와 나와의 필담은 좁은 공간의 한계상황에서 등장한 최후의 통신수단이었으며 그나마 깊은 내용은 아예 불가능하였다. 어쩌면 서로 간단히 주고받을 수 있는 눈치로도 알 수 있는 내용을 글로 써보는 것에 지나지 않았다. 이런 필담이 끝나면 우린 각기 책을 읽거나 창밖을 바라보며 생각에 빠져들기도 하고 누워서 오수를 즐기기도 했다.

나와 며칠 동안 동거한 사천대학 교수는 외모가 점잖고 잔잔히 웃는 모습이었는데, 인생의 지나온 노정을 느낄 수 있는 주름이 잔잔하여 무척 소박한 인상을 주었다. 차안에서 식사하고 양치하며 취침까지 하는 생활에서 우리는 서로 알 것은 다 알게 되고 볼 것은 다 보게 된 사이가 저절로 되고 말았는데, 저녁에 잠자는 시간이 되면 어느 때는 내가 먼저 잠자는 때도 있었지만 대부분은 예순두 살의 노 교수가 먼저 잠이 들었다. 덜컹거리는 차안에서 아무것도 볼 수 없는 시커먼 창밖을 하염없이 내다보다가 나 자신도 모르게 시선이 잠든 교수의 얼굴에 가 닿았다. 그런데 자세히 바라보면 잠잘 때마다 얼굴모습이 조금씩 달라지는 것 같았다. 어느 때는 무척 평온해 보였다가도 또 어느 때는 찌푸리고 인상을 쓰기도 하고, 아니면 그야말로 덤덤한 모습을 보이기도 하는 것을 반대편 침대에 앉아서 물끄러미 건너다보았다. 사람은 잠자면서도 여러 가지 근심 걱정으로 생각이 쉴 사이가 없구나 하고 생각하면서 내 자신을 잠시 돌아보기도 했다. 그리고 한동안 이런저런 생각에 빠져 있었다. 문득 언젠가 스님의 잠자는 모습을 본 적이 있었는데, 그 모습이 어느 사이 나도 모르게 떠오르고 있었다.

스님은 평상시의 얼굴도 밝고 빛났지만 잠잘 때도 밝음과 빛은 평상시 모습 그대로였다. 방안의 불을 끄고 어둠 속에 있어도 스님 얼굴은 무슨 발광체처럼 빛을 뿜어 금방 윤곽이 드러나는 것이었다. 아기의 얼굴처럼 평온한 모습, 아니 낮에 보았던 자비스러운 모습, 신도를 대하면서 지혜로웠던 모습이 그대로 간직되어 있는 스님의 잠자는 모습을 보면서 무척 신기하게 느꼈던 옛날의 기억을, 상해를 향해 달려가는 중국의 특급열차 안에서 나는 다시 떠올려 보고 있었다. 중국 대륙, 기적을 쿵쿵 울려가며 거침없이 쉬지 않고 달리는 기차 속에서 나는 밤늦도록 스님의 잠든 평화의 얼굴과 진리 덕화를 마냥 그려보고 있었다.

제 2 장

양무제의 한탄

- 결 사 정 진 , 삼 년 기 도 -

溪聲便是廣長舌　　　　흐르는 물소리는 부처님의 사자후요

山色豈非淸淨身　　　　천삼라 지만상은 부처님의 법신일세.

양무제의 한탄

『벽암록』 제1칙에 달마 대사와 양 무제의 법 인연이 실려 있다.

양 무제가 달마 스님에게 물었다.
"무엇이 근본 되는 가장 성스러운 진리입니까?"
"텅 비어 성스럽다 할 것도 없습니다."
"나와 마주한 그대는 누구십니까?"
"모르겠습니다."
무제가 이를 깨닫지 못했다.
달마 스님은 마침내 양자강을 건너 위나라에 이르렀다.
무제는 그 후 이것을 지공 스님에게 물으니 지공 스님이 말하였다.
"폐하! 이 사람을 아십니까?"
"모르겠습니다."
"이는 관음 대사이시니 부처님의 심인을 전하는 분이십니다."
무제는 후회하고 마침내 사신을 보내어 다시 맞이하려 하자 지공 스님이 말하였다.

"폐하께서 사신을 보내어 모셔오려 하지 마십시오. 온 나라 사람이 부르러 가도 그는 돌아오지 않을 것입니다."

후일 무제는 달마 스님을 추모하여 스스로 비문을 지었다.

아! 눈으로 보고서도 알아보질 못하였고
만나고서도 알아모시지를 못했구나.
마주치고도 보지 못했으니
예나 제나 원망스럽고 한스럽다.

이어서 다시 찬탄했다.

마음이 있으면 영겁토록 윤회에서 벗어나지 못하고
무심해야 찰나에 묘각의 경지에 오르리라.

나는 『벽암록』 제1칙을 읽으면서 무제의 한스러운 심정과 안타까운 마음을 알 것 같았고, 법에 대한 갈앙심이 이해되었다. 스님께서 입적한 뒤, 나는 왜 그렇게도 아쉬움이 많은지, 그 가운데서 가장 안타까운 것은 스님의 가르침에 대해 이것저것 세세하게 물어보지 못한 것과 선지식 앞에 살았으면서도 정작 해야 될 공부를 소홀히 했다는 점이다. 마치 선지식이 천년 만년 내 곁에 머물 것으로 믿고 공부는 차일피일 했으며 불법의 정밀한 이치를 묻고 배우는 것을 아예 도외시하다시피 하였으니 말이다. 실로 생각하면 할수록 애통하기 그지없고 내 생애에 그런 기회가 두 번 다시 오지 않는다고 하는 것에 생각이 미치면 더더

욱 애석하고 원통한 심정을 가눌 길이 없다. 그래서 내 심정, 감회의
일단을 표현해 보았다.

양무제　눈뜨고도　장님되었네
눈앞에　관음대사　알지못하고
양자강　건넌뒤에　때늦은한탄
도도한　장강물결　뱃전을쳐도
하늘가　흰구름은　유유했구나
온나라　사람들이　모두간대도
결정코　오지않을　슬픈소식에
임금은　마음고쳐　장님면했네
조사의　크신은혜　그를구했네

스님의　열반법문　듣고난후에
우치가　가장큰죄　깨닫게됐네
진작에　정신차려　열렬했다면
온세상　구석구석　광명놓을걸
이제야　가슴치며　애통해함은
그옛날　양무제도　내심정일까
고인이　흉잡히듯　나도흉잡혀
후세의　귀감될까　나의우치가
때늦은　장탄식을　불길로삼자.

　스님과 달마 대사의 다른 점은 달마 대사는 양 무제를 떠나 버렸고,

스님은 상대의 미약한 불법 인연을 곁에 두고 성숙시켜준 것이다. 어리석은 나를 끝까지 내치지 않은 것을 보나 임종 날도 내 온몸이 떨리도록 당신의 이별소식을 애써 이곳 도솔산까지 전해 준 것을 보면 쉽게 알 수 있는 일이다. 그 밖의 것은 나의 필설이 도저히 못 미칠 일이다. 그렇지만 눈앞의 선지식을 몰라보고 허송세월 한 나의 어리석은 죄는 무슨 벌을 받고 어느 지옥으로 가게 될까! 지옥이 무섭기도 하지만 스님과 떨어져 헤어지는 것이 더 싫다.

나의 염불선(念佛禪)

출가한 수행자(스님들)에게는 어느 때나 공부 과제가 있기 마련이다. 물론 재가의 수행자(신도)에게도 공부에는 마찬가지로 차이가 없다. 출가 수행자가 공부에만 전념하는 입장이 못 되거나 또는 공부하는 대중처소에 나가지 않고 포교나 가람 수호에 임하고 있는 기간이라 하더라도 평생 주어진 과제에 대한 공부를 잠시도 중단하거나 소홀히 해서는 안 되는 것이다. 왜냐하면 공부(마음 닦음) 한다는 것은 출가자의 본분이며 금생에 마쳐야 될 일대사 크나큰 과업이기 때문이다. 내가 불광사 스님 회하(會下)에서 소임을 볼 때 늘상 스님은 소임 사느라고 공부 못 하는 상좌들을 안타까워했다.

"내가 이렇게 절을 지어서 포교사업 한다고 너희들 공부에 장애가 되고 방해가 되었으니 어쩌지! 젊은 시절 나는 공부시간이 아까워서 평생 주지 노릇 안 할 것이라고 다짐한 적이 있었는데 그런 내가 이제 와서 오히려 너희들에게 짐을 안겨준 일이 되고 말았구나!"

"스님, 조금도 걱정하지 마십시오. 다른 곳에 가서 공부하는 것보다 스님 슬하에서 배우는 것이 더 많고, 여기서 하는 공부가 실로 요긴합니다. 옛 스님들도 스승님 밑에서 수십 년씩을 공부하고 시봉하지 않습니까. 그런 것을 미루어 보더라도 스님이 상좌의 공부 길을 막는 것은 아니니 조금도 심려치 마시고 오히려 저희들이 게으르거든 엄히 꾸짖어 주십시오.

어느덧 저희들도 모두 마흔이 지났기에 스님 외에는 나무라고 꾸짖어 줄 사람도 없습니다. 설령 저희들이 잘못하는 것이 있다 하여도 아무도 말해주지 않고 가만히 뒤에서 흉만 볼 뿐입니다. 스님 안 계시면 누가 아껴서 나무라 주겠습니까? 실로 스님 슬하에서 받는 훈도의 은덕은 그 무엇에도 비교할 수 없으며, 대신할 수 없는 특별한 공부이고 수련이 될 것입니다. 다시는 그런 말씀 안 하셨으면 좋겠습니다.”

“그래! 사실 오래된 수행자에게는 공부 따로, 일 따로라면 안 되지. 이제 송암도 절에 온 지 이십 년도 넘었으니까 공부가 순숙하여 갈 때가 되었네. 내가 알기로는 송암은 늘 지장보살 염불을 하고 있는 것 같은데 지장보살을 염하면서, 염하고 있는 이 물건(주인공)은 무엇인가 하는 의심을 잇고 이어가면 마침내 밥 먹는 것도 잊고 잠자는 것도 잊고 오직 의심 덩어리만 남게 되지. 그러면 앉으나 서나 오나가나 또 낮이나 밤중이나 꿈속에서도 공부가 익어가고 깊어가는 거야. 오직 한결같이 의심 덩어리만 간절하게 붙들고 가는 거야. 그러니까 지장보살 염하는 이 한 물건은 과연 무엇인가 하는 의심을 붙들고 가면 돼. 그렇게 되면 일에도 걸리지 않고 사람 만나는 데도 걸리지 않아. 일체 삶이 공부에 방해되지 않아. 그쯤 되면 상좌의 공부시간을 빼앗은 내 책임이 좀 가벼워지겠지. 내 허물을 줄이기 위해서라도 꼭 열심히 정진해 줘. 부탁해. 거듭 말하지만 그렇게 해 주길 바래!”

스님은 언제나 말과 눈빛이 같았다. 맑은 아기 눈빛으로 투명하게 자비의 빛을 뿌리며 간곡한 당부를 곁들여 거역할 수 없게 나를 바라보았다. 나는 스님의 그런 특별한 부탁(?)을 모른 체 할 수가 없었다. 그리고 그것이 스님이 내게 준 공부과제다. 금생에 반드시 풀어야 할 피할 수 없는, 피해서도 안 되는 지엄한 분부였다.

이제 스님 육신의 눈빛은 땅에 떨어졌지만(眼光落地) 내 마음에 살아 있는 스님 훈도의 눈빛은 어느 때나 나를 일깨우고 감시하고 채찍질하여 지켜 주고 있다.

부처님 꽃동산

부처님이 가꾸는 꽃동산이 있었다. 부처님께서 몸소 호미를 들고 괭이를 들고 삽을 들고 아침 일찍 나아가 잡초를 뽑고 거름을 주며 키가 커서 넘어지면 잡아매어서 지탱시켜 주고, 또 알맞게 물을 줘가며 매일매일 보살피며 온갖 정성을 모두 기울여 가꾸는 꽃동산 말이다.

그런데 그 꽃동산에는 과연 무슨 꽃들이 있을까? 부처님은 무슨 꽃을 특별히 좋아하실까. 이런 생각을 한번 해 보면 누구나 무척 궁금해질 것이다. 그리고 여러 사람들을 모아놓고 누가 나서서 이 질문을 던져 본다면 또 어떤 대답이 많이 나올까?

어느 날 오후, 계절로는 늦은 봄쯤이었을 거라는 생각이 든다. 그 날은 별일없이 스님 방에 들어갔더니 스님은 책을 읽고 있다가 내가 들어가자 읽던 책에 갈피를 끼워 덮은 뒤 건너편 의자를 눈으로 가리켰다. 어쩌면 허물없는 사이에서 앉으라는 다정한 영접(?)이기도 했다. 우리 상좌들은 한 절 안에서 스님을 중심으로 하여 각각 업무를 분담하여 살아가고 있었지만 상좌들 중 누구나 스님을 뵈러 법주실에 들어갈

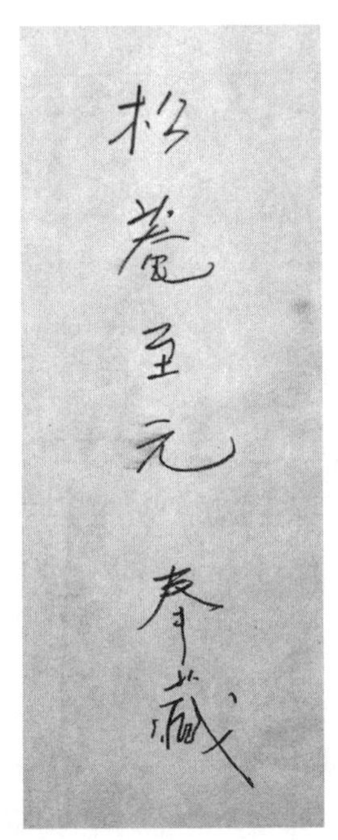

1989년 8월 16일(음 7월 15일), 불광사 법주실에서 스님으로부터 받은
전법 보리수와 법호와 법명을 적은 부촉 친필(보리수는 앞면, 글씨는 뒷면)

때는 설령 하루에 열 번을 들어가도 반드시 절하고 자리에 앉았고 편히 앉으라는 말씀이 떨어지기 전에는 꿇어앉아 있는 것이 습관으로 길들여 있었다.

상좌들이 스님 방에 가서 방바닥에 이마를 대고 오체투지의 예를 올리는 것을 처음 보는 사람은 조금은 놀라기도 할 것이다. 이와 같은 스님에 대한 지극한 예는 상좌들 누구나 다 똑같았고 하루에 몇 번이라도 처음과 같기 때문이다. 그 날도 나는 여느 때처럼 그렇게 절하고 스님이 말없이 다정한 눈길로 마련해 준 의자에 앉아 다시 스님을 바라보니 무슨 일이냐고 또 눈빛으로 물어왔다.

"시간이 좀 있기에 스님 뵙고 싶어서 그냥 들어왔습니다. 특별한 일은 아닙니다."

스님은 조금 뜻밖이라는 표정으로 웃으면서 말했다.

"송암, 부처님 꽃동산에 가 보았나? 거기에는 과연 무슨 꽃이 있을까? 어디 한번 생각나는 대로 말해 봐."

나는 뜻밖의 스님 말씀에 순간적으로 떠오른 생각을 말했다.

"연꽃 가득 핀 천지겠지요. 아니면 화려한 꽃, 점잖고 품위 있는 꽃, 한번 피면 지지 않고 오래 가는 꽃, 우담발화처럼 귀하디 귀한 꽃, 세상 범부들에게는 눈에 잘 보이지 않는 천상의 꽃들이 아니겠습니까?"

나는 별 깊은 생각 없이, 스님의 질문을 듣고 머릿속에 떠오르는 대로 생각나는 대로 고민 없이 손쉽게 대답했다.

"송암이 부처님 꽃동산에 가서 구경하고 난 뒤 하는 대답은 아닌 것 같군 그래. 지금 짐작으로 이것저것 자기 생각을 펴놓는 것이지. 그래 어쩌면 그런 것이 일반적인 사람들의 생각일지 몰라. 그런데 말야, 사실은 부처님 꽃동산에는 이 세상의 모든 꽃들이 다 모여 있어. 빠짐없이 말이야. 그리고 아주 평화스럽게, 일체 차별 없이 서로 어우러져 장관을 이루고 있지. 뭐라고 말로나 글로 다 표현할 수 없는 미묘한 장엄이야. 제각각의 모양과 특성을 유감없이 그대로 나타내어 마음껏 뽐내고 있는 것이야.

그런데 그 꽃들은 모두가 다 한결같이 잘났어. 거기에는 혹시 꽃이 작다고 기죽거나 향기가 없다고 무시당하거나 이름이 알려지지 않았다고 홀대받거나 출생지가 변방이라고 따돌림 받는 곳이 아니란 말야. 인간의 생각으로는 도저히 상상할 수도 없는 일이 부처님 꽃동산에서 벌어지고 있다고 보면 돼. 한번 직접 가서 구경해 봐. 내 말 백 번 듣는 것보다 가서 한번 보는 것이 훨씬 좋을 거야. 가기 전에 잘 연구하고 공부해 봐! 사실 그대로인 것을 스스로 잘 알게 될 테니까.”

스님의 말씀을 듣고 나는 한동안 그 말씀 속에 빠져 있었다. 내가 직접 부처님 꽃동산을 가보지는 못해도 스님 설법만으로도 부처님 꽃동산이 내 마음에 선연히 떠올랐고 충분히 상상되고 이해되었다. 그 꽃들은 무엇을 의미하는 것일까? 그리고 나는 과연 무슨 이름을 가진 꽃이며 어떻게 생긴 꽃일까?

나는 그 동안 내 자신이 부처님 꽃동산의 자랑스럽고 아름다우며 부처님께 온갖 보살핌을 친히 받고 있는 영광스럽고 미묘한 꽃이라는 생각도 못한 채 열등감과 온갖 중생상에 사로잡혀 잡초처럼 살다가 때가 되면 죽을 뻔한 신세가 아니었던가. 그런 생각을 해보니 참으로 놀랍기만 했다. 다시금 부처님 꽃동산에 대한 스님의 특별 법문의 커다란 은혜에 진심으로 고개가 숙여졌다.

유감(有感)

사람이면 누구나 각자의 인생을 살면서 내가 대통령이라면, 또는 장관이나 어느 단체의 장이라면…… 하는 등의 가정(假定)을 할 때가 더러 있을 것이다.

스님 열반 뒤, 내가 다비 장례의 총책임자였더라면, 그것도 아니라면 불광사 주지라도 했더라면 하는 아쉬움 가득한 가정을 몇 번이나 해보았다. 너무나 아쉬움이 많아서였다. 마치 스님께 죄를 짓는다는 생각이 들 정도로 괴롭고 가슴아팠기 때문이다.

사람은 어디서 태어났느냐, 그리고 어디서 죽었느냐 하는 것보다 무엇을 하고 살았느냐가 더 중요할 것이다. 스님을 두고 그런 생각을 해보면 '한국불교사상의 새 물줄기인 불광운동을 하고 살았다.'가 될 것이다. 어차피 인간은 천년 만년 살지 못할진대, 그리고 누구나 육신의 소멸을 피할 수 없는 일이라면 우리 스님께서도 육신의 종언을 맞이할 때가 있을 것이고, 거기에 따른 준비를 미리 하는 것도 당연하다 할 것이다. 그렇다면 사전에 치밀한 준비를 통하여 스님 입적에 따르는 사람들의 슬픔과 아쉬움을 최소화하는 것과 법의 공백으로 인한 불안과 흔들림을 막는 것이 당사자들의 일차적인 책무가 아니랴.

그런 선상에서 생각해 보았을 때, 스님은 입적 후 평생동안 이룩한 불광사 보광명당에 편안히 누워서 모든 불자들의 마지막 인사를 받고, 또 밤새워 기도하고 슬피 우는 어린 철부지 같은 스님 신도들의 하염 없는 비탄의 소리를 듣고, 생전에 그렇게 좋아했던 합창단 노래를 듣고, 아쉬워 너무 아쉬워 몸부림치는 제자들의 모습도 바라보아야 했을 것이다. 그러기 위해서 금생 육신이 떠나는 마지막 길의 머무름을 불광사에서 적어도 3일 정도는 가져야 했다고 본다.

스님 입적에 따르는 다비 장례에 내 나름대로의 아쉬움이 너무나 커서 만일 내가 다비 장례의 총책임자였다면 하는 가정으로 커다란 아쉬움을 이렇게나마 달래보려고 내 개인 의견을 피력해 보는 것이다. 그래서 여기 펼치는 모든 주장은 역시 내 식이며 지극히 내 주관적이다. 그 누구도 내 식을 탓해서는 안 된다. 누구나 각자 생각은 자유로운 것이고 다를 수 있으니까 말이다.

내가 장례의 모든 책임을 졌다면 나는 분명 이렇게 했을 것이다.

스님께서 불광사에서 조용히 입적하면 본사인 범어사를 비롯하여 여러 산문의 어른들에게 즉시 알릴 뿐만 아니라, 불광사의 전 가족에게도 법등을 통해 신속히 알려서 신도들이 곧바로 스님의 유해 곁으로 모여들게 했을 것이다. 5일장 중 적어도 3일은 불광사에서 머물면서 신도들의 마지막 하직인사를 모두 받게 했을 것이다. 스님의 삶 중에서 불광을 빼면 무엇이 남을 것이며, 불광의 시대적인 장대한 불사를 빼고 무엇을 내세울 것인가.

불광은 스님의 금생에 참으로 뜻 깊은 삶이었다. 삶을 소홀히 한 채 태어나고 죽는 것에만 그 의미를 둔다면 인간에게 무슨 신령스러운 의미가 있다고 하겠는가 말이다. 스님과의 영별 앞에서 마룻바닥에 이마를 두들겨 가면서 울며불며 매달리는 신도도 있고 눈물을 철철 흘리는 사람도 있고, 어쩔 줄 몰라 서성이는 사람들, 그 모두가 스님과 영별하는 애통한 모습이고, 스님의 삶이 이룩한 교화의 증거일 것이다. 그런데도 불구하고 입적하자마자 그 모두를 외면하고 쏜살같이 어디론가 몰래 떠나 버렸다면 입적 후 스님은 스스로의 삶을 철저히 외면한 것이 되고 만다. 그것도 가장 가까운 사람들에 의해서 스님 자신의 뜻과는 어긋나게 저질러진 외면 말이다.

스님은 비단 불광뿐만 아니라 조계종 교육의 일번지였던 종립학교 일에도 오랫동안 관계했고, 종단이나 대각회와도 밀접한 관련을 갖고 있었으니 거기에 따르는 인연 깊은 사람들은 또 얼마나 많았는가. 일주일을 머문다 해도 아쉬움은 남고 찾아오는 발길은 끊이지 않겠지만 그래도 최소한 3일 만이라도 불광사에 스님의 유해가 머물렀다면 얼마나 좋았을 것인가 하는 아쉬움을 나는 못내 금할 수 없었다.

그렇게 해서 스님의 유해가 정든 불광사를 떠나는 마지막 날, 스님은 불광사 정문으로 당당히 나가시고, 다시 뜻 깊은 불광사를 뒤돌아보면서 다비장으로 향했으면 하는 아쉬움이 세월이 한참 지난 지금도 사그라들지 않는다. 다비장으로 향하는 스님의 유해 뒤에 수많은 신도들의 차량행렬이 줄을 이어서 크나큰 아쉬움과 비통, 슬픔의 침통한 행렬이 되어야 했다고 본다. 불광 신도 모두들, 금생의 불법 스승이신 불광의 대선지식을 떠나보내야 하는 크나큰 이별의 아픈 신음소리와 스승과 영별해야 하는 비탄의 울음소리가 서울과 부산을 잇는 그 길에 가득해야 했으리라. 그리고 범어사에서는 하룻밤만 지낸 뒤 다음 날

영결식을 하고 바로 다비장으로 향해도 되었을 것이다.

꼭히 범어사 대웅전 앞이 아니면 어떠랴. 스님에게 범어사를 강조하기 위해 정작 해야 될 일을 소홀히 했다면 스님의 존재에 대한 역사적인 인식이 너무나 부족한 상태이고, 그런 결정을 한 당사자들은 다음 생에 스님을 만나게 되었을 때 그 과오와 허물을 면치 못할 것이다. 아무튼 범어사 위주의 장례식이 아니라 불광사 위주의 장례식이 되었다면 스님께 맞지도 않는 격식을 찾다가 크게 내용을 잃어버린 어처구니없는 모습은 되지 않았을 것이라는 생각이 든다.

스님께서는 범어사에서 태어났다가(출가) 범어사에서 다비식을 마쳤다. 성철 스님도 해인사에서 출가하여 해인사에서 입적하였다. 대개의 스님들도 거의 그러했다. 그러나 우리 스님은 스스로 한국불교의 새로운 사상, 새 물줄기로 자임했고 끝까지 그 사상에 책임을 졌다. 20세기 대한민국시대 불교 조계종의 전법 대본산인 불광은 의미하는 바가 컸고 단연 수도 서울에 그 존재가 우뚝했다. 그렇다면 모든 것을 거기에 맞추어서 일을 해야 한다는 생각이다.

이제 다시 스님 장례식을 되돌아보면, 아니 처음부터 현장에 있었던 사람으로서 거듭 생각해 보면 일부 인사들의 잘못된 판단과 왜곡으로 인해 아쉬움도 많고 소홀함도 많았다. 그리고 얼마나 많은 부분이 생략되고 또 무시되었는가 말이다.……

그러나 모든 것은 이미 지나간 과거지사가 되고 말았다. 스님께 죄스럽고 한없이 아쉽지만 흘러간 역사를 누가 되돌이킬 수 있을까. 안 될 일이다. 다만 이것은 스님께 죄송스러움을 하소연하는 하나의 넋두리이고 가정일 뿐이다. 그리고 너는 그때 무엇을 했느냐고 나에게 다그치거나, 세상에는 완전함이 없다고 주장하면서 큰소리 치면 나도 할 말이 궁색해질 테니까 말이다.

　이제 오직 원하는 것은 스님 속히 오시는 것, 간곡히 손 모아 거듭 바라는 것은 반야바라밀 불광운동에 다시 앞장서 주시는 것뿐이다.

부처님은 중생 편이야

어느 날 스님 방에 들어가 절하고 앉은 나에게 느닷없이 스님께서 물어왔다.

"송암! 부처님은 누구 편일까 생각해 본 적이 있나? 아니면 지금 거기 앉아서 생각해 봐."

갑작스런 스님의 질문이었으나 나는 별로 당황하지 않고 생각을 굴려가며 대답을 찾았고 우선 말머리가 잡히는 대로 입을 열었다.

"아마, 불자들 편이겠지요. 또는 뭔가 뜻을 가지고 살아가는 사람들 편이라고나 할까요. 그리고 특별히 부처님이 누구 편일 수야 없겠지만 굳이 말한다면 부처님 자신의 속내를 안다는 사람들의 편이 아니겠어요."

누운 채 내 입모양을 바라보는 것 같은 스님의 얼굴은 가만히 웃고 있었다. 내 말에 동의해 주는 것 같기도 하고, 그런 것은 아니야 하는 부정을 웃음으로 대신하는 것 같기도 한 느낌이 들었다. 내 말이 이말 저말 두서없이 이어지자 말허리를 자르고 스님의 맑은 음성이 흘렀다.

"송암, 보현행원품을 잘 알지. 거기에 항생중생원(恒順衆生願)이 아홉 번째 나오는 것도 잘 알지. 거기에 보면 부처님은 어느 때나 중생 편이야. 일체 중생 편에 서서 한 덩어리가 되고 있어. 부처님과 중생 사이에는 조그마한 틈도 없이 완벽한 한 덩어리야. 설령 중생들이 부처님을 욕하며 발로 차고 험한 인상을 짓고 온갖 못된 짓을 서슴치 않아도 역시 부처님은 중생 편이지. 우리네 범부처럼 이익을 따라, 또는 자기 기분따라 이편저편 갈라지거나 아니면 잠시 편이 되어 머무는 정도가 아니지. 그런 세간적인 것과 중생적인 것과는 아무런 관계없이, 철저하게 중생과 순수하게 그냥 한 덩어리일 뿐이야."

스님 슬하에 있으면서 나의 부족이 드러날 때마다 스님은 이와 같이 우회적으로 나의 부족을 메워 주고 잘못을 바로잡아 주었으며 또 깨달음을 일깨웠다. 아니 그것보다 나의 좁은 심량의 한계를 시도 때도 없이 부수고 철거하는 노고를 줄곧 했던 것이다. 그리고 마치 스님 스스로 말한 것을 증명이라도 하듯이 스님은 언제나 내 편이었다. 부족한 점이 너무나 많은 내 편이었던 것을 그때도 나는 믿어 의심치 않았고 지금도 역시 굳게 믿고 있다. 바꾸어 말하면 스님은 철저하게 내 편이었다. 그 속(둘이 아닌 한 덩어리)에서 스님은 나를 타일렀고 야단쳤고 설득하고 인도했던 것이다.

그런 까닭에 코 꿰인 소가 주인이 끄는 대로 가듯이, 나는 아무런 간격없이 반항 없이 오직 순수하게 스님의 가르침에 무조건 순종했으며, 그래도 부족한 부분을 느낄 때는 법당에 올라가 부처님께 절을 하며 스님을 따르기로 서원을 세워 맹서하곤 했다. 지금도 무조건 내 편이 되어 준 스님의 둘이 아닌 경지의 높은 신뢰를 늘 떠올리면서 살아가고 있다. 그것을 내 삶의 양식이라고 해야 될지, 교훈이나 깨우침이라

고 해야 할지 표현상의 적절함은 아직도 잘 모르겠다. 그러나 나에게
는 일반적으로 평범하고 상식에 가까운 흔한 말이라도 스님의 입을 빌
리면 모두가 금과옥조(金科玉條)의 교훈이 되었고 피와 살이 되었다.

용수철처럼

스님은 건강이 웬만하면 결코 누워지내기를 즐겨하는 성품이 아니다. 오랜 세월, 특히 말년에 거의 누워지낼 수밖에 없었던 것은 그야말로 더 이상 몸을 가눌 수 없는 절박한 상태에 도달했기 때문이었지, 조금이라도 운신의 기력이 있으면 일어나서 걸었고 의자에 단정히 앉아 좌선하거나 책을 읽으면서 불사에 매진했다.

어느 해, 한동안 기력이 많이 회복되었을 때로 기억된다. 점심공양을 끝낸 뒤 석촌호수를 혼자서 한 바퀴 돌고 소년처럼 상기한 얼굴로 불광사 현관문으로 들어섰다. 그때 나는 사무실에서 가만히 밖을 내다보고 있다가 현관문을 들어서는 스님을 보고 얼른 뛰어나가 맞이했다. 스님 기분이 무척 상쾌하게 느껴져 덩달아 나의 기분도 고무됨을 느끼며 이층 스님 방까지 배행한 뒤, 다시 사무실로 가려고 인사를 하고 돌아서는 나에게 잠깐 들어왔으면 하는 표정을 지었다. 마침 바쁜 일도 없던 참이라 절하고 스님 곁에 앉았다.

"송암, 나는 젊은 시절 밤에 잠잘 때 두 잠을 잔 적이 없어. 언제나

한 잠만 잤지. 내 말이 무슨 말인지 알겠어? 저녁에 잠자리에 누워 잠들면 일어나는 시간까지가 그대로 한잠이었다는 말이야. 중간에 깼다가 또 잠을 청하여 억지로 자지 않았다는 뜻이지. 만약 밤 1시, 2시라도 한번 눈이 딱 떠지면 그대로 용수철처럼 튕기다시피 자리에서 몸을 일으켰어. 만약 그때 조금이라도 자리에서 미적거리기 시작하면 이 몸뚱이는 자꾸만 게으름을 부리게 되고, 또 몸뚱이에 끌려서 두 잠, 세 잠 속으로 떨어지고 말게 되는 거야. 한 잠을 잘 것을 작정하고 몸을 훈련하면 몸 스스로가 필요한 만큼 잠을 차지하는 거야. 그렇게 하면 욕심에 사로잡힌 잠을 끝낼 수 있게 되지. 자, 송암 알겠지? 수행자는 한 숨만 자야 하는 것과 눈 떠지면 어느 때라도 용수철처럼 튕기듯이 자리에서 일어나야 한다는 사실을 말이야. 송암은 젊고 활기에 차 있는 사람이니까 참된 수행으로 나를 능가하는 사람이 될 거야."

책상 위에 놓인 물 컵으로 마른 목을 잠깐잠깐 적셔가며 스님 자신의 경험담을 나에게 아낌없이 선물했다. 생각지도 않고 있다가 귀한 선물을 받아든 것처럼 뜻밖에 고귀한 스님의 수행담을 듣게 되었다.

이제 세월이 흐를수록 스님께서 주신 그 선물은 더욱 값지게 내 삶 속에서 밝게 빛나고 있다.

화엄학을 해봐!

　내가 스님 곁에서 소임을 맡았을 때나 또는 다른 공부를 하고 있을 때나, 단지 스님 모시고 곁에 산다는 이유 하나만으로 시도 때도 없이 자주 스님 방을 출입했다. 지금 가만히 생각해 보면 특별한 일이나 긴요한 볼 일이 아니었는데도 괜스레 스님 방을 철없이 들락거려 스님에게 불편을 드리지 않았나 싶기도 하여 문득 뉘우쳐질 때도 더러 있다. 스님 입장에서 보면 무척 귀찮고 성가신 일이 될 수도 있기 때문이다.

　그때 나는 스님에 대한 생각은 하지 않고 내가 생각하기에 저 분이 내 스님이니까, 그 방은 내 스님 방이니까 하는 단순한 생각으로 드나들었다. 이제 와서 내가 그런 입장이 되어 보니 그때 내 생각이 부족했다는 느낌이 새삼스럽다. 그래서 옛말에 자식이 아무리 잘한다 해도 부모 마음은 다 모른다고 하더니만, 옛말은 어느 하나도 버릴 것 없고 헛되이 들을 것 없는 것 같다.

　그러나 때로는 스님이 염려되어 들어간 적도 더러 있다. 왜냐하면 스님은 늘 불편한 몸으로 지내는 상태였기에 행여나 하는 염려의 마음에서 들어갈 때도 있었고, 그렇지 않을 때는 내 시간이 좀 남아서 스님 곁에 우두커니 앉아 있을 때도 있었다. 그럴 때라도 스님께서는 귀찮아하거나 힘들어하지 않고 그때그때 생각나거나 또는 주변상황에 맞추어 적절한 훈도를 주었고, 지난 일이라도 다시 기억에 떠오르는 것이 있으면 바로 교훈을 주곤 했다. 그랬기에 스님 방에 들어갔다 나올 때는 어느 때라도 빈손으로 나온 적이 거의 없었다. 하다 못해 꾸지람의 훈도라도 한 보따리 가지고 나왔고, 아니면 흐뭇한 기분이라도 가슴 가득 채워서 방을 나왔지 그냥 우두커니 소득 없는 빈손으로 나온 적이 없었다. 이제 다시금 지난날을 뒤돌아보면 내 인생의 황금기는 역시 스님 회하에서 수행할 때였음을 다시 깨닫게 된다.

어느 날, 스님 방을 조심스럽게 노크했더니 스님의 반기는 목소리가 멜로디처럼 들려왔다. 복도를 걷는 내 발자국 소리를 듣고, 이미 나를 훤히 보면서 마음의 준비를 하고 기다리신 것이다. 단지 벽이 있었고 문만 닫혀 있을 뿐이었다.

좀 불경스러운 얘기가 될지 모르겠지만 어떤 날은 스님 혼자서 가만히 앉아 있다가 내 발자국 소리가 나면, 얼른 자리에 누워서 일부러 끙끙 앓는 소리를 낼 때도 있었다. 쑤시고 아픈 스님의 육신을 좀 만져달라는 하소연 가득한 신호였고 호소였다. 스님 입장에서야 주변 사람들이 아무리 가까운 상좌라고 해도 미안한 마음도 있었을 것이고, 설령 또 주변에서 아무리 잘 보살펴 드린다고 해도 스님 자신만이 느끼는 말못할 불편도 매우 많았을 것이라는 생각을 해본다.

그때는 마치 어린아이 같은 스님의 행동이 우습기도 하고 재미있기도 했으며 또 한편으로는 늙고 병들어 가는 나의 스님이 측은하기도 했다. 나는 스님의 뜻을 금방 알아차리고는 얼른 아파하는 곳을 짚어

가며 손가락으로 정성껏 누르기도 하고, 손바닥으로 비비기도 해가며 스님 몸을 샅샅이 만져 잠시나마 고통을 덜어드린 때도 있었지만, 어떤 때는 이유 없는 심술이 나서 짐짓 모른 체 하여 스님의 간절한 기대와 호소를 저버린 때도 많았다. 이제 어이 하랴.

어쨌거나 스님 몸의 고통을 덜어드리기 위하여 지압과 안마를 섞어가며 힘을 쏟다 보면 어느 사이 내 몸도 땀 투성이가 되고 나도 모르는 사이 손가락에 힘이 빠지게 된다. 그 느낌을 스님이 먼저 알아차리고는 휴식을 명한다. 그때 곁에 앉아서 심호흡을 하며 친근감 있게 스스럼없는 얘기를 꺼내기도 하고, 하늘 같은 스승께 감히 가벼운 농담도 살짝 해보기도 한다. 평소 같으면 엄두도 낼 수 없는 일이지만 그때만은 나도 용기가 났고 스님도 더 한층 어린아이 같은 심정이 되어 서로가 스스럼없어진 편안한 상태였기 때문이다.

그때 문득 질문을 했다. 평소 스님께 여쭈려고 생각하던 일이 있었다.

"스님, 제가 교학공부를 더 하고 싶은데 어느 쪽으로 방향을 잡아가면 좋겠습니까?"

스님께서는 아무런 대답 없이 아래턱을 이리저리 조금씩 움직여 가며 한동안 나를 가만히 건너다보고 있다가 입가에 미소를 살짝 머금은 채 말씀했다.

"송암의 기질을 보건대 아무래도 화엄이 좋을 것 같아. 내가 평소 송암을 관찰해 보면 머리가 상당히 철학적이고 논리적이거든. 그리고 성품이 세밀하면서도 규모가 큰 사람이라는 생각이 들어. 그렇다면 여러 교학 중에서도 화엄이 적격이잖아. 아무튼 송암은 화엄학을 하면 크게 잘하리라는 생각이 들어. 그러나 그것은 어디까지나 내 생각에 지나지 않고 본인은 뭘 하고 싶은 거지? 내 생각보다 본인의 뜻이 더 중요하다고 생각해."

이런 것을 스님의 혜안이라고 말해야 할지, 아니면 스님과 나와의 특별한 인연이라고 해야 될지 모르겠다. 내가 소임살이를 하면서도 교학공부에 대한 부족감을 늘 지니고 살았고, 교학 중에서도 화엄학에 대한 관심이 가장 높아, 시중에 화엄에 대한 새로운 책이 나오면 득달같이 달려가서 사 모으곤 할 때였다. 나는 스님의 자상하고 세밀한 지도에 더 한층 가깝고 고마운 마음을 갖게 되었고 존경심과 감사함을 마음 깊이 느끼게 되었다. 상좌의 특성을 면밀하게 살펴서 전성적으로 지도해 가는 스승의 노고는 이와 같이 끝간 데가 없다는 것을 다시 깨달았기 때문이다.

사실은 남의 스승 노릇하기가 이렇게 힘든 것이다. 제자에게 무한정 주어야 하는 것이고 무엇이 필요한 것인가를 미리 알아야 하며 적절한 때를 놓치지 않아야 하는 것이기도 하다. 그러기에 스승의 통찰력은 실로 깊어야 하고 넓어야 함을 스님이 나를 이끌고 보살펴 주는 것을 받으면서 알게 되었다. 바로 이런 점 때문에 불교에서는 육신을 낳아 주신 속세의 부모님보다 도의 세계로 이끌어 주고 진리에 눈을 틔워 주는 스승의 순서가 먼저가 아닐까 생각해 보았다.

부모님과 스승님이라는 두 큰 은혜는 말로 다 표현해 볼 수 없는, 머리로 미처 다 헤아릴 수 없는, 언어사량이 도달하지 못하는 또 다른 우주이며 광활한 세계일 뿐이다.

세세생생 보살도를 닦아지이다

1999년 3월 2일 밤 11시경, 나는 내가 처음 출가한 범어사 도량을 거닐고 있었다. 아직도 겨울이 꼬리를 마저 감추지 않은 이른 봄. 청냉한 밤 기운에 내 몸을 맡긴 채, 이제 어떻게 스님과 영별해야 하나, 앞으로 어떻게 스님 떠난 텅 빈 이 세상을 나 홀로 살아가야 하나를 자꾸만 되뇌이며 도량을 서성이고 있었다.

그날따라 달은 무척 밝았다. 하늘 복판에 높이 솟은 쟁반같이 둥근 달은 또 하나의 나를 땅 위에 큼직하게 그려주고 있었고, 교교한 달빛은 나의 마음속 고뇌까지 비춰줄 것처럼 차갑고 영롱하게 밝았다. 나는 무정하게 차가운 달빛 속에서, 스님 떠난 슬픔을 가누지 못해 허청거리는 몸을 겨우 옮겨가며 보제루 앞마당을 배회했다.

돌아보면 인생은 참으로 잠깐이기에 이슬이나 번개와 같다고나 할까. 내가 열아홉 애송이 나이로 범어사를 찾은 것이 1971년 3월이었다. 그때가 바로 엊그제 같기만 했다. 출가를 결행하기 위하여 비장한 각오로 출발했던 기억이 아직도 뇌리에 생생하고 선명하게 남아 있다.

  그때 서울에서 기차를 타고 부산에 도착하여 역에 내리니 남쪽의 훈풍이 반갑기는 해도 바람 끝에는 여전히 찬 기운이 그대로 묻어 있었다. 내가 스님의 열반을 당하여 범어사 보제루 앞마당을 거닐고 있을 때나, 30여 년 전 출가하여 범어사에 처음 발을 디뎠을 때나 같은 계절이었다.

  그런 생각을 잠시 떠올리는 순간, 지금과 그때와는 비록 삼십 년의 세월이 격해 있기는 해도 나는 어느새 그것을 훌쩍 뛰어넘어 내 나이 열아홉 살, 범어사 행자시절로 돌아가고 있었다. 스님 열반에 따르는 슬픔에 젖어 탄식의 한숨을 토해 내면서도 내 자신도 모르는 사이 처음 범어사를 들어서던 그때를 회상하고 있었던 것이다. 그때는 앞에서도 말했지만 1971년 봄, 금정산 기슭 양지바른 언덕에 진달래가 하나 둘 피기 시작했던 춘삼월 호시절이었다.

  나는 기차역에서 나와 버스를 타고 범어사 입구 팔송 종점까지 왔다. 거기서부터는 범어사를 향해 오르막 산길을 걸어 올랐다. 꽤나 가파로운 길이었기에 나는 서두르지 않고 천천히 오르면서 주변경치를 눈길 가는 대로 둘러보았다. 앞으로 내가 이곳, 금정산에서 살 것이라는 생각 때문이었는지 모든 것이 예사로 보이지 않았다. 초행길의 나는 그렇게 금정산을 바라보면서 약간은 불안한 마음을 안고 점점 금정산 깊숙이 안겨 들었다. 새로운 인생을 찾아나선 불과 열아홉 살 나이의 소년에게는 한걸음 한걸음을 옮겨 놓을수록 가슴이 무척 두근거리는 순간이었다. 단지 소개장 하나를 가슴에 넣고 난생 처음 찾아가는 큰절, 어떤 모습으로 자신을 맞이해 줄지 모르는 불안의 세계이며 또한 설레임과 망설임의 미지였다. 그러나 그런 두려움과 불안의 순간도 시간은 모든 것을 다 해결해 주었다. 나는 마침내 금생의 새로운 인연을 거기서 맺었던 것이다.

그런 생각 속에 파묻혀 걸음을 한발 한발 옮겨 놓다 보니 어느 사이절 경내가 임박했음을 알았고 나는 범어사 경내를 들어서서는 어디서 그런 용기가 솟았는지 멈칫거리지도 않고 마치 제집에 온 것처럼 곧바로 광덕 스님을 찾았다. 조그만 가방 하나만 달랑 손에 든 더벅머리 애송이가 지나가는 어느 스님을 불러 세워놓고 광덕 스님 이름을 함부로 들먹였다. 용케도 그 스님은 나의 무례한 행동에 대해 야단치지 않고 무사히 스님의 처소까지 안내해 주었다. 나는 예절이나 산중의 격식은 아예 무시한 채(몰랐기 때문에), 서울 서대문구 녹번동에 있는 홍도(일명 방울 스님) 스님으로부터 받은 소개장을 광덕 스님께 불쑥 내밀었다. 그것이 내가 절에서 살게 되는 수속이었고 절차라면 절차였다.

그 길로 곧장 나는 후원 공양간으로 배속되었고, 몇 달간 공양주 보조인 국 끓이는 갱두(羹頭)로 있다가 공양주로 승진(?)하여 행자생활 거의 대부분을 밥 짓다가 마치게 되었다. 사실 공양주라고 하는 소임은 책임이 막중하기 그지없고 육체적으로 힘드는 것도 다른 일보다 월등하다.

그 당시 범어사 전체 대중 200여 명의 공양을 하루 세 번씩 준비하려면 거의 쉴 시간 없이 줄곧 일해야만 했다. 그때만 해도 쌀에 돌이 많이 있을 때라 일일이 손으로 돌과 미를 골라내야 했고, 불땔 나무나 국거리를 미리미리 준비하고 다듬어야 했으며, 아무리 피곤하여도 아침저녁 예불은 필히 참석해야 했다. 또 저녁에는 소나기처럼 내리 쏟아지는 졸음과 싸우면서 『사미율의』나 『초발심자경문』과 '습의'를 익혀야 했으니 가히 눈코 뜰 새 없이 바쁘기만 한 시절이었다.

그때 후원에서 같이 일했던 행자 동료들이 무려 이십여 명이나 되었는데도 일손이 부족해 마냥 허덕거렸다. 그렇게 바쁘기만 했던 시절이 었는데도 어떻게 술수를 부려서 잠시 틈이 나면 행자 동료들과 범어사 계곡, 널찍한 바위에 앉아서 꿈을 꾸었다. 앞으로 스님이 되면 우리 모두 일체 중생을 인도하는 대도인이 되자고 다짐하며 약속하는 큰 꿈이 었다. 그것이 그때 우리 행자 도반들끼리만 통하는 금정산 바위 다짐이기도 했다.

그때 나는 마음껏 푸른 하늘을 날며 무한한 꿈을 꾸었고 창창한 앞 날을 아름답고 장엄하게 수놓고 설계했다. 물론 부귀영화를 기약하는 꿈은 아니었고 다만 상상할 수 없을 정도로 무지무지하게 큰스님이 되어서 일체 중생을 남김 없이 제도하는 꿈이었다.

그리고 아침저녁 예불시간이 하도 좋아서 어서어서 예불시간이 오기를 기다렸고, 밥하는 사이, 국 끓이는 사이에 부지깽이를 목탁대신 땅바닥을 두드려 가며 염불을 익혔고, 신묘장구대다라니를 누가 먼저 외우는지 내기를 걸기도 했다. 또 어떤 때는 한밤중 몰래 일어나서 무서운 강원 학인 스님들께 들키지 않게 살그머니 담요를 들고 원응료 앞마당을 가로질러 솟을대문 밖, 너럭바위에 앉아서 잠든 삼라만상을 응시하며, 옛날 스님들의 공부 장면을 짐짓 흉내내 보기도 했다.

그러나 행자생활이 이처럼 모두 좋았던 일만 있었던 것은 아니었다. 깜빡 하는 사이 아침밥이 늦어서 참회를 한 적도 여러 번이었고, 밥에 돌이 있어서 몇 개 남지 않은 노장 스님들의 귀한 치아를 못 쓰게 버려 놓은 적도 있었다.

어느 날 오후, 저녁공양 준비로 쌀을 씻으며 조리를 들고 열심히 돌과 미를 가리고 있는데 뭔가 예감이 이상하여 문득 고개를 드니 하늘 같이 높기만 한 광덕 스님이 쌀 씻는 나를 환하게 바라보고 있었다. 순

일러스트 / 최흥원

간 당황하여 어쩔 줄 몰라 우두커니 서 있는 나에게 "잘 해라." 한마디 던진 여운이 며칠씩 사라지지 않았는가 하면, 쌀 씻다가 수채, 물구멍으로 떠내려간 쌀알 때문에 눈물이 펑펑 나도록 꾸중을 듣고 잘못을 빌던 때도 있었다. 그런 시집살이를 하면서도 왜 집에 갈 생각은 하지 못했는지, 아마 그때 내가 바보였던가.

물론 나중 일이긴 했지만 그렇게 고달픈 행자생활이 뭐가 좋아서 중도 이탈하지 않고 끝내 사미계를 받았는지 혼자 웃어 본 때도 있었다. 그러나 나의 행자생활을 돌아보면 그때는 초발심이 일으키는 환희의 빛이 있었으며, 앞에서 이미 말한 대로 큰 서원이 있었다. 그것은 초발심자가 알지 못할 어떤 법열에 온몸을 떨어가며 산 시절, 내면에서 솟아난 아주 오래된 환희의 빛이었다. 그 당시 범어사 용화전에 걸려 있는 역대 조사상을 우러러보면서 나도 저와 같은 도인이 되어서 세세생생 보살도를 닦아가야지 하는 다짐과 서원이 있었기에 말이다. 그때 내 어린 생각에 용화전에 모셔진 조사상을 보면서 끝없는 희망과 앞날을 꿈꾸며 거듭거듭 발심했고, 또 은사이신 광덕 스님을 우러르며 보살도를 다짐하고 맹세했다.

거듭 회고하건대, 발심과 맹세의 기간이 나의 행자생활이었다고 말해도 될지 모르겠다. 처음 그 시절에는 인생이 무척 긴 것으로만 생각했는데, 그래서 꿈도 많았는데, 이제 다시 돌아보니 그것도 잠깐. 아니 삼십여 년의 긴 세월도 수유런가! 그때의 애송이 행자는 이미 오십이 다 되었고 하늘로 받들었던 스승은 열반으로 세연을 거두었으니 무상살귀의 냉혹함을 또 말해 무엇하랴! 다만 『법화경』 안수정등의 스님 법문이 내 빈 가슴을 울려 더욱 놀랍기만 했다.

언젠가 기억은 정확하지 않지만 우리 행자들이 모두 스님 방에 가서 법문을 들었다. 그것은 새로 절에 온 사람들을 위하여 특별히 배려하여 불러 준 것이었다. 그때가 스님 사십대 중반 무렵이었는데 세월이 흘러 벌써 열반에 들다니…….

여기까지 지나간 행자생활을 뒤돌아보던 나는 다시 정신을 가다듬고 발길을 돌렸다. 이제 내일이면 다비식을 모셔 이승에서 스님과의 모든 인연을 끝맺어야 한다. 행자생활을 거쳐 사미계와 비구계를 받고, 범어사를 떠난 지도 어언 삼십여 년, 이제 다시 돌아와 보니 소년 사미승의 꿈을 키웠던 옛 도량은 여전히 포근하고 정겨웠지만 나는 이미 그때의 소년이 아님을 깨닫고 장탄식을 금할 수가 없었다.

그러나 이제 스님 떠난 세상에서 홀로 남은 내가 무슨 일을 더 하여 인생의 업적을 더 높일 것인가. 다시 무슨 망상을 더 보태어 부질없는 이름을 떨칠 것인가. 그 동안 살면서 번거로웠던 일체사를 고요히 내려놓고 다시 행자시절, 기쁘기만 했던 초발심으로 돌아가야 하리라.

그래서 남은 인생을 진정한 출가 수행자로서 살도록 하자. 기쁨을 갖고 가슴속에 자비를 가득 담고 살자. 헛된 공적을 쌓고 티끌 같은 이름을 길이 전하기 위해 살아서야 되겠는가. 물처럼 달처럼 낭연하고 무심하게 살자. 순수하고 겸허하게 살자. 출가 수행자로서 아니, 행자시절 가졌던 꿈과 뜻으로 마지막까지 사는 것이 앞으로 남은 내 인생의 과제이고 금정산 바위 맹세의 실천이리라.

내가 죽고 난 뒤 과연 내 모습을 그려 범어사 용화전에 걸어줄까. 설령 그려 주었다 해도 누가 내 모습을 보고 행자시절 나처럼 감동하고 발심할까. 남에게 감동 줄 수 없는 삶이라면 무슨 가치가 있다 할 것인가. 괜스레 시주의 은혜만 잔뜩 지고 농부가 땀흘려 지은 밥만 한평생 축낸 것이 아닌가?

무섭고 두렵다. 인생은 무상하기 짝이 없고 흘러가는 세월은 물보다 빠르며 인과의 법칙은 준엄하기 그지없는데 죽비를 든 스승은 아직도 갓난아기 같은 내 곁을 떠나 다시 만날 길 없고…….

제 3 장

상수불학(常隨佛學)

― 뒤 따 르 거 니 의 행 진 ―

泰平元是將軍致　　평화는 장군이 만들었지만

不許將軍見泰平　　평화는 장군을 허락지않네.

부처님을 따라 배움

부처님을 바로 안다고 하는 것은 누구에게나 매우 의미 깊은 일이다. 불자라면 지극히 당연한 일이고, 설령 비불자라고 해도 많은 이익이 있을 것이다.

왜냐하면 그것은 불교에 대한 매우 본질적인 일이기 때문이다. 불교를 안다고 하는 것은 특정 종교의 교리를 안다고 하는 사실뿐만 아니라 자기를 알고 세계를 아는 지자(智者)가 되는 일이고, 또는 인간이라면 누구나 내포하고 있는 모든 문제를 한꺼번에 말끔히 해결할 수 있기에 그렇다. 그래서 부처님에 대한 바른 이해는 매우 고귀하고 가치 높은 행위이며 누구에게나 권장할 만한 일이다.

그러나 여기서는 우리 스님께서 불자들에게 부처님 생애를 몹시 강조한 이야기를 소개하는 곳이니까 더 이상 범위를 넓히지 않고 우리 주변 당면 과제만 살펴보아야 할 것 같다.

이미 앞에서도 말했지만 우리 불교도가 부처님을 아는 일만큼 중요한 일이 또 어디 있으며 부처님을 아는 일보다 더 우선해야 할 일이 또 어디 있겠는가. 아무리 이 궁리, 저 궁리 한다고 해도 이보다 급한 일은 따로 없지 않겠나 하는 생각을 가져 보는 것은, 비단 나만의 생각은 아닐 것이다. 그런데도 불구하고 우리 한국의 불자들은 그 동안 부처님의 생애(불타전)에 대하여 매우 소홀히 해온 점은 숨길 수 없는 사실이다. 그래서 사려 깊은 선각자(수행자)들은 이점을 매우 우려했고 또 안타까워했다.

스님 역시 일찍이 이러한 한국불교 신앙의 허점을 파악하고 부처님 생애에 대한 각별한 관심을 갖고 법회시간이나 혹은 기회 있을 때마다 특별히 강조했다. 가까이 있는 상좌들에게도 시간 있을 때마다 강조하기를 소홀히 하지 않았다. 그뿐만 아니라 신도 교육시간에도 부처님 생애의 학습시간 배정을 다른 과목보다 배 이상 할당하여 중요성을 일깨웠다. 이런 점만 보더라도 부처님 생애에 대한 스님의 생각을 가히 짐작하고도 남음이 있다. 우리가 살아가면서 인생의 어려운 일을 당할 때마다 바로 부처님께 기도하고 고백할 수 있다고 한다면 인생의 성숙은 그만큼 빠를 것이고 진리의 힘, 즉 그 미묘한 은혜의 작용은 매우 크고 지극할 것이라고 본다.

거듭 말하거니와 사람이 살면서 문제가 발생할 때마다 순조롭게 처리할 곳이 있다면, 본인에게도 다행일 뿐만 아니라 바로 그것이 인생 자체의 원만한 성숙을 의미하기도 한다. 대개 사람의 능력이라고 하면 우선 자기 문제에 대한 처리능력을 가장 우선할 수 있지 않을까. 역시 진리에 대한 신앙이라고 하는 것은 인생의 문제를 느끼고 발견할 때 비로소 작용하게 되고, 대처할 능력을 근원적으로 제공해 준다고 본다.

우리가 다시 부처님에 대한 신앙을 생각해 보면, 부처님의 전성적인 지혜·자비를 믿고 닮아가려고 하는 부단한 자기 노력이라고 말할 수도 있다. 아무튼 부처님에 대한 돈독한 신앙은 아주 좋은 불자의 총괄적인 종합 수행이다. 그래서 성인(聖人 : 부처님)의 삶을 우리들 각자 인생의 목표로 정해 놓고 한 걸음, 한 걸음 그 목표(성인)를 향하여 나아간다고 하는 것은 인생의 가장 큰 행운이라고 말하고 싶다.

이러한 이해의 선상에서 기도는 진정한 자기〔佛性〕를 만나는 일이며, 또 성인〔佛陀〕을 만나는 뜻 깊은 일이기도 하다. 그리기에 부처님을 우리 삶의 목표로 정할 수 있는 지혜와 용기야말로 더더욱 값진 일이며 누구에게나 무한정 권장해야 될 소중한 일임에 틀림없다.

이러한 사실을 일찍이 간파한 스님께서는 평생동안 부처님 생애의 중요성을 강조하여 말씀했다. 나의 이 부분에 대한 이해가 비록 보잘 것없지만 눈 뜬 것은 꽤나 오랜 세월이 되었다. 그것은 바로 스님의 바른 신앙 지도의 큰 힘이고 그 덕분이다. 그러나 모든 것은 때가 있는 법인데 이제야 이런 글을 쓴다고 하는 것과 부처님에 대한 눈이 조금씩 떠짐을 못내 아쉬워한다. 만시지탄은 못난이들이 즐겨 부르는 애창곡이다.

자다가 만져봐도 역시 스님이야

출가한 스님들끼리 주고받는 말 가운데 '아무개 스님은 자다가 만져봐도 역시 스님이야!' 하는 표현이 있다.

이 말은 출가자로서 교리를 많이 알고 있다거나 또는 학식이 뛰어나서 남에게 존경받기 때문에 하는 말도 아니고 선방에서 공부 잘하는 일등 수좌로 평판이 자자하여 하는 말도 아니다. 오히려 그런 것들과는 별 상관없이 대중 가운데 있어도 없는 듯하고 혹시 외출하여 없어도 곁에 있는 것 같은 스님을 말한다.

이런 스님은 다른 사람이 비록 귀에 거슬리는 얘기를 하거나 아니면 달콤한 칭찬을 한다 해도 그냥 빙긋이 웃기만 할 뿐이다. 좋다 싫다 하는 내색이 별로 없는 어찌 보면 속을 모를 사람같이 느껴지기도 한다. 그러나 시간을 두고 함께 살아보면 무슨 일에나 그저 빙긋이 웃기만 하는 것이 그의 천성인 것을 비로소 알게 된다. 달리 경계해야 할 마음을 따로 가지고 있는 것이 아님을 안 뒤부터는 대중들이 그를 좋아하고 따르게 되며 같이 있는 것을 모두가 마음 편안해 한다. 그리고 늘 함께 살고 싶어한다. 그때 대중들 가운데서 저절로 내려지는 평판이 바로 '아무개는 자다가 만져봐도 역시 스님이야!' 하는 이구동성의 공인(公認)이다.

그것은 소위 무심 도인의 경지가 되는 것이고 상(相) 없는 경지가 그런 모습에서 실재하게 되는 것이다. 그러니까 학식이나 수행 이력과는 아무 상관없는 천연본심의 경지를 드러내고 그것을 표현해 일컫는 말이기도 하다.

정암당 혜성 스님은 일찍이 범어사 동산 노옹사의 고족이었던 도원 선사께 축발 득도하였고, 그 이후 여러 대중 처소에서 무아의 헌신과 보현행으로 항상 불도 수행의 모범이 되었다. 그가 범어사 선방에서 정진하고 있을 때, 평소 그 인품과 수행의 향기를 못내 그리워했던 내가 편지를 써서 함께 불광사에서 살자고 간곡히 권유했었다. 그가 나의 권유로만 불광사에 온 것은 아니겠지만 아마 조그마한 계기는 되었던 것 같다.

정암은 평소 신심이 깊었으며, 염불하는 목소리를 들으면 저절로 그 끝모를 부처님 세계로 사람들을 빠져들게 했고, 끌어들이는 뛰어난 흡인력을 가지고 있었다. 일년에 두 번씩 올리는 불광사 오십일 기도시에 보광당 구석구석 울려 퍼지는 그의 목소리는 그 어떤 법문보다도 호소력이 있었고 설득력이 있었다. 함께 기도에 동참하여 가만히 귀기울이고 곁에 있으면 자신도 모르게 이루 말로 다 표현할 수 없는 법의 흥취와 황홀경에 빠져들곤 했다.

아무튼 정암은 스님으로부터 호를 받고 법연으로 입실했던 터였고, 그 이후로 불광 발전에 한 모퉁이를 너끈하게 담당했다. 그 역시 스님의 반야바라밀 결사운동이었던 대중 교화사업에 즐거이 동참했던 것을 보면 도솔천 대원해의 소중한 인연이었음은 더 말할 필요도 없고 재론할 여지조차 없는 명백한 사실이다. 앞서거니 뒤서거니 이 땅에 하생한 스님의 그 특별한 인연을 정암 말고 누구를 먼저 말하랴. 그리고 정암 자신은 본원의 옛 다짐을 어찌 다른 곳에서 찾으랴.

그렇게 옛 인연을 이은 정암은 스님의 머리가 길면 정성껏 삭발을 올렸고, 또 스님은 정암에게 머리를 맡기고 편안해 했다. 정암이 보드랍기 그지없는 스님 머리의 정수리를 황홀한 듯 비누 묻힌 손으로 어루만져 쓰다듬으며 사각사각 고이 깎아 나가는 장면을 곁에서 보고 있으면 손놀림의 한 동작 한 동작이 그렇게 진지할 수가 없었다. 아마 부처님 머리를 깎더라도 그 이상은 더 어쩌지 못할 것이다.

뿐만 아니라 불광사에는 매일매일 천도 제사가 무척 많다. 어쩌다가 담당 스님들이 몸이라도 아파 빠지게 되면 혼자서 그 많은 제사를 다 모신다. 힘에 벅찰 정도로 천도재가 많아도 조금의 소홀함이나 힘든 기색을 밖으로 내색하는 일 없이 끝까지 정성을 다 기울인다. 참으로 그에게는 같이 살면 살수록 배울 점이 많고 느끼는 점 역시 많다.

정암의 이런 드러나지 않은 헌신적인 보살행과 그 마음가짐이 지극한 무심 보살이었으니 불광이 한국불교의 선도자가 될 수 있었고 구국구세 운동의 본거지가 될 수 있었던 것이라고 본다. 그는 역시 스님의 충실한 제자였으며 도솔천 본원의 뜻 깊은 실천자이며 성취자다.

이제 과거 스님 회하에 함께 살았던 사람들을 가끔 만나게 되거나 생각하게 되면, 스님의 훈훈한 자비가 몹시 그리워진다. 나에게도 도솔천의 본원이 있었을까. 그 대열에 들 수 있을까.

속 깊은 상좌

지철 스님은 출가하여 강원을 마치고 선방에서 운수 납자로 조촐하고 뜻깊게 여러 안거를 지낸 뒤 스님 곁에 조용히 다가온 말없는 효 상좌이다. 그는 천성인지 아니면 수행력 때문인지 어느 때나 묵묵했고 신중했다. 여러 해 동안 같이 살면서도 그가 화를 낸다거나 다투는 일은 한번도 본 적이 없고 또한 얼굴에 미소가 떠난 것을 본 기억도 별로 없다.

그는 대중이 움직여야 할 일이 있을 때는 늘 앞장섰을 뿐만 아니라 함께 사는 사람들의 마음을 불편하게 하는 경우도 거의 보지 못했다. 이러한 그의 성품은 스님들뿐 아니라 신도들에게도 늘 온화하고 자상하여 신도들이 지철 스님을 보기만 해도 기쁘다고 말할 정도였다. 가히 스님의 고족이라고 해도 될 덕망의 소유자였고, 불법 수행의 좋은 도반이고 선지식이며 모두의 의지처였다.

평소에는 느릿한 걸음걸이로 몸을 움직이지만, 어쩌다가 스님이 찾게 되면 비호같이 스님 앞에 우뚝 서는 것을 보았을 때, 그것 하나로도 속 깊은 지철의 효심을 충분히 느낄 수 있는 장면이었다.

뿐만 아니다. 스님의 말씀에는 늘 '예' 하고 대답하였고, 한번이라도 다른 얘기를 입에 담는 것을 보지 못했다. 스님 앞에 선 그의 진지하고 공경스러운 자세는 마치 부처님을 모신 듯했다. 그와 함께 스님을 뵈면 곁에 있는 사람도 저절로 경건하게 만드는 그만의 미묘한 힘이 있었다.

아무튼 그와 함께 살다보면 여러 가지 면에서 배울 점도 있고 닮고 싶거나 흉내내고 싶은 점도 많다. 사형사제라는 격식을 떠나서도 좋은 도반이며 인간적으로 따뜻한 품성을 가진 그와 헤어져 있으면 그리운 사람임에 틀림없다. 왜냐하면 그런 느낌을 나만 가져본 게 아니니깐 말이다. 그와 함께 살아본 사람이면 누구나 느끼는 감정이었다. 그러기에 나중에라도 그와 다시 살고 싶어 찾아오기도 한다.

그러한 인간적인 중후함과 따뜻함을 동시에 가진 지철이 한동안 스님 곁에서 지냈다. 스님이 몹시 힘들 때 큰 의지가 되어 주었다. 그러다가 그는 스님께서 세연을 거두시기 전 부산 장안사 주지로 갔다. 이미 알려진 대로 스님은 1999년 2월 27일 오후 2시경 서울 불광사 법주실에서 조용히 세연을 거두고 원적(圓寂)에 드셨다.

그 날 아침부터 온몸이 떨리고 마음이 불안하기 짝이 없던 나는 사시 기도를 마치고 부랴부랴 허둥대면서 불광사에 도착하니 2시 30분이 지나고 있었다. 조금만 서둘렀으면 스님의 임종을 모실 수 있었는데 하는 안타까움은 내 평생 자책으로 남을 일이 되고 말았다. 내가 도착한 그 시간까지 서울 인근 지척에 살고 있던 상좌들도 아직 보이지 않았다. 한참이 지난 뒤에서야 하나둘 모여들었다.

나는 평상시 모습대로 가만히 누워 있는 스님 곁에 가서 손을 잡아

보고 얼굴을 대보고 다시 가슴에 손을 넣어보아도 스님의 몸은 따뜻하기만 했다. 스님은 잠시 잠이 든 것 같았지 입적했다는 느낌이 전혀 들지 않았다. 나는 스님이 입적했다는 사실을 믿을 수가 없어서 자꾸만 스님의 온몸을 더듬고 심지어는 내 귀를 스님 코에 대고 숨결을 확인해 보기도 했다. 스님 몸 어느 곳에 손을 대 보아도 따뜻하고 부드러웠다. 생전 모습 그대로였다. 하나도 달라진 것이 없었다. 그렇게 한참 시간이 흐른 뒤에야 비로소 나는 스님의 입적을 조금씩 현실로 받아들이기 시작했다.

입적하시고 두어 시간이 지난 뒤, 오후 4시가 되어서야 구급차가 와서 우리는 부산 범어사로 출발했다. 그러니까 입적 후 불과 두 시간 정도 불광사에 머무신 뒤 법주실에서 불광사의 비상구와 같은 유치원 복도를 거쳐 뒷마당으로 법구를 운구하여 차에 모셨다. 나는 구급차를 타면서 스님의 법구 곁에 자리했다.

입적하신 스님을 구급차에 모시고 부산 범어사로 가면서도 스님의 입적이 현실로 받아들여지지 않고 느껴지지가 않아 자꾸만 흰 천에 덮인 스님의 육신을 만져보고 또 만져보았다. 그때까지도 스님 육신은 식지 않고 따뜻한 채로 나를 어리둥절하게 만들었다. 다시 손을 잡아보고 생전에 안마해 드리듯이 다리를 걷어 올려 장딴지를 눌러보고 천을 벗겨 얼굴을 들여다보아도 역시 잠든 모습 그대로였지 입적했다는 사실을 도저히 인정할 수가 없었다. 이런 내 자신의 갈등으로 인해 서울에서 부산까지 가는 길이 빠르기만 했다.

그러는 사이 스님의 법구는 정중하게 범어사 산문 입구인 어산교를 들어서고 있었다. 드디어 범어사에 도착했던 것이다. 어산교를 막 지나면서 문득 시계를 보니 밤 10시가 되었다. 범어사 주지 스님 이하 전

대중들이 가사장삼을 입고 어산교까지 나와서 스님의 법구를 묵묵히 맞이했고, 부산 부근에 살고 있던 상좌들도 모두 도착하여 대기하고 있었다.

그때, 차가 어산교에 막 들어서는데 지철이 차를 세우고는 문을 열고 성큼 들어섰다. 그는 조금도 망설임 없이 스님 법구 앞에 엎드려 절하고 난 뒤 스님 얼굴에 자기 얼굴을 맞대어 비볐다. 그 광경을 옆에서 지켜보고 있던 나는 울컥 가슴이 뜨거워졌다.

'평소 무뚝뚝하기만 한 이 사나이에게 이런 점이 있다니 정말 사람은 모를 일이야. 그와 꽤나 같이 살았지만 이러한 모습은 처음이야. 아아, 그는 역시 마음속 깊이 스님을 무지무지하게 좋아하고 있었고 존경하고 있었구나. 평소 나는 말했고, 그는 말하지 않았던 것뿐. 사실은 조금도 다르지 않았다.'

스님에 대한 그의 모든 것이 그대로 드러나는 순간이었다. 그는 다만 남에게 잘 표현하지 않았을 뿐이지, 그의 가슴속에는 열렬한 존경의 불덩어리가 가득 들어 있었던 것이다. 나는 새삼 그를 다시 보았고 속으로 크게 놀랐다.

나는 그 이후로 스님의 상좌 중에 가장 속 깊은 효상좌는 운암지철이라고 단정하게 되었다.

스님 앞에 한번 귀의했으면…

　불교는 인간의 마음을 대상으로 삼고 있다. 인간의 마음에는 참 마음도 있고 거짓 마음도 있다. 그리고 참과 거짓을 초월하는 마음도 있다. 그러나 이 모두를 통틀어서 그냥 마음이라고 해보자.

　그러한 마음속에는 온갖 것이 가득 들어 있는데 마치 화수분처럼 무궁무진하고 해조음처럼 끝이 없다. 그 마음에는 성스러운 가치만 들어 있는 것이 아니라 보통 사람이 지니고 있는 신의라든지 존경과 의리, 사랑과 미움, 질투, 좋아함, 싫어함…… 등등, 그야말로 이루 헤아릴 수도 없고 끝도 없는 일체가 고스란히 함장되어 있다. 이렇게 어마어마하게 크고 넓은 것이 바로 우리의 마음이고 주인공인 것이다.

　사람들에게 세상에서 제일 큰 것이 무엇이냐고 물어보면 지구라든가 하늘이라든가, 좀더 배운 사람들은 우주라든가 아니면 눈에 보이고 익히 느껴 보았던 경험에 의해 시원한 바다라고도 대답할 것이다. 그러나 사실은 마음일 것이다. 그 이유는 굳이 말하지 않아도 이미 잘 알 것이다.

　그런 마음 가운데 있는 것 중의 하나인 '존경과 의리'로 맺어진 스님과 앞서거니 뒤따르거니의 특별한 관계가 있다. 바로 하산 거사 박충일 불자와의 인연이다.

　하산 거사는 풍채도 우람하고 골격도 크다. 언뜻 보면 무서우리 만큼 위풍당당하여 뭐라고 말하기 전에 벌써 보는 것만으로도 주눅이 들고 압도당하는 느낌을 받곤 한다. 이런 하산 거사는 외모가 풍기는 느낌대로 참 불자가 되어 한평생을 스님 곁에서 두 마음 없이 수행하고 보살행을 다졌다. 대개의 평범한 신도들은 여기저기 옮겨 다니는 경우가 많은 것 같다. 여러 가지 구실을 만들어 가지고 이곳저곳을 기웃거려 가며 좀더 큰 부처님의 은혜를 횡재하고 싶어서 끊임없이 헐떡이며 찾아다닌다. 그런 철새 같고 부평초 같은 일반적인 흐름에 비해 오직 스님밖에 몰랐던 하산 거사를 보면 스님에 대한 그의 고집스러운(?) 존경과 의리 때문에 오히려 더 원숙한 경계에 도달했다는 생각이 든다. 스승 앞에 한번 무릎꿇고 이마를 바닥에 붙여 귀의했으면 그것으로 족한 것이지 무엇을 더 바랄 것이 있느냐 하는 단순 명백한 하산 거사의 태도 말이다. 스승에 대해서 법의 높낮이나 옳고 그름을 따지거나 요구하기에 앞서 본인 마음에서 솟아나는 존경과 의리로 한평생을 따르고 섬긴다고 하는 고집스러울 만큼 우직한 생각이 하산 거사의 독특한 신앙이었고 수행 밑천이었으며 삶의 진실이었다.

　그의 이런 정신과 신념은 불광회장으로서 스님 입적 후, 여러 가지 어려운 일이 있을 때마다 불광이 흔들리지 않도록 튼튼하게 떠받치는 힘이 되어 찬연히 그 진가를 발휘하였다. 이런 하산 거사의 꿋꿋한 정신은 비단 불광에서뿐만 아니라 절 밖의 일인 대한인쇄협회 회장으로서도 사뭇 기개가 당당하고 변함이 없었다. 지금 프랑스가 가지고 있는 세계 최고의 인쇄물을 원주인인 우리에게 돌려달라는 요구를 했던 것을 보면 잘 알 수 있다. 언제인지 그 나라 대통령이 방문했을 때 그런 문화재 반환 요청을 정식 외교 경로를 통해 전달했다는 것이다.

아무튼 우리 스님은 참으로 많은 것을 갖추었다. 당신 본인의 내면에서 솟아나는 여러 가지 재능이나 진리에 대한 정열은 말할 것도 없고, 주변 사람들을 통해서도 온갖 것을 빠짐없이 갖추고 있었고, 또 그런 것들을 유감없이 필요한 때에 적절히 활용하고 사용하여 진가가 발휘되었다. 하산 거사 같은 불자가 그 대표적인 예다. 사람들은 그런 것을 한마디로 일러 불광 발전이라고 표현하지 않았을까 생각해 본다.

이러한 하산 거사는 스님을 통해 처음 불교에 입문했고 그리고 평생 스님 곁에서 수행하고 보살행을 닦았으며, 스님 입적 후의 뒷마무리도 스님 재세시처럼 더도 덜도 아닌 그대로의 존경과 신의를 바탕으로 잘 처리했다. 한평생 오직 한마음으로 스님을 모셨고 가르침을 배웠고 내지 유촉을 따랐던 하산 거사는 변화무쌍한 인심들이 사는 오늘날의 사람이 아닌 것 같다. 그러나 굳이 이 시대의 요즘 사람이라고 말한다면 분명히 남다른 사람이고 특별한 사람임에 틀림없다. 그가 끝까지 존경과 신의를 바꾸지 않았기에 그것만으로도 참된 수행인 일심의 경지에 도달했다고 여겨진다. 새삼 놀랍고 다시 경탄스러움을 금할 수 없다.

부서진 마차는 가지 못하고…

한국전쟁 바로 직전, 사병으로 입대하여 전쟁 3년을 고스란히 전선에서 싸워 이겼고, 그 덕분으로 무공훈장과 특진을 거듭했던 역전의 용사가 훗날 불자가 되어 스님의 일을 지성껏 도왔다. 군인 기질 그대로 자신의 후반부 인생을 고스란히 불사에 바쳤던 분이 불광의 호법신장, 자신 신영균 부회장이다.

자신 부회장은 체격도 당당했고 풍기는 인상이나 골격, 모두가 전형적인 무부였다. 특히 성품은 영락없는 옛날부터 우리들 머리 속에 그려진 이상적인 군인, 바로 그대로였다. 그는 군인으로서 무엇 하나 흠잡거나 나무랄 데 없는 직심의 소유자였다.

아무튼 스님은 자신 거사의 질직한 성품과 투철한 믿음, 순박한 직심과 그 성정을 매우 좋아하여 웬만한 일이면 거의 자신 부회장의 뜻을 다 들어 주었다. 비록 젊은 사람만큼 상황판단을 빨리 하지 못하고 일에 대한 핵심을 제대로 짚어내지 못하더라도 그것을 문제삼지 않았다. 만약 다른 사람이 자신 부회장과 똑같은 일을 했더라면 틀림없이 염려를 들었을 일도 자신 부회장이 한 일에 대해서는 염려는커녕 오히려 칭찬과 격려를 듬뿍 주기까지 했다.

이런 점을 곁에서 보고 있으면 스님과 자신 거사, 두 분 사이는 틀림없이 무슨 특별한 인연이 있다는 생각이 들었다. 지금 다시 돌이켜보아도 두 분의 존경과 신뢰의 인간관계는 무척 흐뭇한 광경이고 잊을 수 없는, 아니 잇기에는 아까운 감동적인 장면이다. 그러니까 두 분은 믿음과 존경으로 맺어진 뜨거운(?) 사이라고나 할까. 아무튼 어디서나 볼 수 있는 흔한 사이는 분명 아니었다. 스님과 자신 부회장과는 일 이전에, 아니 옳고 그름 이전에 두 분의 뜨거운 인간애가 두텁게 한 덩어리로 맥박치고 있었다. 이점을 재빨리 간파한 젊은 나는 교묘하게 두 분의 관계를 적절히 이용하기도 했다. 고백하자면 이렇다.

내가 스님 슬하에서 거의 총괄적인 소임을 보고 있을 때 자신 부회장이 나와 함께 법회의 대소사를 책임 맡고 있었다. 그런 까닭으로 나는 걸핏하면 자신 거사에게 도움을 청하기도 했고, 아주 교묘하게 이용(?)하기도 했다. 그 덕분에 안 될 일도 된 것이 많았고 스님으로부터 염려들을 일도 무사히 넘어간 적도 많았다. 무슨 일이든지 미리 생각해 보아 내 힘으로 어려울 것 같으면 사전에 자신 부회장과 의논하거나 또는 공모(?)하여 둘이서 함께 스님 방에 들어가 허락을 얻곤 했다. 아마 스님께서도 나의 얕은 술수와 잔머리 굴리는 것을 훤히 다 알아도 일부러 모르는 척 넘어가 준 것도 많았을 것이고, 또 감쪽같이 속아 주기도 했을 것이다. 철부지 상좌가 제 깜냥에 잔머리 굴리고 술수 쓰는 것이 마치 손오공이 부처님 손바닥을 벗어나지 못했듯이 빤히 보이는 것이라 해도 스승의 가슴 한쪽에서는 겉으로 내색 않는 속 깊은 정도 있었을 것이고, 지나온 스님 자신의 젊은 시절도 다시 느껴 보기도 했을 것이다. 물론 절대로 나 같지는 않았겠지만 말이다.

아무튼 이제 자신 부회장도 무정한 세월 앞에서는 어쩌지 못하고, 그 꿋꿋한 정신력도 튼튼한 체력도 지탱하기 어려운 모양이다. 그렇게 도 좋아하는 절에도 오지 못하고 있으니 말이다. 일찍이 원효 스님은 '부서진 마차는 가지 못하고 노인은 닦기 어렵다.'고 말했다.

조국을 위해 자신의 전반부 인생을 다 바쳤고, 진리를 위해 후반부 인생도 아낌없이 바쳤던 '불광의 호법신장' 자신 부회장을 바라보며 원효 스님의 말씀을 다시 새기며 이 덧없는 무정 세월 속에 어느덧 자 신 거사를 뒤따르고 있는 나의 몰골을 가만히 응시해 본다.

도솔천의 맹세

스님은 신도들에게도 일과에 따라 수행할 것을 강조하고 역설했다. 절이 아닌 집에서 예불을 하고 경을 읽고 염불을 하는 불자 수행을 법회 때마다 지속적으로 설득하고 강조해 나갔다.

처음에는 기복신앙 습관의 오랜 타성에 젖은 신도들에게는 매우 어려운 일이기도 했지만 워낙 간곡한 스님의 권유와 부탁, 끈질긴 설득으로 시간이 흐름에 따라 신도들의 마음이 조금씩 움직이기 시작했고 마침내 하나둘씩 집에서 기도하기 시작했다. 그야말로 불광사에 기도하고 수행하는 불자들이 서서히 늘어가기 시작했던 것이다. 스님의 소원대로 말이다.

물론 그전에도 극히 소수이긴 해도 가정에서 수행하는 신도가 아주 없었던 것은 아니었다. 이렇게 스님의 가르침을 따라 집에서 아침저녁으로 일과 수행하는 신도가 점점 늘어나자 어느덧 불자들의 사고(思考)도 함께 바뀌어가고 있었다.

스님은 그것을 알고 신도 개인적인 수행에서 한 걸음 더 나아가 서로 도울 수 있고 함께 기도할 수 있는 상례(喪禮)를 신도들에게 가르쳤다. 그런 다음 서로 마음 맞고 인연 깊은 사람들끼리 팀을 이루고 또 법등의 가족끼리 팀을 이뤄서 법우들의 가족이나 일가 친지들이 별세하면 신도들이 직접 상가(喪家)에 가서 목탁 치면서 열심히 기도하도록 했다. 직장 다니는 사람들은 퇴근 후에 바로 상갓집으로 모여서 밤늦도록 염불을 하고, 법등에 소속된 형제들은 낮에 모여서 기도하고 염불하게 되니 그야말로 슬픔과 적막만이 가득하던 상가에 밤낮으로 염불소리가 끊이지 않게 되자 우선 유가족들에게 큰 위로가 되었다.

이렇게 하나하나 기도와 보살행이 정착되자 과거의 개인적인 신앙 형태에 머물러 있던 일반 신도들이 점점 자신감을 갖게 되고 달라지기 시작했다. 원래 처음 타오르는 불길은 무서운 법이다. 그때 스님을 따르던 재가의 반야행자들은 마치 처음 타오르는 불길 같았다. 거기에 또 기름을 끼얹듯이 스님은 법회 때마다 기도할 것과 어려울 때일수록 더더욱 남을 열심히 도울 것을 강조하여 설법했다.

그러니 불광 형제들의 타오르는 수행의 불길은 걷잡을 수 없을 만큼 대단했다. 장소의 멀고 가까움을 불문하고, 시간이 있고 없고를 떠나서 불광 불자 가족이 상을 당하면 일가 친지들보다 먼저 달려갔고, 불광 법우 형제가 친지나 세교(世交)보다 더 많이 모여서 함께 염불·기도하고 또 일부는 설거지나 기타의 일을 챙겨 주었다. 이러한 분위기를 살려 스님은 연화부를 더더욱 활성화시켰다. 그때 관세음보살처럼 헌신적으로 등장한 보현 동지가 바로 그 유명한 연화보살 보조 거사 신규호 불자였다.

이분은 우선 위의가 반듯했다. 키도 훤출했고 대추빛 같은 얼굴에 하얗게 물든 머리가 온화함과 편안함을 대하는 사람에게 느끼게 해주었다. 이런 착한 인상을 지닌 보조 거사는 안과 밖이 같게 마음도 무척 자비로웠고 수행도 열심히 하여 정기법회에 빠지는 일이 거의 없었다. 또 사경 수행도 충실히 하여 선행 공덕을 지은 것은 이루 다 헤아릴 수도 없다. 그런 좋은 외모와 깊은 신심을 지닌 보조 거사는 마침내 불광 연화부장의 보살 임무를 맡게 되었다.

이로부터 보조 거사는 아무리 깊은 밤중이라도 불광 법우가 상(喪)을 당했다고 연락을 받으면 군소리 한번 없이 달려갔다. 마치 잠도 안 자고 연락오기를 기다리고 있었다는 듯이 지체없이 연화 법구(法具)가 든 가방을 챙겨 들고 병원 영안실이나 상갓집에 홀연히 나타나는 것이다. 그런 모습을 보면 마치 관세음보살 같았다. 미안한 말이지만 오히려 스님들은 제때 못 가는 일이 있어도 연화부장 보조 거사는 언제나 정성스러워 늦거나 빠지지 않았다.

그는 남 돕는 일은 천직으로 느껴질 만큼 열심이었고, 불광 연화부장은 도솔천에서부터 약속한 보살임무였으리라. 사람이 사는 것이 무엇인가는 그의 직심과 성실성을 보면 그 어떤 사람이라도 단 번에 알 수 있고 깨달을 수 있게 된다. 그는 매사에 시종 진지하고 지극하기만 했다. 그것은 도솔천 옛 맹세가 아니고는 설명할 길이 없다.

나는 그 동안 보조 거사와 만나지 못한 지가 여러 해 되었지만 지금도 어쩌다가 가끔 그를 머릿속에 떠올리게 되면 훌륭한 불자라는 생각이 우선 머리에 떠오른다. 이러한 보조 신규호 불자는 스님의 모범 신도였고 일등 신도였으며 불광의 원만한 보현행자였다. 어디 가서도 스님의 제자로서 조금도 손색이 없다. 도솔천에서 앞서거니 뒤따르거니의 장엄한 행렬 중의 단연 우뚝한 인물이었다.

반야바라밀의 실천 수행을 위해 이 땅에 하생(下生)한 사람들, 그들은 본원대로 스님을 따랐고 법을 전했으며 보현 대원을 이루었다. 그래서 원래의 뜻대로 중생성숙 국토성취를 위해 구국구세의 장한 길을 지금도 한결같이 묵묵히 가고 있고 앞으로도 갈 것이다.

불락사의 오르간 소리

스님은 작곡가 청암 박범훈 불자를 보현행자라고 불러 주었다.

1991년 12월 초, 스님은 당시 중앙대학교 작곡과 교수이던 청암 거사를 만나 「보현행원송」 작곡을 정식으로 의뢰했다. 그 전부터 진행되어온 계획이긴 했으나 만날 때마다 구두 확인만 서로 주고받을 뿐이었고 원고를 넘기지는 않았다.

청암 거사는 스님을 처음 만났을 때 큰 감화를 받고 각별한 존경심을 가지게 됐다. 그 해 11월, 청암 거사는 불광사 금강계단에서 재가 5계 수계를 하여 청암이라는 법명을 받고 재가 수행자의 길로 출발하고 난 뒤 「보현행원송」 원고를 받아 작곡에 들어갔던 것이다. 원고 넘기는 날 스님께서 이렇게 말씀했다.

"가능할지는 모르겠으나 다가오는 초파일쯤 해서 「보현행원송」 곡을 부처님께 공양할 수 있겠어요?"

청암 거사는 평소 활달한 성품대로 그 자리에서 주저없이 대답했다.

"예! 최대한 노력하여 큰스님 말씀에 어긋남이 없도록 하겠습니다."

청암 거사는 그 길로 원고 보따리를 싸들고 지리산에 있는 불락사로 들어갔고, 나는 새해 정월에 인도 성지순례를 떠났다.

20여 일 간의 인도 순례 여행을 마치고 돌아오니, 지리산에서 청암 거사가 여러 번 전화하여 내가 언제 오느냐고 물었다고 했다. 그 얘기를 전해 듣고 불락사로 전화를 하니 몇 가지 의논사항이 있으니 한번 걸음을 해달라고 부탁해 왔다. 원래 「보현행원송」 원고를 넘길 때 스님께서 청암 거사에게 이렇게 말씀한 적이 있었다.

"내가 활동이 자유롭지 못하여 청암 거사님 작곡하는 일에 도움 주기가 어려워요. 나 대신 모든 일을 송암 스님과 의논하시고 필요한 일이 있으면 그때그때 서로 상의하세요."

내 역할을 미리 스님께서 못 박아 정해 놓았으니 나는 최대한 청암 거사 작곡에 협조해야만 되는 것이다.

지리산 불락사는 청암 거사와 친분이 두터운 상훈 스님이 불교음악 발전을 위해 창건한 절이다. 그래서 이름도 불락사(佛樂寺)라고 지었다. 거기에는 청암 거사의 방이 언제나 마련되어 있고, 또 그 방에는 전자 오르간까지 준비되어 있다.

내가 불락사에 도착한 것은 1월 하순쯤이었다. 무척 추운 때였고, 또 처음 불사가 시작되어 절을 지어가고 있었기 때문에 여러 가지 시설이 불비한 상태였다. 청암 거사는 방에서도 두터운 잠바를 풍덩하게 걸쳐 입고 나를 소탈한 웃음으로 맞아 주었다.

우리는 스님에 대한 안부와 문안만 간단하게 주고받고 곧바로 본론에 들어갔다. 청암 거사가 직접 오르간을 쳐가며 이미 부분적으로 완성된 곡을 내게 들려주며 설명을 붙여 나갔다. 가사의 순서를 바꾸는 것에서부터 교리적으로 미심쩍었던 부분을 자세하게 묻고 답해 나갔

일러스트 / 최홍원

다. 청암 거사는 내 설명에 따라서 금방금방 확인하고 수정해 가며 또는 자신만 알아볼 수 있도록 비밀 표시를 해가며 부지런히 움직였다. 그나 나나 어떤 면에서는 무척 급하기도 했고 간단 명료하기도 하여 일에는 속도감이 있어서 좋았다. 아무튼 우리는 두 번 설명하는 일 없이 일사천리로 서로에게 필요한 부분을 취하여 순식간에 모두 정리했다. 그때 청암 거사는 외풍이 많은 방에 생활하면서 감기가 걸려 쿨룩쿨룩 기침을 해 가면서도 보현삼매에 깊이 빠져 있었다.

어쨌거나 청암 거사는 혹독한 지리산 추위에 갇혀 있으면서도 너무나 즐거워했고 내가 알지 못할 희열에 잠겨 있었다. 보현보살의 행원법열에 빠져서 공양하러 가면서도 '보현행원으로 보리 이루리'라는 자신의 곡을 흥얼거렸다. 그런 청암 거사의 뒤를 따라가면서 나는 청암 거사가 땅을 밟고 다니는 것이 아니라 공중을 걸어다니는 듯한 느낌을 받았다. 그 정도로 그는 즐거워했고 춤추고 싶어했으며 얼른 노래하고 싶어했다. 혼자서라도 말이다.

1992년 1월 말 불광사 법주실, 행원송 가사를 넘겨준 지 2개월도 채 안 되어서 「보현행원송」 대곡을 완성하여 다시 불광사 법주실을 찾은 청암 거사는 산 냄새가 물씬 풍기는 차림으로 불법(佛法) 스승인 스님께 큰절을 세 번 올려 지극한 예를 갖추었다. 그리고 고백했다.

"이 곡은 제가 스님께 공양 올리는 것입니다. 불자로서 계를 받고 첫 곡을 환희에 넘쳐서 썼습니다. 제가 쓰고도 제가 쓴 것 같지 않는 느낌입니다. 마치 불보살님이 오셔서 저 대신 썼다는 생각이 들 정도로 특별한 가호가 있었습니다. 그렇기에 저는 이 곡을 스님께 공양 올립니다. 스님 감사합니다."

청암은 두 손으로 곡을 받들어 스님 무릎 위에 놓아드렸다. 미소 띤 보현보살(스님)은 보현행자 청암 거사를 시종 요지부동으로 바라보고 있다가 조용하면서도 기쁨에 찬 확신의 목소리로 입을 열었다.

"청암 박 교수님은 보현행자야! 보현행자의 과거생 깊은 인연 없이는 연주 시간만 2시간이 되는 큰 곡을 어떻게 두 달이라는 짧은 기간 안에 완성할 수 있겠어요. 또 불교를 따로 공부한 적도 없는데 행원사상의 핵심을 정확히 파악하여 이렇게 훌륭하고 완벽한 곡을 만들 수 있었겠어요. 참으로 놀랍고 기이한 일입니다. 가사로만 있을 때보다 한층 다른 보현보살 불가사의 해탈 경계가 그대로 나타났습니다. 청암 불자님은 나의 보현동지입니다."

칭찬과 노고에 대한 두터운 위로와 격려를 마치고도 스님은 시종 청암 거사에게서 눈을 떼지 못했다. 마치 스님과 청암 거사가 서로 노래를 주고받듯이 청암 거사가 화답했다.

"큰스님께서 쓰신 『보현행원품 강의』와 『보현행자의 서원』을 읽은 것이 작곡의 요결이었습니다. 그리고 송암 스님의 명석하고 철저한 준비가 뒷받침이 되었으니 결과적으로 제가 한 일은 별로 없습니다."

내가 그 자리에 함께 있으면서 보고 들었던 내용이 지금까지 기억에 생생한 것은 작곡에 대한 청암 거사의 탁월한 기량을 내 얕은 음악 수준으로 말하려는 것이 아니라, 그때 기쁨에 넘쳐 있던 스님의 언행과 모습이 잊혀지지 않아서다. 무척 감격해 하는 스님. 뜻밖의 행운을 만나 어쩔 줄 몰라하는 아이처럼 마냥 좋아하면서 보현동지를 만난 것을 마음껏 기뻐했다. 나는 그 일이 갖는 여러 가지 뜻은 생각지 않고 마냥 스님 표정만 살피고 있었다. 너무나 흐뭇한 장면이었다.

스님의 큰 기쁨 속에 태어난 「보현행원송」은 정확하게 날짜를 짚어서 말하면 1992년 1월 말에 작곡을 마쳤고 세종문화회관 공연은 그 해

4월 2일에 있었다. 그러니까 합창과 국악관현악단의 연습기간은 2달이 채 못 되었다. 여러 가지 괴롭고 안타까웠던 우여곡절, 본래 큰 일에는 장애(障碍)도 큰 법인지 자칫 공연을 못할 뻔한 지경까지 갔다가 겨우 수습되었지만 또 다른 화근을 잉태하고 있는 줄은 그 당시에는 아무도 몰랐다. 그러나 시간은 흘러 드디어 4월 2일, 예정대로 세종문화회관에서 2회에 걸친 '보현행원송 국악교성곡 연주' 발표 행사는 이미 천하에 널리 알려진 그대로 불교 초유의 대성황이었다.

　나는 이 모든 것을 부처님의 뜻이라고 생각한다. 보현행자의 등장에서부터 공연 마지막까지, 아니 오늘날까지 내지 미래세가 다할 때까지 부처님의 뜻 아님이 어디에 있겠는가. 그러기에 더더욱 스님의 뒤따르거니 청암 박범훈은 보현행자다. 스님으로부터 인가(認可) 받은 보현행자.

스님의 보배

남북분단이 시작된 뒤 두 형제는 북의 고향을 등지고 남으로 내려왔
다. 가족을 모두 북에 둔 채.

전쟁과 굶주림, 질병, 이산과 빈곤 등 삶 자체가 무한한 고통이었던
시절, 누구누구랄 것도 없이 모두가 눈에 핏발이 선 채 살아가던 때였
으니 고생스러웠던 개인의 이야기쯤이야 이미 빛바랜 지 오래였다. 다
만 그때의 사람들은 어디서 무엇을 하며 다행히 죽지 않고 한 몸을 건
사했느냐가 가장 중요한 관심사였던 시절이었다.

어느 두 형제에게도 그 동안 얼마나 많은 곡절과 사연이 그들에게
펼쳐졌으랴마는 그런 것은 한량없는 세월 속에 묻어 두기로 하고, 그
들은 피난 내려와서 남쪽생활을 하는 동안 부평초처럼 떠돌다가 급기
야는 형은 출가하여 스님이 되었고 동생은 세속에 남아서 혈혈단신 홀
로 삶을 이어가게 되었다. 그러나 결국 동생마저도 절에 와서 살게 되
었으니 이 또한 알 수 없는 옛 맹세가 아니었던가 하는 생각을 해본다.
바로 그가 보성(寶性) 거사 이종윤 불자다.

그는 한국불교 전법 대본산 불광사가 여래 부촉의 구국구세 운동을 경건히 수행할 때, 가장 밑바닥에서 소리 없이 표나지 않게 보살행을 닦아가며 봉사하고 헌신했던 가히 육신보살이다. 절 내의 온갖 궂은 일에서부터 스님의 거동을 부축하고, 쑤시고 아파하는 팔다리 주물러 고통을 덜어드리는 일까지 그가 할 수 있는 일이라면 어느 때라도 귀찮아하거나 싫어하지 않았다. 그야말로 헌신이 무엇이며 귀의(歸依)가 무엇인지를 묵묵히 몸으로 실천했던 그 장본인이다. 사람인 이상 일이 힘들 때도 있고 쉬고 싶을 때도 있겠지만 보성 거사는 무슨 일이든지, 언제든지 그가 해야 할 일에 대해서는 싫은 기색 없이 또는 군소리 한 번 하는 일 없이 성실하게 수행했다. 그러므로 절 안의 모든 일에 그의 손길이 미치지 않는 곳이 없었다.

그는 재가 신도로서의 겸손과 하심을 늘 가지고 살았다. 사중의 여러 스님들이 개인적으로 소소히 하는 여러 부탁들마저도 귀찮아하지 않고 성심성의껏 돕는 모습을 곁에서 바라보노라면 무언가 전생에 약속을 해도 단단히 했을 것이라는 생각이 들곤 했다.

평소 나는 사람에게는 누구나 여러 가지 한계를 가지고 있다는 생각을 하고 있었다. 아무리 겉보기에 성인군자 같은 사람이라도 표현하느냐 않느냐 차이이지 내심은 거의 대동소이하다고 생각했기 때문이다. 그렇기 때문에 사람은 각자의 자기 한계를 넘으면 견디기 어려운 법이고, 지나치면 마침내 폭발하든지 아니면 서서히 드러나든지, 그도 아니면 확 벗겨지듯이 돌출하든지, 뭔가 사람으로서의 감정을 표현할 텐데 보성 거사에게서는 그런 점을 영 볼 수가 없었다.

그리고 그만의 독특한 점은 독신주의를 신봉하여 평생 결혼을 하지 않았던 것이다. 스님들이야 홀로 사는 것이 당연하지만 일반인들에게는 평생 독신이 무척 어려운 일일 뿐만 아니라 거의 없다시피 드문 일이다. 특히 남성으로서 말이다. 그런데도 보성 거사는 남녀간 애욕의 바다를 이미 건너온 사람처럼 담담하게 자기 자신의 신상처리를 스스로 해가면서 한결같이 생활했다. 혹시 보성 거사는 보살행을 더 열심히 이루기 위해 굳이 독신을 고집하지 않았을까.

아무튼 그와 함께 살면서 세속적인 입장에서 느낀 점과 절 입장에서 느낀 점 등 여러 가지 사항을 종합적으로 생각해 보면 역시 말로 다할 수 없는 기이(奇異)한 분임에는 틀림없다. 그러나 부처님 가르침 속에서 그의 삶과 인연을 풀어본다면 숭고하고 진실하기 그지없는 것이다. 아니, 진실 그 자체라고 말하면 될 것이다.

그러한 그는 오직 스님의 구국구세 대각사업을 위하여 헌신하겠다는 도솔천 서원을 따라왔고 또 그렇게 살아가고 있었다고 본다. 설령 지나간 어느 세상에서 그런 맹세를 철석같이 다짐했다고 하더라도 살다 보면 자기도 모르는 사이 때로는 살짝 비켜갈 수도 있고 교묘하게 옆길로 빠져나갈 수도 있을 법한데, 보성 거사는 잠시나마 그런 모습을 찾아볼 수도 없었고, 느껴볼 수도 없었다. 비록 잠깐이라도 자기 생활이나 직무에서 일탈한다든지 벗어난다고 하는 일은 자신과는 관계 없는 것으로 지금껏 살았다. 사람이 일생을 살면서 때로는 자기 삶에서 살짝 벗어난 듯 한 것은 오히려 인간적으로 봐줄 수도 있고 매력적으로 생각해 줄 수도 있는 일이다. 그러나 그런 점마저 전혀 없었다는 것은 무서울 만치 지독한 사람이 아니냐 하는 생각까지도 할 수 있다.

그런 보성 거사에 대해 드문 사람, 희귀한 인연이라고 주변에서는 말하기도 하나 이 역시 스님의 반야바라밀 결사 동지였기에 세상 사람들이 이해하지 못할 정도로 특별하게 보였던 것이라고 나는 생각했다.

왜냐하면 동지여야 헌신이 나오는 법이니까. 단지 취미가 같다거나 고향이 같다는 이유만으로는 그렇게 한결같이 훌륭하고 거의 완벽에 가까운 헌신은 기대할 수 없다고 본다.

나는 이러한 보성 거사의 숭고한 헌신은 앞서거니 뒤따르거니의 도솔천 본원(本願)의 인연이라고 보고, 또 그렇게 믿고 있다. 그와 오랫동안 함께 살았던 내 생각, 내 눈으로는 도저히 그렇게 밖에 볼 수가 없다. 그리고 여러 정황 증거로 보아도 그렇고 함께 살면서 살펴보아도 역시 그렇다는 것이 나의 증언이다.

이제 그도 노인이 되었다. 세속의 부부가 같이 정답게 살다가 어느 한쪽이 먼저 떠나게 되면 남은 쪽도 오래 살지 못한다고 하는 얘기를 들은 적이 있다. 보성 거사는 오직 스님만 믿고 의지하고 스님의 또 하나의 분신처럼 살았는데, 이제 스님 떠나고 나니 그도 자꾸만 아파하고 힘들어했으며 허전해 했음은 누구나 짐작하고 다 알고 있는 일이다.

일전에 언뜻 들리는 바람 같은 소식으로는 그가 많이 아프다고 했다. 그 소리를 듣고 나는 몹시 우울했고 안타까웠다. 그가 아플 때 스님이 곁에 있었더라면 온갖 정성을 기울였을 텐데. 사람은 누구나 본분을 다한 뒤에 가는 것쯤이야 그렇게 큰 문제가 아닐 것 같다. 다만 본분을 다하지 못했거나 중도에 소홀히 했다면, 아니 본분이 무엇인지 몰랐다면 상황은 달라질 수도 있겠지만…….

나는 도솔산에 앉아서 스님이 그를 보배[寶性]라고 불명을 지어 주었던 일을 다시 생각해 본다.

용궁에서 왔는가

소년시절, 철도청에 입사하여 그 일을 천직으로 받들다가 정년을 맞이한 도암 거사 윤동균 불자는 매우 조용하고 차분한 느낌의 소유자다. 말씨마저 조용조용하여 얼핏 보면 함께 있는지 없는지조차 분간이 잘 되지 않을 때도 있다.

스님의 병환이 무척 위중할 때가 있었다. 그때는 밤낮으로 스님을 지켜드리고 간호를 계속해야 했다. 그때나 그 이후나 사중 소임자들은 낮에는 여러 가지 일을 봐야 했으므로 밤 새워가며 스님 모시기가 힘들었다. 불가불 우리 불광 법우 형제 중에서 스님을 모실 만한 분을 찾게 되었다.

그때 누군가의 권유로 도암 거사가 추천되었다. 내가 그를 직접 만나 저변의 부득이한 사정을 애기했더니 오히려 큰스님을 모시게 되고, 또 본인이 가까이 있을 수 있는 기회가 생기면 큰 영광이라고 말했다. 이미 내가 도암 거사를 잘 알고 있는 사이여서 그 자리에서 바로 결정을 하니까 큰스님 모실 인연에 감사한다고 말하면서 즐거워하고 기뻐했다.

　이렇게 시작된 도암 거사의 스님 시봉은 매우 특별했다. 처음 도암 거사가 올 때만 해도 그는 이미 연령이 육십이 넘었고 체력도 무척 약해 보여 한편으로는 염려가 되기도 했다. 그러나 막상 그가 스님 곁에 있고 부터 날이 가고 달이 갈수록 대단한 강단의 소유자라는 것을 알게 되었다. 스님 시봉에 꼬박 밤을 새다시피 한 날도 낮에 피로한 기색 하나 없이 얼굴에 조용한 미소를 떠올리며 스님 곁에 침착하게 앉아 있는 것이다. 물론 처음에는 저런 열성도 며칠 지나면 달라지겠지 하고 생각했는데 무려 한 달이 지나가도 꼿꼿하기는 처음 그대로였다.

　그때부터 우리는 도암 거사를 달리 보기 시작했고 스님에 대한 특별한 정성이라고 혀를 내둘렀다. 그래도 그런 날이 줄곧 계속되다 보니 현실적으로 도저히 이해되지 않는 부분이 있어서 급기야 참지 못하고 도암 거사께 직접 물어보고야 말았다.

　스님을 그렇게 헌신적으로 모시는 것을 보면 찬탄하고 감사하며 고마워해야 할 상좌가 오히려 그런 힘과 정성이 어디서 나오느냐고 뚱단지 같은 질문을 했으니, 도암 거사가 보기에 나를 어떻게 보았으며 또 얼마나 한심하게 생각했을까를 지금 다시 생각해 보아도 부끄러움이 앞선다. 그러나 그때는 워낙 생각 밖, 기대 밖의 일이라 무슨 비법이라도 있나 싶어서 궁금증을 참지 못했던 것이다. 도암 거사는 예의 그 사람 좋아 보이는 웃음을 빙긋 웃고는 나의 질문에 한동안 대답이 없었다. 말을 할 듯 하다가 말고, 말 듯 하다가 할 것 같고, 몇 차례 그런 모습이 반복되더니 드디어 입이 열렸다.

　"스님의 눈동자를 들여다보고 있으면 힘들지도 않고 졸립지도 않아요. 밤새도록 스님의 팔다리를 만져드려도 지루하다거나 팔 아픈 느낌이 없어요. 스님이 말씀은 잘 못하시지만 눈빛을 보면 늘상 나에게 미안해하고 고마워 하세요. 스님 육신은 병고로 신음에 빠져 있지만 스님 마음의 창인 눈은 맑고 반짝거려서 조금도 병색이 보이지가 않아요. 어떤 때는 마치 어린아이의 눈빛을 대하고 있는 것처럼 편안하고 즐거워요. 스님은 확실히 생사를 해탈하신 큰 도인이여요. 제가 불교에 대해 배운 것도 없고 아는 것도 별로 없지만 스님 눈빛에서 느끼는 나의 믿음은 확실한 거지요.”

내가 요점만 추려서 글로 썼으니 도암 거사의 이야기가 간단하지만 사실은 한참이나 길게 천천히 이야기를 차분차분히 했다. 그의 성품대로 서두르지도 않았고 더 느리지도 않게 판에 박힌 듯 입을 떼나가던 기억이 지금도 생생하기 그지없다. 도암 거사는 고향이 나와 같은 곳이다. 그래서인지 나를 보면 더 친숙해하는 정을 가끔 느끼기도 했고 더러는 우스개 소리도 나누곤 했다.

우리가 평소 진실이라는 말을 많이 쓰지만 실지로 진실이 무엇이냐고 다그치면 어리둥절해진다. 그러나 진실이라는 말을 활자판에서 꼬옥 집어내듯이 ‘진실’을 말하라고 하면 바로 도암 거사 자체가 아닐까 생각한다. 그는 바다 밑 용궁과 이름이 같은 곳에서 출생했기에 나는 그를 용궁보살이라고 불렀다. 아무튼 무수한 앞서거니 뒤따르거니들이 각자의 원을 가지고 인간 세상에 와서 그 원(願) 따라 나타난 역할을 충실히 수행했다. 알고 보니 사실은 그것이 도였고 진리였으며 불교였다.

스님 가신 뒤에 혼자 곰곰이 지난날을 다시 생각해 보면, 새삼 놀라운 생각이 들 때가 무척 많다. 그리고 이렇게 불가사의한 생명의 이치가 도처에 그대로 고스란할 줄이야! 나무미륵존불.

도솔천에서 따라왔겠지

『불타전』 강생편을 보면, 도솔천 내원(內院)에 머물던 호명보살이 하생(下生) 할 때가 되자 함께 있던 천상의 대중들이 앞서거니 뒤따르거니 이 국토에 하생한다. 모두가 보살의 중생교화를 돕기 위하여 제각기 원을 세우고 수생(受生)하는 것이다.

이러한 강생편의 기록을 찬찬히 보고 있노라면 묘한 감동을 느끼게 된다. 보살을 정점으로 이 국토에 각(覺) 사업을 펼치기 위하여 진리에 헌신하고자 하는 장엄한 행렬이 눈으로 보는 듯 그려지기 때문이다. 부귀영화를 찾아서 오는 것도 아니요, 업보에 떠밀려서 마지못해 오는 것도 아닌, 스스로 제 발걸음으로 새 삶을 받아서 진리에 헌신하고자 나서는 일련의 행렬을 가만히 상상해 보면, 그때 보살의 대원해(大願海)에 뛰어들었던 천상 대중들이 무척 부럽기조차 하다. 아마 스님께서 이 땅에 오실 때도 그러했을 것이라는 것을 나는 부처님 전기를 통해서 더욱 확실히 신봉하고 믿게 되었다.

바야흐로 스님이 전법의 기치를 세우자 구국구세의 대각사업을 도

우려고 했던 대중들이 얼마나 많았던가! 실로 헤아리기조차 어려운 부지기수였다. 가까이서 멀리서, 알게 모르게, 몸으로 정신으로, 물질로 노력으로 등등, 스님의 각사업에 동참하고자 했던 서원자들의 수와 다양함 역시 이루 헤아릴 수 없었다. 아무튼 그들은 기간이나 시기 등 역할과 입장은 조금씩 달랐다 해도 크게 보면 모두가 각사업을 위한 동지들이었고 중요한 협력자들이었다.

그 중에 구품화라는 우바이가 있었다. 기억력이 총명하고 현실적인 판단이 명석한 성품을 지니고 있었고, 스님에 대한 존경과 신앙심도 깊었던 신도다. 스님이 쓴 모든 서적을 빠짐없이 구해서 읽고 열심히 공부할 정도로 스님의 사상에 흠뻑 젖어 있었고 가르침에 충실히 귀의하고 있었다. 그의 명쾌한 머리 회전과 온갖 정성은 병고에 신음하는 스님을 얼마간 편안하게 해드렸고 조금이나마 치료와 회복에 도움이 되기도 했다. 결국 스님 곁에서 열반법문까지 듣게 되었으니 선지식을 섬기고 받든 깊은 인연으로 본다면 크게 복 받은 사람이다.

나는 스님을 뵈러 갈 때마다 헌신적인 구품화 불자를 보고 감사한 생각과 미안한 마음을 동시에 느끼곤 했다. 상좌인 나도 못하는 스님의 병구완과 수발을 저렇게 정성껏 하고 있다는 생각에서 한없이 고마웠고, 또 내가 해야 될 일을 그에게 미룬 것 같아 고개를 들 수 없을 정도로 미안했다.

물론 구품화 불자 본인이야 아쉬움도 있고 부족도 있고 뉘우치는 일도 있겠지만, 세상에 무슨 일이고 만족은 없는 법이고 최선이라는 말에 한계 역시 없을진대, 오직 묵묵한 자기 헌신만이 세상에 드러나고 사람들에게 돋보이는 것이다. 아무튼 내가 정성껏 모셔야 될 어른을 그가 대신 모셨으니 무슨 말을 더 할까. 다만 유구무언일 뿐이다.

　그러나 한 가지 분명한 것은 그 대단하고 지극한 정성은 어디서 왔을까 하는 의문이다. 그러나 나는 알고 있다. 어디서, 왜 왔는지를 모두 알고 있다는 말이다. 바로 도솔천에서 왔다.

　그렇다. 본원에서 왔다. 결코 서원의 힘이 아니면 불가능하다. 인간의 힘으로는 어림도 없다. 부처님 힘만이 불가능을 가능케 할 수 있기 때문이다. 무한한 진리의 힘과 그 작용만이 인간의 한계를 넘어설 수 있고, 그러한 정성을 가능케 할 것이라는 생각이 든다. 그러기에 구품화 불자는 서원을 따라 도솔천에서 뒤따르거니로 왔음이 틀림없다.

코끼리 부대의 선봉장

실상화 보살 윤용숙 불자를 나는 한국불교의 견본(見本)과 같다고 생각한다.

얼핏 견본이라고 하면 어느 상품의 대표성을 띠고 시장으로 나서는 특정 상품일 수도 있고, 또는 어떤 상품을 가장 좋게 미리 만들어서 시장에 공개하여 고객들에게 알려 물러설 수 없는 배수진을 쳐 놓고 이후 나오는 모든 상품을 그 수준에 맞춰야 하는 상향점이기도 하다. 그렇다면 견본은 선발 상품이고 가장 모범 상품일 것이다. 아파트를 지을 때도 미리 견본 주택을 지어 앞으로 짓게 될 아파트의 효능과 우수성을 선전 홍보해 놓고 모든 주택을 그 수준에 맞춰서 짓는다. 그런 목적의 집을 시범주택이라고도 부르고 모델하우스라고도 부른다.

그런데 사람을 견본으로 표현한다면 약간 어색하고 거북한 느낌도 들지만, 인생을 살다 보면 형식이나 겉모양보다 내용이 더 중요함을 깨달을 때가 있듯이 여기서도 겉으로 표현되는 말보다 그 내용이 더 중요함을 강조하고 싶어서 부득불 이렇게 여러 말을 하고 있는 것이다. 그리고 말은 역시 한계가 있고 말의 진실 낙처(落處)는 말이 도달할 수 없는 그 이전의 엄연한 사실일 뿐이다. 그래서 말 이전의 말이 더 중요하다는 것이다.

아무튼 나는 실상화 불자의 수행과 보살행을 한국불교의 모든 재가 수행자들이 도달해야 될 모범적이고 대표적인 것으로 보고 그를 짐짓 견본이라는 색다른 표현을 쓰고 있는 것이다.

그뿐만 아니다. 그는 불광의 바라밀 코끼리 부대 선봉장이라고도 생각한다. 왜냐하면 그는 어떤 화살이나 칼도 침입하지 못하는 반야바라밀 갑옷을 차려입고 지혜의 칼과 묘방편의 방패를 양손에 들고 행원(行願)의 큰 코끼리를 높이 타고 앉아서 적진을 향해 달려가는 것과 같기 때문이다.

그에게 헌신은 용맹이 되고, 지혜는 승리가 되며, 서원은 큰 함성과 같아 능히 적의 기세를 꺾고, 인욕은 깃발이 되어 보살 동지들을 흩어지지 않게 하며, 보시는 향기가 되어 분노를 녹여 없애며, 지계는 위엄이 되어 저절로 항복의 흰 깃발을 바람에 나부끼게 한다.

바라밀 부대의 용맹한 여러 장군들 중에 가장 뛰어난 장군만이 선봉장이 될 수 있으니 이 얼마나 장하신가. 놀라워라, 불세출이어라.

그러기에 그가 나서면 가장 확실한 승리를 얻을 수 있고 오래 걸리지 않아 평화가 오고 안심이 산그늘처럼 내려와 결국 전쟁터가 불지촌 안락국으로 변하고 만다.

그가 불광 바라밀 부대의 선봉장이라고 해도 그는 평소 불광사에 정기적으로 다니면서 수행한 것은 아니었다. 견본 같다느니 선봉장이니 하는 것은 어디까지나 나의 표현에 불과한 것이고 다만 스님의 불광운동, 즉 반야바라밀 결사에 적극 협력하고 열성적으로 지지하고 성원했던 몇 안 되는 외부에 있는 스님의 충실한 보현동지였다고 보면 적절하고 좋을 것이다.

나의 표현만으로 그를 생각해 보면 생김생김이 우락부락하게 느껴질 수도 있겠지만 사실 그를 처음 만나 보면 무척 온화하고 점잖기 그지없는 자비스러운 인품이다. 남을 편안하게 대해 주고 사람의 마음에 안심을 주는 지극히 안정된 분위기를 가지고 있으며, 사려 깊은 언행과 조심스런 태도를 보면 자비와 지혜의 보살 그대로임을 느끼게 된다. 생각의 고결함과 보현행의 꿋꿋함은 눈매에 가득 담겨 있고 볼록한 이마에서는 사물의 관찰력과 일에 대한 판단력의 지혜가 넘실넘실 풍겨온다.

아무튼 그를 자세히 관찰해 보면 남달라 보이는 점이 하나둘이 아니다. 바라보면 볼수록 그에게서 언행의 일치나 신념과 사상의 불변함이 강하게 전달되어 믿음직스러운 신뢰를 저절로 갖게 한다. 불변함이나 믿음의 견고함 등은 흔히 아무에게서나 느껴지거나 얻어지는 것이 아니다. 그의 조용하고 단아하면서도 결단성 있는 성품, 가히 거기서 지혜도 나오고 용기도 나올 뿐만 아니라, 큰일이 닥쳐도 눈썹 하나 까딱하지 않을 배포도 형성되는 것 같다.

그는 오래된 불자였지만 스님을 만난 뒤로는 오직 한결같이 지극한 존경과 귀의로 보현행원을 우러렀고 스님의 가르침을 힘껏 신봉하고 따랐다. 워낙 하는 일이 많아 잠깐잠깐 불광사에 다녀갈 수밖에 없는 형편이었지만 항상 스님 옆에서 배우는 사람보다 스님의 사상을 더 깊이 이해하고 받아들였다. 과거 전생부터 다짐하고 서원하여 스님의 가르침으로 보리심을 발하여 불도를 닦기로 발원하였던 사람 같았다. 만약 그렇지 않았다면 스님 가르침을 따른다 해도 잠깐일 수도 있고 스님의 불사를 돕는다 해도 한두 번으로 끝내기가 십상일 텐데, 그는 스님 만나서 스님 열반하실 때까지 원과 행에 조금도 어긋남이 없었고 벗어남도 없었다. 그는 스스로 한국불교 재가불자들의 실천 수행에 앞장서서 훌륭한 모델이 되고 빼어난 견본이 되었다.

그는 자발적으로 반야바라밀 갑옷을 챙겨 입고 보현행으로 바라밀 사상의 선봉장이 된 것이다. 결코 이래라 저래라 해서 맡기고 마지못해 맡아 주었던 임무가 아니었고 역할이 아니었다.

스님에게 가장 커다란 자취는 불광사를 지었다는 것이 아니고 가장 먼저 포교에 성공하여 새 길을 닦았다는 것도 아니다. 스님은 새로운 사상운동을 시작했고 그 틀을 놓았다는 사실이 진정 스님의 참다운 자취이고 업적이라면 업적이 될 것이다. 스님에게 가장 중요한 점은 바로 이점이므로 여기에 대한 깊은 이해 없이는 스님의 행을 같이 할 수 없고 스님의 뜻을 함께 할 수 없기에 더더욱 동지는 아니라고 본다. 이 점에 대한 공감 없이는 존경과 귀의도 마음 내부, 저 깊은 곳으로부터 솟아나지 않을 것이다.

항구한 귀의와 존경은 사상의 이해에서 비롯되는 것이지, 겉모양이나 일시적인 자기 기분이나 또는 잠깐의 인기에 따르는 선호도에 의해서 생기거나 그 밖의 다른 무엇으로는 엄두도 못낼 일이다. 스님의 사상에 뜻을 두었던 그는 그래서 반야바라밀 결사에도 흔쾌히 동참하고 온갖 종류의 보현행에도 즐겁게 앞장섰던 것이다. 이렇게 하여 진정한 불교운동은 시종 뜻을 나누게 되는 것이다.

그런 까닭에 스님을 섬기고 따름이 반야바라밀을 섬기고 따름이 된다는 불가분의 관계를 형성하여 보살도의 공업을 끝까지 함께 하는 것이다. 이러한 측면에서 그는 반야바라밀 보현행의 선봉장이었으며 한국불교의 이상적인 견본이었다.

한국불교가 진정 어디로 가야 할까. 어떤 모습이어야 부처님께서 반겨하고 기뻐하실까에 대한 생각을 한번이라도 해 본 사람이라면 보다 깊은 곳으로 눈을 돌려 길을 찾을 것이다. 바로 인류를 구제할 수 있는 사상운동 말이다. 그래서 그는 스님에게 믿음을 가졌고 희망과 장래를 걸었으며 부처님의 큰 뜻을 보았던 것이라고 나는 생각한다.

제 4 장

위법망구(爲法忘軀)

― 오직 법을 위하여 일체를 다 버린다 ―

是是非非都不關　　　옳거니 그르거니 나는몰라라

白雲斷處有靑山　　　흰구름 걷힌 곳, 청산이어라.

위법망구

스님은 오직 법을 위해서 세간적인 오욕락(五慾樂)을 버린 것은 말할 것도 없고 스스로의 몸마저도 돌보지 않아, 세월이 흘러 육신이 노쇠해지자 온갖 병고의 고통을 다 겪게 되었다.

스님은 병든 몸, 아픈 몸을 일으켜 세워가며 신도가 입원해 있는 병원을 찾았고 어려움에 빠져 있는 형제들을 일일이 찾아다녔다. 우리 형제들이 있는 곳이면 그 어디라도 사양치 않고 친히 가서 근본 심지법(心地法)을 고구정녕으로 간절하게 설하였다. 그럴 때면 도저히 아픈 사람이라고 말할 수 없을 정도의 놀라운 힘이 어딘가로부터 스님께 넘쳐 흘렀다. 지금에 와서 다시금 그때의 광경을 떠올려 스님을 생각해 보면 역시 위법망구의 대보살심에서 그러한 놀라운 힘이 넘치지 않았나 하는 믿음이 든다.

그때는 곁에서 보기에도 참으로 안타까운 광경이 많았다. 스님은 밤중이고 새벽이고, 비가 오나 눈이 오나 육신을 법의 도구로 삼아 대비의 보살행을 게을리 하지 않았다. 그러나 스님의 육신은 한계가 있고 또 이미 병들고 노쇠하여 대비의 보살행을 언제까지나 감당하기 어려운 지경이 되고 말았다. 하루종일 거리를 누비다가 오후 늦게 절에 돌아와서는 끙끙 앓아 눕는 스님의 모습이 너무나 애처로워 속 눈물을 감추지 못한 적이 한두 번이 아니었다.

스님은 그런 혹독한 병고 속에서도 신도가 찾아오면 일어나 앉아서 맞이했으며, 여러 가지 인생 상담에 피곤해 하거나 싫은 기색 하나 없이 장시간을 진지하게 듣고 적절한 법의 처방을 친절하고 자비롭게 전해 주었다. 그것은 실로 놀랍기 그지없는 일이었고 불가사의한 법력이었다.

저런 법력이 과연 어디서 나왔단 말인가. 어찌하여 저런 일이 노쇠하고 병약한 몸으로 가능하단 말인가. 보통의 상식으로는 이해할 수 없는 일이었기에 나는 놀라움을 되뇌이며 내 자신에게 수없이 되묻곤 했다. 보통 인간의 눈으로는 상상할 수 없는 일들이 스님의 일상 가운데 그렇게 자연스럽게 펼쳐졌기 때문에 나는 스님의 위법망구의 커다란 자비심을 그 어떤 일들보다 뛰어난 법력이라고 믿었고, 완전한 진리성에 계합한 이의 면모이며 각자(覺者)의 가풍이며 자비의 실상이라고 굳게 생각했다.

사람은 본능적으로 누구나 자기 몸이 힘들면 하던 일도 놓게 되고 찾아오는 사람도 마다하고 스스로의 고뇌와 불안에 빠져들게 된다. 그 어떤 일에도 흥미를 잃게 되고 자신의 처지를 비관하게 되어 마침내 무기력하게 변하는 것을 우리는 일상의 주변에서 자주 보아왔다. 역시 스님도 인간이기에 몸은 여느 사람과 똑같았다.

그런데도 병들어 힘든 몸을 일으켜 세워서 거리를 누비며 온갖 고행을 무엇 때문에 저렇게 해야만 하는가? 그것이 비록 내 작은 머리로 이해할 수 없는 사실이었지만, 사실 그것은 내가 잘 알 수 없었던 차원의 일이었고 이해나 알음알이로 갈 수 없는 스님만의 본분사였다.

일체 중생은 원래 한 몸이다. 진리로 한 덩어리이다. 중생이 아프면 보살도 아프다. 지옥이 있으면 지장보살은 성불하지 않고 오직 대비심으로 끝없는 보살행을 닦아갈 뿐이다. 그래서 스님은 오직 본분사의 양심대로 위법망구의 지장보살이 되었고 유마거사가 되었다. 그렇게 할 수밖에 없었던 것이 스님의 솔직한 양심이라고 생각한다. 이렇게 특출했던 스님에 대한 그리움과 지금 나의 감회를 몇 자 글로 옮겨본다.

사모(師慕)

밥을 먹고
기도를 하고
도량돌이에 나서고
그리고 잠을 자면서도
나는 스님을 찾아 나선다.

그리움은 뼈가 아픈 고통이라고 말했던가.
한밤중 벌떡 일어나 앉아 가만히 소리내어 불러보는 스님,
하도 그리워……
다시 누워 잠을 청하지만
흐르는 두 줄기 눈물.

보고 싶다.
애간장이 녹아 내릴 것같이 간절히 보고 싶다.
이럴 줄 알았으면
스님 입적 후 꼼짝 않던 시신 곁에 나란히 누워나 보고
앙상한 뺨에 얼굴이라도 비벼볼 걸……
백 가지 천 가지가 한스럽기만 하다.

실성한 사람 같다 하더니만
스님 생각 간절할 때면
시도 없이 때도 없이
목젖은 가라앉고 눈자위가 붉어져
애꿎은 먼 하늘만 바라본다.

그렇게 다정하던 분이
열사흘 달처럼 환하던 분이
안팎이 유리처럼 투명하셨던 분이
어느 사이 내 곁을 떠나 멀리 멀어졌고
마침내 다시 볼 수 없다는 기막힌 현실 앞에 서서
몸서리치도록 차가운 會者定離의 법칙만 되뇌어 본다.

지금 내가 숨 붙어 있는 이 세상에서
다시 손 한번 잡아볼 수 없는 기막힌 서러움에
아리고 쓰린 마음 슬퍼서 끝이 없구나.
보고 싶을 때마다

비록 꿈속에서라도 스님을 볼 수 있다면
폭풍우 지나간 내 마음 평원에
다시 꽃을 심고 나무 가꾸는 데
큰 힘이 될 텐데.

내가 스님을 그리워함은 벌〔罰〕,
사모는 업보(業報)다.
내 삶의 뜻은 오직 하나……
그것은 내 생명의 내용이리라.

스님과 계율

사람이 여럿이 같이 어울려 살다 보면 각자 자기 주장을 펼치고 자기 생각을 설명하고 해설하여 자기를 인식시킨다. 그러나 말을 통해서 상대방을 알고 이해하는 것보다, 자연스러운 생활을 통해 서로 부딪쳐 느껴서 아는 것과 눈치껏 넘겨다보고 아는 것도 상당하다고 본다. 무언중에 주고받는, 또는 무의식중에 표현되는 또 다른 자기 내면세계의 노출은 역시 자기 선전이나 광고 이전의 일이 되는 것 같다.

내가 스님 곁에 살면서 배우고 얻은 것도 직접적인 것보다 오랜 세월 동안 생활 가운데서 알게 모르게 얻은 간접적인 부분이 더 크고 깊은지 모르겠다. 세월 속에서 알게 모르게 서로 닮아가는 미묘한 상호작용, 말없이 몰래 주고받는 두 사람만의 이심전심이 어찌 부처님과 가섭존자에게만 있었을까?

우리는 평소 살면서 정신을 똑바로 차리고 좋은 것만 받아들이고 필요한 것만 선택하여 효율적으로 산다고 하지만 사실 그런 것들은 아주 조금이다. 큰 것은 느끼지 못하는 사이에 오고 분위기는 한번 젖어들어 가면 그 다음부터는 표가 나지 않으면서 마냥 젖어들어 가기만 하는 것이다. 그래서 좋은 사람들과 사는 것은 대단히 값있는 일이고 수행에 있어서는 좋은 도반이 바로 선지식이다. 그런 까닭에 내가 스님에게 설명 듣고 배워서 아는 것보다 스님이 시키는 일을 하면서 또는 스님의 언행을 보고 들으면서 배운 것이 더 많은 것이다. 여기서는 이런 뜻에서 스님의 훈도를 다시 생각해 보고 싶은 것이다.

평소 스님은 출가자라면 누구나 당연히 계사가 되어야 한다고 생각했다. 종단에서 전체적인 수계의식을 진행하기 위하여 여러 스님들 가운데서 적합한 전계사를 선임하는 일이야 있겠지만, 그런 특별한 경우를 빼고는 출가한 사람이라면 모두 계사가 되어야지 계사 따로, 선사 따로, 강사 따로 있어서는 부처님의 온전한 뜻이 드러나지 못한다고 보았다. 또한 계사와 은사가 다르고 법사가 다르며 참회사가 다르다면 통일성 있는 교육이 불가능한 것으로 스님은 생각했다. 그래서 스님들에게만은 삼장(三藏)을 나누지 말고 고루고루 알뜰하게 공부할 것을 늘 권했다. 그래야만 전성적인 훌륭한 스님(수행자 : 사회지도자)이 출현한다고 생각했다.

그런데 불교가 인도에서 동쪽으로 전파되면서 모든 것이 달라졌고, 서서히 분화되어 전공, 비전공이 생기게 된 것은 또 다른 면에서는 오히려 당연하다 할 것이다. 아니 그 이전부터 수행자 각자의 생각과 취향에 따라 전공이 달라졌고 말이 달라졌으며 가르침과 주장이 달라졌던 것이다. 세월이 지날수록 분화의 정도가 점점 심해져서 급기야는 구분 아닌 구분이 생겨 서로 금을 그어서 영역을 표시하는 대립양상까지 벌어지고 말았던 것이다.

율사 · 계사 · 선사 · 강사니 하여 구분되었고, 선종 · 교종을 비롯하

일러스트 / 최홍원

여 수많은 종파가 등장하여 서로 다투어 우위를 주장하기도 했다. 이 모두가 나누지 말아야 할 것을 나누어서 자초한 잘못이었다. 이런 까닭에 후세의 출가자(스님들) 각자가 생각하기를, 나는 계사가 아니기 때문에 계는 반드시 지키지 않아도 크게 허물되지 않고 율장에 대해 잘 몰라도 부끄럽지 않다고 한다면 부처님께서 이점에 대해 어떻게 보실까.

스님은 계사를 따로 두는 제도 자체가 부처님 본래의 뜻과 거리가 있다는 생각을 가지고 있었던 것 같다. 사실 불교사를 통해서 보면 불교 전체가 거대한 물결처럼 동쪽으로 전류(傳流)하면서 풍성해지기도 했지만 조금씩 달라진 것도 무척 많다. 자세히 생각하거나 연구하지 않으면 식별할 수 없을 만큼 미세하게 달라진 것에서부터 언뜻 생각해도 금방 느껴지는 여러 가지 커다란 변화의 모습을 보면 실로 하나둘의 일이 아니다.

어쨌든 출가자는 당연히 계를 받아야 하며 또한 지켜야 한다. 그렇다면 당연히 출가자는 누구나 계사가 되는 것이 아닐까. 굳이 특별한 출가 수행자만이 계사가 되고 전계사가 될 수 있다면 모양새는 좋고 듣기는 좋아도 거기에서 오는 여러 가지 부족한 점과 부작용을 내포한 허점은 과연 어떻게 할 것인가에 대한 문제는 그대로 남고, 이런 제도가 존속하는 한 출가에서 가장 신성한 부분에 대한 우려도 함께 존속될 것이다.

원래 스님들은 경·율·론 삼장을 모두 배우고 익혀야 하며 수행의 기본이 되어야 한다. 결코 나눌 성질도 아니고 비록 양이 많다 하더라도 배우는 사람들의 편리에 따라 적당히 분화시켜서는 안 되는 것이다. 삼장은 나눌 수 없고 나누어서 안 되는 것을 슬며시 나눈 까닭에 후세에 와서 선사·계사·강사 등의 영역이 따로 생겼고, 그로 말미암아 치우치게 되었으며 동시에 어느 한쪽은 소홀하게 되었을 것이다.

스님은 바로 이점을 꿰뚫어 보고 잘못을 지적하며 원래대로 실천하려고 노력했다. 스님 자신이 범어사 금강계단 전계화상으로 추대되기도 했지만, 그것은 단지 오래된 전통으로 이어져온 의식이었으며 제도라고 받아들였다. 선조가 이룩한 수행의 가풍과 전통의 지극함을 존중하였지만 근본 뜻에 대한 일치는 아니었다.

아무튼 스님의 불교에 대한 이해는 정밀하고 심오했다. 그리고 이성적이며 무척 자연스러웠다. 억지가 없었으며 무리가 없었기 때문이다. 사람들을 신비스러운 곳으로 오도하지도 않았고 특별하게 감추지도 않았다. 청천 백일하에 낭낭히 드러냈다. 누가 보아도 이해가 되었고 수긍이 선뜻 가는 쉽고 편한 것이었다. 철저하게 인간 이성에 호소하고 설득하는 방법을 썼던 것이다. 인간에게 납득될 수 없는 것은 진리도 아니다. 스님의 이런 입장은 비단 계율에 대해서만이 아니었다.

그리고 스님은 수계식 계단 설치에 특별한 장엄을 원치 않았다. 모든 수계 동참자가 어떤 분위기와 장엄에 압도되어 계를 받거나 계 지킬 약속을 해서는 안 되고, 지극히 이성적으로 계를 받아들이고 스스로 자발적으로 계를 지킬 것을 다짐해야 한다는 뜻으로 나는 스님의 생각이나 방침을 이해했다.

불광 금강계단에서 해마다 천 명 이상의 새로운 재가불자가 계를 받는데, 어느 해 수계 계단을 장엄하게 크게 꾸밀 것을 내가 제안한 적이 있었다. 스님은 내 제안을 듣고 그렇게 할 필요가 없다고 한마디로 일축했다.

계를 받고 지키는 모든 결정은 외부 환경의 어떤 작용에 의한 것이 아니라 전적으로 자발적이고 스스로의 판단과 결심에 의한 것임을 중요하게 생각해서 계단 장엄에 대한 허락을 하지 않았다고 본다. 이점은 불자가 계를 받을 때만이 아니라 모든 수행에서도 철저하게 필요한 것이며, 또한 이것이야말로 불도 수행의 지극히 바른 자세일 것이라는 생각이 들었다.

그리고 스님은 병원에서도 자주 계를 주었다. 환자가 계를 받고 싶어한다는 소식을 들으면, 곧바로 병원으로 달려가서 환자 병실에서 삼귀의를 시키고 계목을 일러주고 연비를 하고 불명을 지어 주었다. 물론 환자는 누워 있는 상태였고 의사나 간호사, 주위의 보호자들이 수시로 들락거리는 어수선한 장소에서도 스님은 신도에게 계를 주었다. 격식 운운하는 입장에서 보면 광덕 스님이 잘못해도 크게 잘못한 일이라고 비난할 것이다.

스님은 오직 병과 투쟁하는 환자에게 부처님 은혜를 깨닫도록 인도하기 위해서였다. 수계함으로써 '나는 불자다'라고 하는 큰 신념과 자부심을 통해 원래 병 없는 도리로 인도하고자 함이며, 그 참 소식을 일깨워 주기 위해서였다.

알고 보면 이 또한 눈물겨운 스님만의 뜨거운 자비이다. 스님 자신의 몸도 온전치 못한 입장인데 한참 거리가 떨어진 병원에 입원하고 있는 신도를 찾아가 계를 설한다고 하는 것은 결코 쉬운 일은 아니었다.

뿐만 아니라 신도 중에서 해외 파견 근무나 공부하기 위해서 해외에 장기 체류할 때도 수계를 했느냐고 묻고 아직 못했다고 하면 지금 받고 싶으냐고 재차 물어서 응답이 있으면 그 자리에서 재가 5계를 설해 주었다. 스님은 계를 받고 싶어하는 사람에게 잠시도 미루지 않았고 한 생각 일어났을 때의 인연을 결코 놓치지 않았고 소홀히 대하지 않았다.

세상의 모든 인연 중에서 불법 인연이 가장 소중한 것이다. 이 인연은 잠시도 미루거나 놓쳐서는 안 된다. 왜냐하면 생사의 문제만큼 크고 심각한 것이 없기 때문이다. 어느 생에 다시 불법을 만나게 될지 모르면서 어떻게 미룬단 말인가. 그리고 이 생사는 예측할 수 없는 일이고 화급한 일인데도 수계 격식을 따지고 기회를 따로 찾는다고 하면 과연 올바른 일이며 전법도생의 지중한 부처님 부촉을 받은 몸으로 가능한 일이겠는가?

스님의 인내심

불교의 대승보살이 수행하는 여섯 가지 덕목 중에서 인욕바라밀이 있다.

인욕이란 말은 참는다고 하는 뜻이고 바라밀이라는 말은 완성이라는 뜻이다. 이 두 말의 합성어가 인욕바라밀이다. 결국 두 말을 합친 뜻을 보면 인욕의 완성이다. 즉 인욕을 해도 인욕을 하고 있다는 생각을 가져서는 안 된다는 것이 이 말 속에 포함되어 있다. 참되 참고 있다는 생각 없이 참는 상태, 무엇을 하면서도 끝까지 정신의 청결성을 유지해야 함을 뜻하고 있다. 이렇게 보면 바라밀이야말로 지극히 자연스러운 심리상태이기도 할 것이다.

뭔가 자기가 하고 있는 일에 대한 특별한 생각을 마음에 담고 있으면 병폐가 될 수 있기에 오직 순수(빈 마음)해야 한다고 가르치고 있다. 만약 특별한 생각을 일으키면 그것은 티를 내는 것이라고나 할까, 상을 갖고 있다고나 할까. 아무튼 자신도 모르는 사이 스스로 정신의 청결성이 상실된 것이다. 그렇게 되면 번뇌의 생각이 남아 있어서 상쾌하지 않다. 예를 들어 인욕을 하는데 상대가 불쌍해서 참아준다든지, 아니면 나는 이런 모욕을 당하고도 참을 줄 아는 사람임을 과시한다든지 등등의 괜한 마음 모양을 이루면 그것이 바로 스스로 장애를 만들어 가는 것이다. 이렇게 되면 인욕바라밀이 될 수 없다.

인욕은 세속의 미덕이지만 대승보살의 면목은 아니다. 다만 인욕바라밀이 되었을 때 비로소 대승보살의 실다운 경지가 되는 것이고 그 바른 면모인 것이다.

이런 뜻에서 스님은 실로 인욕바라밀의 경지가 대단한 분이었다. 어쩌면 스님도 인간이기에 남이 잘못 하거나 미운 짓을 하면 시원하게 욕도 한번 해보고 고함도 크게 질러서 속에 들어 있는 모든 것들을 꺼내 버리고 싶을 때가 있었는지도 모르겠다. 다른 사람의 못마땅한 언행을 보면 그 자리에서 상대방의 얼굴이 붉어지도록 야단을 치고 호령을 했으면 하는 속시원할 유혹도 때로는 받았을 것이다.

그러나 스님은 결코 그렇게 하지 않았고 그렇게 한 적이 없었다. 당신 기분을 앞세워 사람을 마구 몰아세워 낭패를 느끼게 하고는 속시원해 하거나 승리감에 젖지 않았다. 일에 대한 정당성을 놓고 보더라도 충분히 야단치고 소리지르며 호령할 근거가 있었음에도 얼굴에 온화한 미소를 잃지 않았던 까닭은 무엇일까. 그 어떤 경우라 하더라도 성냄은 진리가 아닌 마음을 더럽히는 일이기 때문이었다.

인욕바라밀은 무엇과도 비교할 수 없는 무상(無上)의 진리이지 다른 것이 아니다. 실제의 생활에서 인욕바라밀의 참 경계와 위력을 모르는 사람은 다만 스님의 인내심이 대단하다고 말을 하며 수행과 도덕적 절제가 높다고 혀를 내두를 뿐이었다. 그 이상 스님 내면세계에 대한 이해는 불가능한 것으로 끝나고 말게 된다.

난 무공해 식품 안 먹어

스님은 절 안의 모든 대중과 함께 모여서 공양하기를 무척 즐겨했다. 주변에서 혹시 누가 빈 말이라도 따로 공양상을 차린다고 하면 서운해하는 기색이 역력했다. 그런 점을 알고 있고 느끼고 있었던 우리는 어른과 같이 공양하는 것이 조금 불편하더라도 꾹 참고 스님과 같이 공양 자리를 했다.

지금 돌이켜 생각해 보면 스님은 혼자 공양하는 것이 외로웠지 않았나 느껴진다. 스님 입장은 이해 못한 채 그저 젊은 우리 위주의 생각만 해서 이유와 구실을 만들어 스님을 떼어놓으려고만 했으니 이래저래 스님께 못된 짓만 잔뜩 한 결과가 되고 말았다.

아무튼 그 당시에는 잘 모르고 지냈는데 지나고 보니 백 가지 천 가지가 마음에 걸리고 후회스러운 것이 많다. 더욱이 이제 다시 스님을 볼 수 없는 입장이 되니 스님 생전에 저지른 아주 사소한 일마저도 가슴이 아프도록 괴로울 때가 있다.

그때 우리의 관심은 스님께서 공양을 얼마나 많이 하는가에 집중되

어 있었다. 스님이 공양을 조금이라도 많이 하면 그만큼 건강이 좋아
졌다는 우리들 나름대로의 어리석지만 순박한 기대 어린 생각 때문이
었다.

스님의 평소 공양 습관은 우선 밥을 반은 덜어 놓고 시작되었다. 그
런 과정을 익히 지켜보고 있던 우리는 공양주와 슬그머니 의논하여 조
금 더 큰 그릇에 밥을 담았다. 처음에는 스님도 밥그릇이 바뀌었다는
사실을 눈치채지 못했는데 며칠 지나서 결국은 알게 되고 말았다. 아
무래도 평소 식사량 보다 많으니까 공양 후에 부담스러웠을 것이다.

그런데 어느 날, 스님을 극진히 존경하는 신도가 푸성귀를 한 보따
리 싸들고 왔다. 고향에서 가지고 온 나물인데 특별히 정성껏 가꾸어
서 일체 농약이나 비료를 쓰지 않고 순수한 자연상태로 길렀다는 것이
다. 그 얘기를 듣고 우리는 얼싸 좋다 하고는 스님께 가지고 갔다. 그
리고 자초지종 사연을 털어 놓았다.

"나를 위해 이렇게 특별한 관심과 지극한 배려를 하시니 뭐라고 감
사의 말씀을 드려야 할지 모르겠군요. 내가 절에 있으면서 크게 하는
일도 없이 좋은 것만 가려먹는다는 것은 어쩐지 마음이 썩 내키지가
않네요. 사람이 살면서 무슨 일이든지 자기가 감당할 수 있는 일을 해
야 하는데 그렇지 못하면 불편하지요. 나는 특별한 대접을 받을 만큼
한 일이 없으니 그저 남 먹는 대로 나도 먹는 것이 가장 마음 편하게
사는 것이라고 봅니다. 만약 우리 서울 시민이 다 무공해 식품을 먹는
다면 그때는 나도 먹을 자격이 있고 마음도 편하겠지요."

무공해 식품에 대한 스님의 입장은 역시 동체대비의 발보리심이었
다. 병약한 스님에게 큰 약이라도 지어드린 것처럼 호들갑을 떨던 나
는 한동안 꼼짝 않고 서 있기만 했다.

어떻게 보면 너무나 사소한 일인 것 같지만 사실은 매우 중요한 일이다. 진리는 크고 작은 것에 관계없이 일체에 통해야만 되는 것이지, 따로 막히거나 차별이 있게 되면 벌써 천지현격(天地懸隔)으로 어긋나고 멀어지게 된다.

매사에 여법했던 스님의 일상은 항상 주변 사람들의 거울이 되고 무언의 가르침이 되었다.

웅~ 웅~ 금강경

서울 종로 대각사의 아침예불이 끝나면 대웅전 뒤편에 있는 조그만 골방에서는 어김없이 『금강경』 독경소리가 울려 퍼졌다. 아침마다 스님이 『금강경』을 읽는 것이다. 하루도 빠짐없이 일정한 시간을 정해 놓고 읽는 것을 보고, '스님은 이미 모든 수행이 완결된 상태일 텐데 왜 저렇게 초심자처럼 매일매일 소리내어 읽을까.' 하는 의아한 생각을 갖기도 했다.

스님의 『금강경』 독송은 대각사뿐 아니라 경기도 남양주에 있는 보현사에서도 마찬가지였다. 으레 아침예불이 끝나면 독경에 들어가는 것이었다. 스님이 매일매일 읽는 경전은 우리네의 밥 먹는 것과 같은 규칙이었고 삶의 원칙이기도 했다.

왜냐하면 빠짐없이 읽는 것을 보고 그렇게 생각했다. 사람이 무슨 일이든지 꾸준히 한다는 것은 매우 어려운 일이기 때문이다. 그런데 스님의 독경소리를 가만히 들어 보면 소리로는 무슨 내용인지 도무지 분간이 서지 않았고 알아들을 수가 없었다. 어찌나 빨리 읽는지 웅—

하는 것 같은 소리는 들리는데 내용은 전혀 파악되지 않았다. 그 당시 내가 이해하기로는 아마도 삼매력으로 경을 읽는 것 같았다. 스님이 『금강경』 읽을 때가 내 나이 어렸을 때이긴 해도 뭔가 보통의 경우와는 다른 느낌이 들곤 했다.

어느 날인가, 나는 당돌하게도 스님의『금강경』독경시간을 스님 몰래 방 밖에서 재어 본 적이 있었다. 나는 며칠 전부터 벼르고 있다가 어느 날 아침, 문 밖에 서 있다가 예의 그 웅 — 하는 것 같은 소리가 들리자마자 나는 들고 있던 손목시계를 들여다봤다. 불과 10분이 안 되어 끝나는 것을 보고 어린 마음에도 깜짝 놀란 적이 있었다.

『금강경』독경소리가 밖에서 듣기에 웅 — 했던 것은 미처 소리가 마음의 눈을 따라가지 못했을 것이다. 끊이지 않고 연속적으로 이어지는 마음의 흐름을 우리의 표면적인 감각과 소리가 따라가지 못한 결과라고나 할까.

오랜 세월 동안 수련하여야 도달할 수 있는 또 다른 인간의 정신세계, 들어가면 갈수록 한없이 깊어가는 무한의 세계, 현재의식으로는 헤아려지지 않는 특별한 세계임에 틀림없다. 좀더 쉽게 얘기한다면 수행으로만 도달되는 인간의 내면의식이라고 해야 할지 모르겠다. 그런 집중된 의식으로『금강경』을 읽는 것은 보다 깊은 차원의 부처님과의 계합이라고 해야 할 것이다. 아주 짧은 시간 속의 완벽한 만남을 계합이라고 한다면 또 다른 면에서는 완전한 일치라고 해도 되지 않을까 하는 생각을 가만히 해본다.

스님은 아침마다 읽는『금강경』을 통해 부처님을 만나고 대화하고 의논하고 모든 일을 결정한다. 그것도 지극히 짧은 시간에 말이다. 나는 그 동안 살아오면서 얼마나 깊이 부처님을 만날 수 있는 수행력을

쌓았는지, 흔들리지 않는 삶의 토대가 형성되었는지 그 당시 아침마다
빠짐 없던 스님의 독경 장면을 떠올리며 다시 돌아보아야 할 일이다.

신도의 안목

신도를 교화한다거나 다른 사람의 안목(眼目)을 열어준다거나 하는 일은 사뭇 철저해야 한다. 왜냐하면 대충해서 되는 일이 아니기 때문이다. 진리와 사람에 대한 책임을 동시에 함께 지고 자세하게 살펴서 일일이 점검하고 확인해 가며 끝까지 앞장서서 모범이 되고 안내자가 되어야 한다. 어쩌면 스님들이 제자를 기르는 일과 그대로 똑 같다고 보면 될 것이다.

스승이 제자를 기르기 위하여 온갖 방편을 쓰고 심혈을 기울여 오랜 세월 동안 열정을 쏟아 붓는다. 그렇게 노력한다 해도 뜻한 바대로 모두 얻어지는 것은 아니다. 마치 농부가 일년 내내 쉬지 않고 일하고 노력해도 헛농사를 지을 때가 있듯이, 스승도 불철주야 제자를 기르기 위하여 노심초사 온갖 노고를 기울여도 눈밝은 제자 하나 얻지 못할 때도 있는 것이다.

신도를 교화하는 것도 과정과 절차는 이와 마찬가지라 생각한다. 아무튼 중요한 것은 신도에게 밝은 눈을 열어줘야 한다. 그러기 위해 수

많은 경전이나 천만 마디의 말보다 스승의 눈빛 한번으로 바른 뜻을 얻게 되면 이는 다른 일보다 월등히 뛰어난 일이다.

불교 자체가 오직 진리의 파악에 그 핵심이 있기 때문에 다른 형태론적인 방법의 차이는 어디까지나 나중 일이다. 근본을 얻게 되면 나머지는 저절로 알게 되는 것이라고나 할까. 사실 거기까지가 문제이다. 이런 일에 대한 중요성을 너무나 잘 알고 있던 분이 어쩌면 스님이 아니었을까 생각해 본다. 그렇기에 평소 설법 계획을 세우는 데도 무척 신중을 기하였다.

사람은 누구나 자기의 입장을 주장하게 되고 강조하는 것이 특징인 까닭에 법사를 초청하여 법회를 개설함에도 신중에 신중을 기했다. 비유하자면 선사는 설법 중에 참선할 것에 대해 역점을 두고 강조할 것이고, 강사는 경전 공부에 역점을 두어 강조할 것이다. 만약 대중법회에서 법사가 설법 중에 제각기 주안점을 다르게 이야기한다면 신도들은 얼마나 혼란스러울까 말이다. 물론 이것저것 모든 것을 잘 구분할 수 있는 능력이 있다면 별개의 문제지만 그렇지 못한 신도들에게는 혼란을 초래할 수 있는 일이다.

이런 까닭에 스님은 설법 계획에 있어서 무척 신중을 기했고, 초청할 법사의 전공을 사전에 주의 깊게 살폈고, 아울러 설법 요지를 명확하게 요구하였다. 그래서 불광 법상의 설법이 항상 일관성 있게 이루어지도록 배려했다. 그것은 오직 설법을 듣는 신도들에게 정안(正眼)을 얻게 하기 위한 것이고, 두터운 신심을 키우기 위해 바른 수행의 길로 인도하는 스승의 중요한 책무였다. 그리고 대다수의 신도가 미처 알지 못한 스님의 깊은 자비심이었다.

이런 까닭에 스님이 마련한 법상에는 항상 일관성 있는 설법이 이루어졌다. 따라서 얻어지는 과실은 철저히 자기 자신의 것이었고, 또 대중의 몫이 되었다. 그리고 그것은 남김없이 중생에게 회향되었다.

불법 수행자는 어떤 스승을 만나느냐에 따라 얻어진 성과나 그의 진로가 판이하게 달라지게 된다. 이렇게 하여 매주 한번씩 이루어진 불광의 마하반야바라밀 심지법문을 통해 신도들은 나날이 성숙되어 갔고, 보리심을 발하여 실천과 정진이 두드러졌다. 그것은 전적으로 스님의 자비심과 책임감으로 나타난 결실이었고 무상보리의 증득이었다. 나는 스님의 법회 준비 과정을 보면서 얻은 소득이 무척 많다.

송암, 공만(公慢)이 뭔지 아는가

공만에 대한 이론을 공식적으로 처음 발표하고 주장한 분은 소천 노화상(老和上)일 것이다. 노화상의 공만에 대한 이론과 사상에 대하여 스님은 특별한 믿음을 가지고 있었다. 평소 가까이 있는 상좌들에게나 또는 법상에서 기회 있는 대로 공만의 뜻을 얘기하고 설명하기를 즐겨 했다.

어느 날, 휴식하고 있는 스님 곁에 가만히 앉아 있을 기회가 있었다. 스님이 깊은 생각에 머물 때는 누가 곁에 있어도 거의 느끼지 못할 정도다. 나는 스님의 깊은 집중 상태를 흔들지 않기 위하여 스님의 삼매 속에 그대로 함께 머물렀다. 그러기를 한참 지나서야 누운 채 고개만 돌려 곁에 있는 나를 바라보면서 뜻밖의 한마디를 물어 왔다.

"송암, 공만이 뭔지 아는가? (한동안 침묵한 뒤) 내가 설법할 때마다 얘기하고 강조한 공만 말이야. 즉 소천 노화상의 공만사상 말이지. 어디 기억하고 있으면 한번 말해 보지."

스님은 평소 상좌에게도 시험 치르듯 물어 보거나 대답을 요구하는 질문을 하지 않고 순전히 당신의 의지와 기억으로만 말하거나 설명하면서 필요에 따라 적절한 가르침을 내렸다. 혹시나 무엇을 물어 대답을 못하게 되면 상좌가 부끄러워하게 되고 또 그것은 사람을 곤란한 지경으로 몰아붙이는 것과 같다고 보았기 때문이었다.

스님은 존엄한 인간의 권능을 극진히 공경했고 존중했다. 인간 내면의 덕성을 가볍게 여기는 그 어떤 언행도 하지 않았고 그러한 생각마저도 떠올리지 않았다. 당신의 가르침을 받는 상좌에게까지 이렇게 극진한 대접을 하고 자상하게 배려하는 경우는 결코 흔치 않는 일이라고 생각한다. 이것이 바로 부처님 진리에 대한 스님의 진실한 믿음이었고 굳건한 사상이었으며 보현행의 실천이었다. 이렇게 뛰어나고 여법(如法)한 가풍에 젖어 살았던 우리들은 완전한 인간 존중에 알게 모르게 길들여졌다. 그러나 가까이 있는 상좌들은 오히려 늘 같은 분위기에서 살았기에 스님의 남다름을 모를 수도 있는 것이다. 아무튼 우리들은 스님의 평소 그런 자비의 분위기 속에서 후한 대접을 과분하게 누리며 생활했다.

그런데 그 날만은 평소와 달리 스님이 나에게 바로 시험지를 내밀었다. 나는 순간 황급했지만 스님의 질문이 늘 들어왔던 것이기에 손쉽게 선뜻 대답을 올렸다.

"예, 스님. 공만에는 세 가지가 있습니다. 첫째가 국가(민족) 공만이고, 둘째가 세계(인류) 공만이며, 마지막으로 진리 공만입니다. 이 공만은 소천 노선사의 독보적인 사상으로서 매우 특별한 의미를 내포하고 있다고 믿고 생각하고 있습니다."

스님은 얼굴 가득히 밝은 미소를 머금었다. 내가 어려운 문제를 풀었다거나 스님이 원하는 대답을 했기 때문이 아니고 그 순간 공만으로 스승과 제자의 마음이 일치했기에 떠올랐던 한 송이 연꽃이었으리라. 연꽃 부촉은 이렇게 다시 이어졌다.

"송암, 잘 기억하고 깊이 연구해야 해. 소천 노화상의 사상은 다가오는 세기에 인류를 구제할 위대한 사상이고 큰 지혜며 가장 확실한 가르침이야. 내가 불광에서 정법호지 발원을 시작하고 불교사회과학연구소를 세우고 싶었던 모든 이유가 거기에 있어.

나는 젊은 시절 노화상을 모시면서 반야바라밀을 펼쳐 나가는 독특한 해설과 뛰어난 법의 안목을 똑똑히 보았고 배웠던 것이야. 그리고 노화상의 가르침으로 세계평화 인류행복의 대원을 반드시 이루고 싶었던 거야. 비록 내가 도중에 몸이 망가져서 아무것도 못하고 말았지만 부처님의 위덕은 반드시 우리를 가호하고 인도하시거든. 그러니까 송암은 신심과 자비심을 가슴에 가득 품기만 해. 부처님의 은혜는 어느 때나 우리를 감싸고 있는 줄 알고 굳게 믿고 꾸준히 정진하면 되는 거지. 모든 것을 부처님께 철저하게 맡기고 부처님의 가호하심과 인도를 잘 따르기만 해."

사실 공만에 대한 말이나 이론과 사상은 동서고금, 그 많은 불교 문헌 어디에도 찾아볼 수 없었던 매우 독자적인 특유의 사상체계이다. 소천 노선사의 사상이나 공만에 대한 나의 이해는 아직 일천하기 짝이 없고 불사(佛事)의 기반은 미약하기에 혹시 세월 속에서 잊혀지지나 않을까 하는 염려 때문에 이렇게 글로 옮긴다. 스님의 당부와 부촉을 다시 내 가슴에 새기기 위하여, 연구하라는 스님의 지엄한 분부를 잊지 않기 위하여 사실은 종이에 쓰는 것이 아니라 내 뼈에 새겨 넣고 있는 것이다.

금하가(金河家)에는
'할'도 없고 '몽둥이'도 없다

　부처님의 가르침을 사람들에게 널리 전함에 묘방편이 있어야 한다. 방편은 바로 지혜의 발로이고 현현(顯現)이다. 고래(古來)로부터 방편에 따라 그 집안의 가풍이 정해졌고 사람 맞이하는 인사도 달랐다. 세속의 인사처럼 맛있는 음식이나 특별한 격식, 또는 후한 접대로 이루어지고 평가되는 것이 아니다.

　진리의 전수(傳受)는 칼날 위에서 춤을 추는 것처럼 살벌하고 가혹하다. 잠시의 실수도 잠깐의 인정도 친(親)·불친의 사정도 일체 용납되지 않는다. 오직 냉엄한 칼날 위에 서 있는 것과 같은 현실에서 이루어지는 것이기에 거짓이나 위선은 일체 통하지 않는 것은 당연지사이다. 어긋나기만 하면 즉시에 목숨이 온전치 못하게 된다. 그러니까 조금도 사(私)가 없어야 하고 촌각도 지체해서는 안 되는 것이다. 그리고 일촌도 어긋나지 말아야 위풍당당하게 제대로 사람을 맞이할 수 있다. 철저히 사람 대접을 더하지도 말고 덜하지도 않게 지극히 알맞게 해야만 하는 것이다.

그래서 천하의 뛰어난 작가나 종장(宗匠)의 가문에는 역시 사람 대접하는 격식과 가풍이 다른 것이고, 이름난 집안의 손님맞이는 예로부터 각별했기에 천하 뭇 사람들이 마당에 들끓었고 특별히 문전성시를 이룬 내력이 있었던 것이다.

그런 천하의 이름난 문중의 훌륭한 가풍 가운데 임제(臨濟) 집안의 가풍은 '할'로써 호랑이 같은 용맹과 칼날 같은 발톱과 이빨을 사정없이 드러내고 으르렁거렸다. 누구든지 호랑이에 필적할 힘을 갖추지 않고는 감히 함부로 도전하거나 얕은 술수나 잔머리로 어루대거나 짐작하여 대들지 못했다. 일체에 걸림 없는 당당함과 무비의 쾌도난마(快刀亂麻)가 아니면 어느 누구도 목숨이 온전치 못하게 된다. 호랑이를 죽여야만 자기 목숨이 붙어 있게 되는 절대절명의 치열함을 가지고 임제의 집안으로 찾아든다. 임제의 가풍이 그렇다.

덕산의 가풍은 몽둥이다. 무사의 몽둥이는 한번 휘둘러 한두 사람 죽는 것이 고작이지만 덕산의 몽둥이는 한번 휘두르면 하늘이 내려앉고 삼천계가 산산조각이 나서 가루가 되어 버리고 만다. 이 몽둥이 솜씨는 털끝만큼도 어긋나지 않고 일방 격살의 무서운 솜씨다. 그래서 천하 인걸들이 몽둥이 말만 듣고도 꼬리를 내리고 오금이 꺾여 주저앉아 버린다. 역시 당할 사람 없고 함부로 나서서 목숨을 재촉할 인물 없다.

금하 가풍은 '마하반야바라밀'이다.

금하 문중에는 할도 없고 몽둥이도 없다. 그 흔한 주장자나 먼지를 터는 총채나 마당을 쓰는 빗자루 하나 없는 집안이다. 그러니 써야 될 법마저 없다. 원래 그대로다. 모든 것이 그렇다. 삼천 년 전이나 지금이나 아니면 앞으로나 다시 보태거나 뺄 것이 도무지 없다. 어이하랴.

'마하반야바라밀.'

마하반야바라밀은 애창곡이다. 봄이 오면 진달래·개나리의 애창곡이고, 녹음이 우거지면 노루·사슴의 애창곡이고, 풍년 들면 아프리카 검둥이들의 애창곡이고, 김정일·장택민·카스트로·부시의 애창곡이다.

금하의 가풍은 바로 본지풍광(本地風光)이다.

이와 같이 임제, 덕산, 금하의 가풍은 각기 시대는 상거(相距)해도 불법 전수의 묘방편이었음에 어김없다.

가사만은 내가 수해야 해

출가 수행자는 공양(식사)할 때나 가사를 입을 때는 항상 경건해지고 엄숙해진다. 일부러 긴장을 하고 격식을 갖추어서라기보다는 거의 본능적으로 갖게 되는 마음가짐이고 취하게 되는 자연스러운 자세라고나 할까.

왜냐하면 출가는 부처님의 허락하에 머리를 깎고 부처님으로부터 전해져 온 가사와 발우를 받는 것으로부터 시작되기 때문이다. 그러기에 일상에 묻혀 살다가도 공양 때나 예불 때 발우나 가사를 보면 처음 출가하여 그 두 가지를 받을 때처럼 진지해지고 새로워지는 것이다. 하루에도 몇 번씩이나 감사하고 또 감사의 마음을 가슴 깊이 느끼게 되는 것이 발우와 가사를 대할 때이다.

잘 알다시피 가사는 부처님의 옷이다. 출가 수행자가 입는 가장 여법한 위의(威儀)인 가사는 부처님으로부터 비롯되었기 때문에 흔히 가사를 부처님의 옷이라고 말하며, 또 부처님이 주신 옷이라고 한다. 가사의 색은 원래는 노란색인데 지금은 나라마다 각기 조금씩 다르다.

아마 거기에 따른 이유가 있으리라고 생각한다.

우리나라의 가사는 예로부터 여러 가지 색상을 거쳐온 것 같다. 오늘날 한국의 스님들은 밤색을 입게 되었고, 또는 붉은색이나 노란색도 착용하고 있다. 한국불교를 대표하는 전통적인 조계종 스님들의 법복은 장삼이라고 하는 커다란 도포 같은 옷을 입고 그 위에 가사를 입는데, 이것은 날씨가 추운 북쪽으로 올라오면서 만들어진 격식이라고 생각한다. 부처님 당시나 지금의 인도에는 가사만 입었고 오늘날 남방의 스님들도 역시 속옷 위에 바로 가사를 입는다. 그러던 것이 차츰 추운 북쪽 지방으로 올라오면서 한 가지씩 더 보태진 것이 마침내는 장삼이라는 특별한 차림새가 된 것 같다.

이러한 옷의 유래를 보건대 가사야말로 출가자의 가장 큰 표징이 아닐까 한다. 그리고 부처님 제자라는 자긍심이 이 가사로 대표될 수 있다는 생각도 든다. 거의 모든 스님들이 이와 같은 비슷한 환경 속에서 살고 서로 근접한 생각을 가지고 살아간다. 이점에 있어서는 스님 역시 예외일 수 없고, 오히려 더 철저한 점이 주변 사람들에게 느껴졌으니 가사에 대한 특별한 신심은 스님 자신의 모든 한계를 넘어서 있다고 해야 할 것 같다.

이러한 사실은 스님 곁에서 며칠만 지내보면 금방 알 수 있는 일이다. 스님은 병약과 노쇠로 기력이 떨어질 대로 떨어져도 조금만 기운이 돌면 법당에 가서 예배하기를 게을리 하지 않았다. 그때 옆에서 시중을 들다 보면 사뭇 느껴지는 바가 많고 배우고 다짐하는 경우가 많았다. 그것은 스님의 가사 입는 모습이 뭐라고 말로 다 표현할 수 없는 느낌을 주기 때문이다. 보통 때의 웬만한 일은 주변의 도움을 받았는데 가사 입을 때만큼은 스님 자신의 힘과 노력으로 하려고 애를 썼다.

동작이 더디고 시간이 오래 걸려도 마냥 차근차근 혼자 힘으로 가사를 수하였다. 장삼 입을 때는 시자의 도움을 받기도 했지만 장삼 다 입고 난 뒤 가사 수할 때는 시종 혼자의 힘과 노력으로 임했다. 가사를 가사걸이에서 두 손으로 내려 다시 두 손으로 받쳐 머리 위까지 들어올려 감사와 존경을 올리고 난 뒤 본인의 동작으로 가사를 찬찬히 정성스레 수하였다. 보통사람 같으면 육신의 노쇠와 병고에 갇혀 옴쭉달싹도 못 했겠지만 스님께서는 아픈 몸을 근근히 달래가며 추슬러가며 잘도 버텨나갔다. 마치 어린아이 다루듯이 조심조심 견뎌가는 스님의 부단한 수행의 노력을 통해 느껴지는 삶은 시종일관 진지했다. 그것은 병고 중에서도 꺾이지 않은 수행자 정신의 여여함과 불변함이었으며 체통 높은 당당함이었고 삼천위의(三千威儀)와 팔만세행(八萬細行)의 총결(總結)이었다.

특히 스님이 법당의 부처님 앞에 서서 허리를 깊숙이 숙여 절하는 모습은 모든 것을 부처님께 아낌없이 바쳐버린 무아의 절대 경지를 보게 했으며 위법망구(爲法忘軀), 그 깊고 높은 헌신을 눈물겹도록 느끼게 했다. 스님의 간절한 서원과 정성의 충만은 곁에 서 있는 것만으로도 저절로 기도가 깊어지게 했다.

진리의 여여함은 인간에게 병고나 노쇠가 하늘을 가리고 있는 구름 같은 것이라면 구름 따위가 어쩌지 못하는 일월 같은 것이라고나 할까. 생사의 고통, 삶의 애환, 끝없는 욕망 따위가 어루댈 수 없는 특별한 것이라고나 할까. 아무튼 스님에게 있어서 부처님의 옷, 가사는 특별하고 또 특별했다. 가사 앞에서는 평생을 떠나지 않고 함께 한 병고도 스님을 어쩌지 못했으니 말이다.

일러스트 / 최홍원

제 5 장

간경도감(刊經都監)

- 불광의 문서포교 -

昨夜金烏飛入海	어제저녁 금까마귀 바다로 날아들었는데도
曉天依旧日輪紅	오늘새벽 둥근해는 여전히 밝기만하구나.

간경도감

1.

법월 거사 김희증 불자는 군대생활 때 불교를 만났다고 언젠가 나에게 말한 적이 있다. 하사 계급으로 소대 내무반장을 하면서 틈틈이 읽은 월간 「불광」을 인연으로 제대하고 다른 기관에 취직했다가 옛 도솔천 인연을 찾아서 마침내 불광에 몸을 담게 되었다.

본인의 애기를 들어 보면 군대시절 「불광」을 읽으면서 무엇인가 숙명 같은 느낌을 받았으며 또한 기쁘기 한량없었다고 한다. 결국 그 기운에 이끌려 불광법회에서 수행하게 되었고 평생 스님의 가르침을 받들며 인생을 살게 된 것이다. 남들은 수행 따로, 삶 따로인데 그는 한꺼번에 두 가지 일을 동시에 하면서 지금까지 변함없이 잘 지내고 있다.

또한 스님에 대한 그의 존경심과 귀의하는 마음은 처음이나 중간이나 내지 지금까지도 변함이 없다. 그는 보기에 따라 사람이 좀 맹꽁해 보일 정도로 고지식한 느낌이 있는데 그것은 그의 성품이 매우 진실하기 때문에 느껴지는 인상일 뿐이다. 그는 매사에 책임감도 무척 강하고 자신이 존경하는 스승에 대한 충성심도 변함없을 뿐만 아니라, 스님에 관계된 일이라면 물불을 가리지 않고 몸을 던져 임무를 기어이 완수한다. 무척 놀라운 일이다. 그는 자기가 맡은 일이나 해야 될 수행에 몸을 사리거나 자기 중심적인 계산을 따로 하는 법이 없다. 지금까지 변함없이 불광출판부를 지켜온 것, 그것 하나만 보더라도 나머지는 충분히 짐작하고도 남을 일이며 사실 더 긴 설명이 필요 없다.

절은 본래 돈 버는 이익단체나 사업체가 아니기에 종무원들에 대한 대접은 박하기 그지없고 너무 지나쳐서 박절하다시피 보수나 노고에 따르는 사례가 적다. 절 사정이 그런데도 다른 곳에 비해 현실적인 불이익을 뻔히 당하고 겪으면서도 일관된 신념과 삶을 통해 바치는 그의 신심과 헌신의 공양을 무엇이라고 말하기에도 오히려 조심스럽다.

결과적으로 사람의 향기는 오직 자기 희생을 통해서만 이루어지는 것이라고 생각된다. 통틀어서 향기라고 했지만 자세히 말하면 신의, 사랑, 충성, 의리 등 인간 세상에서 존중되는 모든 미덕을 말할 수 있지 않을까. 이런 것은 철저하게 자기 희생과 고통, 헌신 위에서만 건립되는 아름다운 구조물이다.

법월 거사가 스님께 올리는 여러 가지 헌신의 향 공양은 처음 결심했던 그대로다. 처음 불법을 만나 뛸 듯이 기뻤고, 자기에게 불법을 알려 주신 스승이 한없이 고마웠고 감사했기에 죽을 때까지 변하지 않고 잊지 않기를 맹서하여 보은을 다짐한 그대로다. 누구나 이런 생각까지는 쉽다. 그러나 자기의 평생을 기울여 불변한 신념을 실천하기란 역시 아무나 흉내내거나 넘보아서 될 일은 아닌 것 같다. 오히려 특별한 사람만이 가능한 선택된 일이 아닐까 생각한다.

법연(法緣)이 뛰어나고 수승한 사람, 과거생 굳은 약속〔本願〕이 온

몸(금생)을 흔들 수 있는 사람만이 도달할 수 있는 아주 특별한 경계이며 수준이라고 본다. 이러한 법월 거사는 불광출판부 말단 직원에서 시작하여 지금은 국장이 되었다. 그 동안 출판부 살림을 맡아서 알뜰하고 치밀하게 꾸려왔고 오늘의 성장을 이룩한 토대를 그가 마련했다.

다시 생각해 보건대, 법월 거사는 출판부의 출중한 공로자다. 아무도 그 사실을 부인하지 못할 것이다. 그러한 법월 거사와 나는 서로 친구로, 때로는 도반으로, 스님과 신도로, 또 일을 함께 하는 동지로 살아왔다. 지금은 비록 서로 떨어져 있지만 가끔 그와 전화 통화를 하거나 만나거나 아니면 혼자 앉아 그의 생각을 하면 맨 먼저 떠오르는 것은 스님께 매우 공손했던 그의 조촐한 모습이다.

어쩌다가 스님 방에 들어와서 인사하는 것을 곁에서 보면 한 동작한 동작이 모든 시간을 정지시킨 뒤, 넓고 넓은 세계를 좁혀서 스님 방만 유일하게 남게 하는 절을 그는 할 줄 아는 사람이다. 그의 눈에 보이는 여러 가지 공로는 우선 차치해 놓고 스님께 공손했다는 것만으로도 반갑기 그지없는 대상이고 또 내가 죽을 때까지 잊지 않아야 될 소중한 벗이며 손잡고 가야 될 법의 형제다.

얼마 전 법월 거사의 보살이 그 동안 일상의 삶을 너무 무리하여 과로로 쓰러졌다. 많이 회복되긴 했지만 지금까지도 병상에 누워 있는 몹시 안타까운 상태다. 그때 나는 법월 거사의 가족에 대한 처신과 생각을 직접 보고, 또는 남들에게 듣고 마땅히 사람은 저래야 되고 불자는 필히 법월 거사 같아야 한다는 것을 크게 깨달았다. 보살이 넘어졌다고 해서 크게 당황하여 우왕좌왕 하지도 않았고, 회복의 기미가 더디도 얼굴에 그늘 한 가닥 드리우지 않고 아이들 거두면서, 낮에는 직장에 충실하고 퇴근 후에는 병상에 있는 아이들 엄마 곁에서 기도하며

간호로 밤을 지새웠다. 하루 이틀도 아닌 몇 달씩 또는 일년 여가 지나
가도록 말이다. 가족으로서 그렇게 하는 것까지야 크게 대단한 일이
아닐 수도 있다. 누구나 가족에 대한 사랑과 책임으로 그렇게 할 수 있
고 또 그렇게 하는 것이 당연할 것이다.

내가 법월 거사가 특별히 대단하다고 느끼고 생각하는 것은 불자로
서의 그의 수행력 때문이다. 수행을 바탕으로 한 인생의 삶, 가족의 생
활 그 자체가 언제나 한결같다는 것이다. 인간의 모든 희로애락을 떠
나서 한결같은 사랑, 변하지 않는 인간애가 그에게 넘치고 있었던 것
이다. 그렇기에 그는 평소 스님께 지극했고 병상에 있는 가족에게 정
성스러웠고 자기 본분에 충실했던 것이다. 앞서거니 뒤따르거니로 이
땅에 수생(受生)한 도솔천 다짐이여, 서원의 등불이여.

더욱 밝게 빛나라, 사바하.

2.

세간에 이런 말이 있다.

'딸을 보면 어머니를 알 수 있고 친구를 보면 그 사람을 알 수 있다.'

어쩌면 이 말은 오랜 삶의 경험에서 건져 올린 일반 대중들의 지혜
의 표현이란 생각이 들고, 서로 비슷한 정신들이 모여서 만들어 가는
현실적인 고만고만한 분위기이기도 하며, 유유상종의 양태를 일컫는
속 원리가 아닐까 생각해 보지만 인생을 살면서 직접 겪어보면 거의가
이 말에서 크게 벗어나지 않는 것 같다. 또 인연법칙으로 보더라도 충
분히 수긍이 가고 납득되는 말이기도 하다.

이런 측면에서 스님 주변 인물을 살펴보면 누구나 하나같이 스님 닮

은 데가 있다. 구석구석 여러 가지를 들추어내면 그 중에 스님 닮은 것이 꽤나 되고 최소한 몇 군데는 자신도 알게 모르게 닮았다고 본다.

스님이 사람에게 지극했기에 그것을 닮았는가 하면, 스님이 신심이 깊고 원력이 컸기에 그것을 닮았고, 스님이 밝고 적극적이며 분명했기에 또 그것을 닮았다. 오히려 스님을 닮지 않으면 이상한 것이다. 스님 주변에 하루를 있었으면 하루만큼, 스님께 공경심을 가졌으면 가진 만큼, 스님을 의지했으면 의지하는 마음의 크기만큼 미묘한 상호작용을 일으켰기에 나는 그러한 그들 모두를 스님의 분신이라고 생각하며 도솔천 서원의 만남이라고 생각한다. 그리고 그들에게는 가능한 내 생각을 덧붙이지 않고 있는 그대로, 생긴 그대로를 존중하고 만나는 인연을 기쁨으로 대한다.

숭고한 우리들의 과거 생, 그 아름다운 옛 인연을 이제 다시 만났으니 이 얼마나 감격적인 해후인가. 스승을 받들고 서로가 서로의 뜻을 이루는 금생 만남이야말로 더더욱 감동적인 법열(法悅)의 환희가 아닌가 하는 생각을 스님 가신 뒤에 자주 떠올리게 되고 혼자서 감격해 할 때가 많다. 아무튼 가까이 있는 사람들, 알고 보면 소중한 도솔천 인연들, 아니 앞서거니 뒤따르거니 한 옛 인연에 경배하고 싶고 그 서원과 다짐에 더욱 충실하고 싶어진다.

이런 면에서 동화 보살 남영자 불자는 빼 놓을 수 없는 스님의 도솔천 뒤따르거니다. 그 동안 나라 전체의 어려운 경제 사정으로 인해 출판계도 어려움이 컸고 특히 불광출판부의 어려움과 변화도 매우 많았는데, 불광출판부와 월간 「불광」이 흔들리지 않았던 까닭은 몇몇 사람들의 헌신적인 역할 덕분이었다고 본다. 그 가운데서도 동화 보살이 차지하는 비중은 사뭇 크다. 아무리 열심히 일해도 크게 알아주는 사람 없이 오직 스님의 가르침 하나만 믿고 안팎으로 몰아닥친 어려움을 꿋꿋이 이겨나가기란 말처럼 쉬운 것은 아니었다고 본다. 또 당사자들이 실지로 겪는 여러 가지 고충이야 더더욱 컸지 않았을까 생각하고도 남음이 있다.

평소 스님의 충실한 뒤따르거니인 동화 보살이 역량을 발휘할 수 있었던 근원적인 힘은 우선 뭐니뭐니해도 스님에 대한 거의 절대적인 존경심에서 비롯되었다고 본다. 그 다음은 평소에 닦은 신심과 그의 성품의 장점인 너그러움과 결단성일 것이다.

내가 불광출판부 주간을 할 때 간혹 동화 보살이 상대방과 전화로 대화하는 것을 건너편 내 책상에서 들어 보면 불광의 이름에 걸맞게 워낙 예의를 잘 갖추고 정중하여서 일이 되고 안 되고는 그 다음이고 상대방으로 하여금 우선 기분이 무척 좋게 하는 능력을 갖고 있었다. 이런 점은 동화 보살의 성장 과정에서 다듬어진 개인적인 능력이라고밖에 달리 볼 수가 없다. 동화 보살이 사람을 직접 만나서 나누는 대화는 더더욱 말할 필요도 없다. 그를 한번만 만난 사람이라면 대뜸 '불광의 일꾼 동화 보살'이라고 능력을 인정하여 호칭한다.

그 다음은 그가 가지고 있는 불광에 대한 남다른 자부심, 그것은 스님의 가르침에서 생성되었으며 본인의 끊임없는 정진에서 무럭무럭 자랐으리라. 그렇기에 그는 항상 당당하다. 어디에 있든, 누구를 만나든, 또 무슨 일을 하든 자기 일은 책임 있게 능숙하게 처리할 뿐만 아니라 동료들을 리드하는 데도 무척 힘이 있고 적극적이다. 역시 정당한 자부심은 당당한 힘의 원천이라는 것을 나는 동화 보살을 보면서 생각할 때가 많다.

그래서 동화 보살이 임무를 맡으면 항상 생각했던 것 이상으로 성과가 난다. 기대 이상의 성과는 사람들을 들뜨게 할 정도로 즐거운 일이다. 동화 보살이 그러한 즐거움을 만든다고 생각하면 같이 있는 사람도 덩달아 즐겁고 스님도 더불어 즐겁고 모두가 함께 즐거운 것이다. 그런 여러 가지 것을 동화 보살로 인하여 알았기에 나도 항상 당당하려고 노력하고 내 주변 사람들에게도 그런 얘기를 자주 했다.

아무튼 불광의 문서포교는 스님의 최초 불사였고 반야바라밀 결사운동의 시작이었다. 이점에서 출판부 3인방의 공로는 좀 과하게 칭찬하더라도 조금도 지나치지 않다고 본다.

오늘날 불광 위상의 많은 부분이 문서포교를 통해 형성되었기에 그 과정에 따른 종사자들의 책임감과 노고를 앞으로도 결코 소홀히 해서는 안 될 것이다. 이 말은 앞서거니 뒤따르거니의 본래 원을 잊어서는 안 된다는 것이고, 스님을 따라나섰던 당초의 서원을 더욱 키워나가야 한다는 굳은 결심에서 하는 말이다. 앞으로 불광의 진정한 발전은 여기에 주안점이 있다고 본다. 스님의 인연을 모두 되찾고 다시 불러 모으는 것이 구국구세의 굳건한 토대가 될 것이다. 스님의 은혜를 입은 사람이라면 누구나 스님의 뜻을 저버리지 않아야 할 것이다. 동화 보살처럼.

3.

고등학생 시절, 축구부 운동선수 생활을 하며 불광출판부에 와서 아르바이트를 했던 지웅 거사 허성국 불자. 그때는 몸도 날씬했고 얼굴에 군살 하나 없이 단정했다.

얼마 전에 지방 출장 길에 잠시 들른 그를 보니 몸도 뚱뚱해졌고 얼굴도 둥글어졌길래 지금 몇 살이냐고 물어봤더니 빙긋이 웃으면서 조금은 계면쩍게 마흔 살이 넘었다고 했다. 그 말을 듣고 잠깐 눈을 감고 생각해 보니 어린애 같이만 느껴졌던 지웅 거사 허성국 불자도 스님을 섬기고 따른 지가 어느덧 이십 년이 넘었지 않은가. 그때 다시 눈을 뜨고 더욱 대견한 마음으로 그를 찬찬히 바라보았다. 이십 년 전의 모습을 찾아보려고 노력했지만 내 앞에 앉아 있는 그의 모습에서는 도무지 이십 년 전, 그때의 앳된 모습을 느껴 볼 수가 없었다. 나는 이내 찾기를 중단하고 마치 불광을 떠나면 죽는 줄로만 알고 살아온 그에게 여러 가지 덕담을 했고 업적에 대한 찬탄을 아끼지 않았다. 그도 처음 사원으로 시작하여 지금은 수백 가지 책을 관리하는 영업부장의 중책을 맡아서 소처럼 곰처럼 묵묵히 책임을 다하고 있다.

　사람은 누구나 한 가지를 알면 열 가지를 미루어 알 수 있다고 했다. 지웅 거사도 마찬가지일 것이다. 불광에서 그렇게 열심히 일했으니 그가 설령 다른 곳에 있었다 해도 열심히 일했을 것 아닌가. 그런데도 지웅 거사는 아예 다른 곳에는 눈길조차 돌리지 않았고 잠시 곁눈질도 하지 않았다. 시종 영업직만 맡아서 정직하고 건실하게 임무를 수행했다.

　그는 이 분야에서 가장 능력 있는 일꾼이기에 다른 업체로부터 유혹도 많았을 것이다. 누구나 일을 하려고 뜻을 냈다면 가장 먼저 준비하고 탐내는 것이 유능하고 성실한 인재일 것이다. 아마 지웅 거사 정도의 경험과 인간미를 갖추었다면 같은 직종의 여러 곳에서 그를 탐냈을 것이고 함께 일하고 싶어했을 것이다. 그런데도 불구하고 이십 년을 한결같이 불광 영업을 천직으로 받들고 살아온 것은 돈이 그를 어쩌지 못하고 지위가 그를 흔들지 못하는 특별한 무엇이 있었을 것이다.

그렇다면 그것이 과연 무엇일까. 역시 궁금하다. 스님에 대한 존경심, 불광에 대한 자부심, 함께 일하는 주변 사람이나 동료들의 한량없는 인간애. 그렇다고 하더라도 고등학생 시절의 어린 나이에 얼마나 그것을 받아들일 수 있었을까. 그것만으로는 아직 미흡하고 미심쩍다. 다시 생각해 보니 그 이전의 무엇인가가 그의 마음속에 있었다는 생각이 든다. 씨앗 같은 그 무엇, 자꾸만 그를 당기고 붙들어 놓는 알지 못할 정체 불명의 그 무엇이 그의 가슴속에 간직되어 있었던 것이다.

인생을 살다 보면 합리적으로나 논리적으로 다 설명되지 않는 부분이 설명할 수 있는 부분보다 훨씬 많다는 사실을 깨닫게 되고 발견하게 된다. 그런 깨달음이야말로 인생 자체를 한층 심화시키고 성장시키는 것이다. 지웅 거사 스스로도 잘 알 수 없는 것이지만 그러나 하루하루의 삶의 전개과정이 또 다른 무엇의 결과라고 한다면 반드시 무엇의 원인이 있었음을 그도 생각할 것이고 마침내 시인할 것이다. 스님 회하에서만 평생을 살아온 원인, 그것은 오히려 너무나 자명하고 명백한 하나의 사실이 아닐까. 바로 앞서거니 뒤따르거니의 도솔천 본원(本願) 소식 말이다.

스님의 주변은 어디까지나 스님과의 직접 교류를 통해서만 형성된 것이다. 그렇다면 지웅 거사는 스님과 무슨 교류를 이뤘을까? 스님이 가지고 있는 재산이라고는 도가 전부였고 스님의 생각과 관심은 부처님이 전부였고 스님의 사랑과 자비는 중생이 전부였다. 그 밖에 가진 것이라고는 아무것도 없었다. 그런데 무엇으로 스님은 지웅 거사와 교류를 이루었을까.

그렇다. 이제 스님과 지웅 거사와의 비밀스러운 교류에 대한 궁금증은 남김없이 풀렸다. 그가 비록 철부지 소년시절에 세상의 이치를 제대로 알지도 못한 채 스님 회하에 왔다고 해도 그냥 바람 따라 물결 따라 흘러온 것이 아니라 옛 인연을 찾아 책가방 들고 도시락 들고 학교 공부가 끝나자마자 불광으로 쏜살같이 달려왔던 것이다. 너무나 명확하고 정확하다. 한치의 빈틈도 없다. 생각한 대로이고 다짐한 대로 나타나고 드러나는 것이다. 수행자가 어찌 지난 세상에서 새긴 서원을 저버릴 수 있으며 부처님 전 발원을 외면할 수 있겠는가. 그 길 따라 본원 따라 철부지는 그렇게 찾아왔고 마침내 몸담았던 것이다.

나는 지웅 거사를 가만히 바라보고 있으면 푸근한 정을 느낀다. 친형제에게도 느끼지 못했던 살가운 정을 그에게서 느끼고 전류처럼 흐르는 강한 유대감을 만끽하게 된다.

돌이켜보면 스님은 마치 중매장이 같다. 이렇게 수많은 인연이 스님으로 인하여 얽어져 있고 맺어져 있으니 이 얼마나 뛰어난 중매장이인가. 중생을 부처님과 맺어 주고, 범부를 성인과 맺어 주고, 동지와 동지를 맺어 주는 무비의 능력.

이제 나는 지웅 거사를 바라보며 다시 다짐한다. 합장하고 스님이 맺어준 인연에 깊이 감사할 것을, 그리고 스님이 걸었던 길을 따라갈 것을 말이다.

나무미륵존불.

불광선문총서

내 바로 전 불광출판부의 주간이었던 명봉 지환 스님이 '바라밀 총서'라는 이름을 붙여서 그 동안 나왔던 신앙적인 책을 한곳에 묶어서 체계적으로 정비했다. 이어서 그 다음으로 출판부의 책임을 맡았던 나는 한 걸음 더 나아가 이미 출간되었던 기존의 모든 책을 계통에 따라 분류한 뒤 유형별로 묶어서 앞으로 더 살려 나갈 것은 거기에 알맞는 총서이름을 붙여 보충하기로 하고 새로 기획했다.

그 첫 작업이 바로 '불광선문총서'였다. 몇 가지 이미 발행된 선서, 예를 들면 『선관책진』이라든가 『법보단경』 등에다가 참선 공부하는 사람들에게 실질적으로 도움될 수 있는 책을 새롭게 선정하여 눈밝고 안목을 갖춘 분에게 번역을 의뢰하여 연속적으로 선서를 출간하게 하였다. 이런 생각을 정리하여 사전에 스님께 말씀드리자 마치 기다렸던 듯이 '불광선문총서'라는 이름을 멋지게 지어 주었다.

"그런데 이미 백련(해인사 백련암의 도서출판 장경각)에서 잘 하고 있는데 내가 이렇게 또 해도 될까?"

"우리가 출판사를 앞으로도 계속하지 않으면 모르지만 이미 백련보다 먼저 출판을 시작했고 선서도 벌써 몇 종류 나왔는데 어떻겠습니까? 그리고 번역은 여러 본이 나올 수록 좋은 일이라고 생각합니다. 원본에는 하등의 차이도 없지만 번역에 의해 학문적인 견해나 안목의 차이가 날 수밖에 없는 일입니다. 그런 까닭에 불광의 선서 발간은 결과적으로 한국불교의 토양을 더욱 기름지게 하는 뜻 깊은 일이 될 것입니다."

내가 스님께 올린 이 말이 꼭 들어맞아서라기보다 이미 출판된 책을 살려가야 할 입장이었기에 새로운 결심을 했다. 훗날 신규탁 교수가 어느 책을 통해 여러 출판사의 선서를 언급하면서 마지막으로 '불광선문총서' 이야기를 잠깐 했는데 앞으로도 계속 주목해 보겠다는 이야기에 무척 고무되고 흐뭇해 한 적도 있었다. 다 알다시피 신규탁 교수는 백련 선서에 관여한 적이 있는 이 분야의 전문가였다.

아무튼 세간에서 일반적으로 생각하기에도 출판사업은 지식산업이다. 특히 불교출판은 바로 사상운동의 핵심적인 방법이기도 한데 아무거나 생각 없이 무턱대고 낼 수 없다는 뜻에서 자체 정리부터 하게 되었던 것이고, 이미 있는 책에다 몇 가지 더 추가하여 총서를 기획했던 동기가 되었다. 그 당시 일반인들의 선(禪)에 대한 관심도가 매우 높았을 때였기에 무척 시의적절했다는 평가를 받았다.

이야기한 바와 같이 불광출판부에서 이런저런 일을 나름대로 열심히 하고 있던 나에게 사람들은 일 잘하는 일꾼이라는 칭호를 붙여주기까지 했다. 물론 그 이야기를 웃으면서 듣기는 했지만 속으로는 무척 못마땅했다. 출가한 스님에게 듣기 좋은 호칭은 역시 학승이라든지 아니면 선승이라든지, 무엇으로든 공부꾼으로 불려져야 듣기도 좋고 힘도 나는 법이다. 그마저 어렵다면 좀더 고상한 이름으로라도 거론되거나 평판이 전해졌으면 하고 바랐는데 기껏 일꾼이라니 말이다. 그까짓 처자 권속 거느리고 먹고살기 위해 열심히 일하는 세속의 사업가에게나 어울리는 일꾼이라고 하는 소리를 여기저기서 듣게 되니 실로 낙심천만이었다. 그렇다고 누구에게 항의도 못하고 혼자 가슴속 안타까움을 쓸어야 했다.

아무튼 그런 불만은 내 개인의 불만으로 남았다 해도 일은 자꾸만 해야 하니 멈칫거리며 지낼 수가 없었다. 그때 손댄 김에 대대적인 도서 정비와 함께 새로 단장했던 출판부의 여러 총서 기획은 명칭부터가 의욕적이었다. 정비를 하고 보니까 출판 범위가 상당히 크고 넓었다. 그때의 면면들을 다시 살펴보면 대략 다음과 같았다.

『죽창수필』이나『만선동귀집』 같은 '불광고전'을 위시해서 불교학자들의 연구실 한담인 '월창불심' 시리즈, 스님들이 수행의 여가에 문득 표현해 본 운문 모음집인 '불광승려시선'도 있었고, 경전의 해설과 안내의 역할인 '원전의 세계'와 과거 큰스님들의 수행 일화를 중심으로 펼쳐내는 '소설 구도열전'도 무척 돋보이는 기획이라는 찬사를 듣기도 했다. 보는 것에 익숙한 현대인의 특성과 습관을 염두에 두고 재빨리 기획했던 '사진설법' 등은 단연 시대를 앞서가는 기획물이었다는 생각에 지금도 흐뭇할 때가 있다. 청소년들의 올바른 성장에 밑거름이 되고자 했던 '청보리 총서'도 있었고, 아울러 초등생들을 불자로 무럭무럭 성장시키기 위한 백년대계의 꿈이 서린 '꿈나무 총서'도 있었고, 매월 월간 「불광」에 실려 독자들에게 바른 가르침을 열어갔던 스님의 법단을 따로 묶어 '광덕스님 설법집'으로 내놓기도 했다.

그것뿐만이 아니었다. 자매 출판사인 한강수에서 내는 정신과학 계

일러스트 / 최홍원

통의 '전단향' 등도 불광의 자랑거리였으며 빼놓을 수 없는 중요한 기획 시리즈들이었다. 이 부분은 평소 스님께서 각별하게 관심을 기울였던 정신과학에 대한 산물이었다. 스님의 관심과 노력에 의해 얻어진 보석 같은 결실이었다.

사실 불광의 모든 부분은 스님이 만들어 놓은 노고의 결실을 큰 힘 들이지 않고 손쉽게 간추렸다고 해야 할 것이다. 즉 스님이 몸소 땀 흘려 만들어 놓은 보배 구슬을 힘들이지 않고 꿰었다고나 할까. 그러나 제대로 꿰기만 해도 아주 잘한 일일 것이다. 모든 것이 그 정도 수준이지 어느 것 하나라도 내가 스님처럼 땀 흘리며 노력하여 만들었거나 얻은 것은 없다.

앞에서 말한 대로 불광의 모든 것은 스님이 만들었다. 스님 아닌 다른 사람이 힘을 쏟아 창의적으로 만든 것은 단 한 가지도 없다. 훗날 불광이 크게 발전했다 하더라도 스님의 터전 위에 고작 몇 가지 보탠 정도에 지나지 않는 일일 것이다. 거듭 말하건대 다른 사람이 새롭게 노력하여 얻었거나 누군가의 창의적인 노력으로 얻은 것은 전무하다고 단언해도 좋을 것이다. 오히려 오그라들지나 않았으면 다행이라고나 할까. 그러한 불광의 선문총서가 현재 제자리걸음인지 얼마나 앞으로 나갔는지는 내가 모를 일이다.

스님의 삶에서 타인에 대한 인간적인 배려나 불사에 대한 정성은 무척이나 지극했고 또 간절했다. 마치 맑은 물에 한 방울 떨어진 잉크 방울이 소리 없이 퍼져 나가듯이 스님의 정성과 배려는 조용히 번져나갔다. 행여 누가 알세라, 조심조심 사람을 키웠고 뒤에서 소리 없이 남을 도왔다.

이러한 스님의 배려나 선행은 어찌나 은밀하고 감쪽같은지 한동안 곁에 살고 있는 사람도 미처 모르고 지날 때가 많았고 또는 스님의 뜻을 다 헤아리지 못할 때도 많았다. 스님의 그런 배려는 자세하고 은근하기가 마치 날아가던 학이 날개를 접어 나무에 사뿐히 앉듯이 평범했고 지극히 자연스러웠다. 평소 사중에서 일어나는 여러 가지 일뿐만 아니라 종단의 입장이나 동국대의 입장, 심지어는 가장 가까이에 있는 자식 같은 상좌의 입장까지도 섬세하고 자애 어린 배려를 아끼지 않았고 조금도 소홀하게 대하거나 가볍게 생각하지 않았다.

그리고 그러한 정신적 배려는 항상 실천으로 우리들 눈앞에 나타났고 현실 생활의 사실로 확인되었다. 스님의 지혜 자비가 언제나 느껴지고 깨닫게 되는 것은 불광의 향기와 같은 것이었고 집안 가풍이 되었다.

내가 한창 스님 회하(會下)에서 소임을 살고 있을 때였다. 어느 날 절 안이 비교적 한가했던 오후 무렵이었다. 아마 종로 봉익동 대각사를 다시 짓는다고 선서화 전시회를 개최할 무렵이었던 것 같다. 종로 대각사 불사에 대해서는 불광사의 입장이나 스님 개인의 입장에서 그냥 모른 체 지나칠 일이 아니었다. 그랬기에 특별히 나를 불러 대각사 불사에 대한 협조와 당부를 조목조목 일러 주었다. 종무에 대한 방침과 당부의 말씀이 끝났는데도 스님은 한동안 가만히 생각에 잠겨 있다가 다시 입을 열었다.

"불교학을 하는 학자들이나 동국대학교 선생님들이 평소에 쓴 연구 논문이나 지상에 발표된 글을 손쉽게 책으로 펴낼 수 있다면 좋겠지. 우리가 출판사가 있으니까 그분들의 뜻을 받든다는 마음으로 불교학 술서적을 총서로 출간하면 어떨까. 그분들께 연구비나 기타 지원을 해도 좋겠지만 우선 책이라도 제때에 낼 수 있다면 작게나마 돕는 일이 되지 않을까?"

스님은 나와 단 둘이서 이야기할 때도 동국대학교 선생님들에 대해서는 지위나 연령의 고하를 막론하고 누구에게든지 반말이나 낮춰 말한 적이 없었다. 그것은 당신의 상좌를 가르쳐 준 스승을 높이고 대접하는 마음가짐이라고 생각한다. 그러니까 자식을 키우는 부모의 입장에서 자식 같은 상좌를 가르쳐 준 선생님들에 대한 고마움과 존경심 때문이었다.

그리고 집안의 어른으로서 사중 업무에 대한 새로운 계획안을 내거나 아랫사람에게 심부름 시킬 일이 있어도 항상 의논 형식으로 조심스럽게 당신의 뜻을 내비쳤다. 그리고 미처 생각하지 못한 일에 대해서는 연구해 보라고 말미를 주고 시간을 주었다. 그랬기에 스님의 개인적인 심부름이나 부탁은 더더욱 어려워하였고, 뿐만 아니라 상좌에게도 무척 진중하고 정성스럽게 대하곤 했다. 아무리 자식 같은 상좌이고 또는 연하의 아랫사람이라고 해도 우격다짐으로 대했던 적이 없었다. 나는 스님의 제안을 듣고 며칠이 지난 뒤 조심스럽게 다음과 같은 말씀을 올렸다.

"며칠 전 스님의 말씀을 듣고 보니 아차 싶을 정도로 다시금 깨닫는 바가 있었습니다. 스님의 종단 내의 여러 가지 위상을 두고 생각해 보더라도 후학들에 대한 도움과 격려가 있어야 하고, 나아가서 불광이 한국불교에서 갖는 무게를 보더라도 뭔가 기여해야 할 때라고 생각합니다. 스님의 말씀은 아주 시의적절하고 오히려 늦은 감도 있으나 지금부터라도 스님 뜻하신 일을 부지런히 하면 많은 일을 할 수 있다고 생각합니다."

"그래, 송암이 내 생각에 함께 동참해 주어 고맙군. 우선 학자들이 각자의 연구 성과물을 손쉽게 책으로 만들 수 있도록 사전 준비를 하지. 그 다음 불교학자들에게 연구비나 지원금을 드리는 방법을 찾아보기로 해. 아마 좋은 방법이 생길 거야. 그리고 이제부터는 불교학을 하는 분들이 출판 의사를 전해 오면 그분들을 여기까지 직접 오시게 하지 말고 즉시 편집 책임자를 보내어 원고를 정리하여 받고 또 여러 가지 말씀을 자세히 들으면 되겠지. 설령 팔리지 않는 책이라 하여도 우리가 찍는 부수만큼의 원고료는 반드시 정확하게 드려야 해. 그것은 학자들에 대한 정중한 대접이고 당연한 도리야. 그분들의 자존심이 살아야 우리 불교학 발전이 있을 테니까 말이야. 우리는 책이 팔리는 부수에 기준을 두면 안돼. 비록 출판사에 손해가 생기더라도 최소한의 범위에서나마 학자들의 자존심을 지켜 드리고 세워 드려야 해. 학자를 존중하고 받드는 것은 불교학을 받들고 부처님을 받드는 것이야. 그래서 우리나라에 불교학 대학자가 끊임없이 배출되고 기라성 같은 인물들이 속속 출현해야 해. 그래서 불교학의 비옥한 풍토가 하루 바삐 조성되어야 해. 그것이 우리의 믿음이지.”

이렇게 하여 '불광불학총서'가 탄생되었고 시작되었다. 사실 출판 일을 내가 좀더 오랫동안 맡았더라면 지금까지 꽤 많은 책이 출간되었을 것이라는 생각을 해본다. 왜냐하면 내가 직접 스님의 뜻을 무릎꿇고 두 손으로 받들었기 때문이다.

한국 불교학 발전에 대한 스님의 고구정녕한 뜻 깊은 배려를 이제 다시금 상기해 본다. 나의 귓가에 스님의 말씀이 너무나 쟁쟁하게 울려 이곳 시골에서나마 부득불 다시 출판사를 열게 되었다. 오직 스님의 뜻을 잇고 살려가기 위해서다.

불광 보리수 총서

불광불학총서가 본격적으로 간행되자 각계의 반응이 무척 좋았다. 무엇보다 학자들에게 기대 어린 호평을 받았고 높은 관심과 주목을 받았다. 전문 서적의 출간은 역시 뜻으로 하는 일이지 다른 생각으로는 하기 어려운 것이 사실이다.

그러나 세월이 지나면서 꾸준히 한 권씩 보태지자 그 동안 낱권으로 있을 때보다 훨씬 큰 힘이 총서에서 나타나기 시작했고 학술서적으로서의 위력을 과시하기도 했다. 불광불학총서가 이렇게 호평을 받고 기대도 받아가며 착실하게 성장하자 거기에 따르는 보람과 희망도 날로 커 갔다. 이런 경험과 자신감을 살려 또 다른 총서의 필요성이 적극 대두되기 시작했다.

불광불학총서가 앞에서도 말한 바와 같이 날개돋친 듯이 팔리는 것은 아니었으나 스님의 특별한 배려로 이루어진 까닭에 그 의미가 남달랐던 것은 사실이다. 사실 딱히 꼬집어서 뭐라고 말할 수는 없어도 불학총서의 출간으로 보람과 긍지도 컸고, 활동 반경도 넓어지고 대인

접촉의 폭도 한층 다양해졌다. 그런 배경과 바탕으로 나는 자연스럽게 학자들과 만나는 일이 많아졌고, 그로 말미암아 내가 잘 알지 못했던 여러 가지 일들도 다시 듣게 되고 자세히 알게 되었다. 불교학 발전에 대한 당면 현안에 대해서도 좀더 폭 넓은 관심을 구체적으로 같게 되었다.

학문의 발전은 상호 교류, 즉 정보와 비판에 의해서 건전하고 착실하게 뿌리내려 간다. 그러기 위해서는 외국의 불교서적을 번역하여 펴내는 일도 매우 중요하다는 얘기를 거의 만나는 학자들마다 이구동성으로 주장했다. 나의 생각도 크게 다르지 않았다. 다만 책의 선별이 가장 큰 문제이고 어려운 일이긴 하지만 좋은 책만 잘 선택하여 출판한다면 그 뜻이 사뭇 크리라는 생각을 하게 되었다. 나는 평소 해야 될 일이 결정되면 참지 못하는 성미가 있다. 그때도 한달음에 스님께 달려가 번역 전문 총서 간행을 허락해 달라는 말씀을 올렸다.

"불학총서는 국내 불교학의 저술·논문 위주의 출판으로 방향을 정하라는 스님의 말씀을 따라 잘 진행해 나가고 있습니다. 그것은 학자들에 대한 간접적인 지원이 된다는 사실을 늘 염두에 두고 충실하게 진행시켜 가고 있습니다. 그러나 여기서 한걸음 더 나아가 외국의 불교학 연구의 성과물을 소개하는 총서를 설치하여 국내 불교학 발전에 또 다른 역할을 우리 불광이 담당했으면 합니다."

스님은 내가 소신껏 얘기하면 가만히 바라보며 경청해 주는 모습이 그렇게 진지할 수가 없다. 하긴 누구의 얘기라도 마찬가지셨지만 그날은 더더욱 거의 꼼짝도 않으신 채 시종일관 자세를 흐트리지 않으셨다. 다소 내 기분에 취하여 얘기가 좀 길어졌는데도 시종 같은 자세를 바꾸지 않고 그대로 앉아서 끝까지 들어주는 자비심은 놀라울 정도였

다. 아무튼 다 듣고 난 스님은 이번에도 즉석에서 단안을 명쾌히 내렸
다.

"송암이 열변을 쏟지 않아도 내가 다 알아들었겠지만 송암이 정한
목표를 향해 돌진해 가느라 쏟아낸 열변 덕분에 내가 감동을 받았어.
즉시에 보답을 해야지. 그럼 번역물에 대한 전문 총서 이름을 '보리수
총서'라고 정할까. 어때, 잘 생각해 봐. 그 대신 책을 잘 선택해야 하는
것 명심하고 구체적인 계획을 한번 세워봐요."

어느 때나 느끼는 일이지만 스님의 작명 솜씨는 비범하기 이를 데
없다. 사람 이름을 짓든지 총서 이름을 짓든지, 아니면 집 이름을 짓든
지 하나 같이 의표를 찌르는 심오한 뜻과 문학적인 탁월한 감각에 눈
이 휘둥그래진다. 그 날도 역시나였다. 아주 순식간에 옥동자를 출생
하듯이 출판계에 길이 남을 이름 하나를 번쩍 내놓았다.

거기에 비해 나는 어쩌다가 그 흔한 이름 하나 지으려고 해도 여간
어려운 일이 아니었는데 스님은 순식간에 지어도 내가 며칠씩 끙끙거
린 이름보다 단연 뛰어난 이름이 즉각 출현했다. 실로 놀라운 일이었
다. 경탄의 소리조차 이르지 못할 또 다른 경지의 경탄이었다. 이처럼
간단한 일에서도 스님은 내가 함부로 넘보지 못할 우뚝한 봉우리였고
큰산이었다.

이렇게 스승과 상좌가 의기투합하여 만든 작품이 '보리수 총서'였
다. 항상 대의(大義) 앞에 순수했던 스님이었기에 부처님 일에 망설이
지 않았던 것이라고 본다.

한강수

한강수라는 이름은 스님이 지으신 출판사의 이름이다. 내가 불광출판부를 전담한 뒤 모든 성과가 본인인 나도 놀랄 정도로 눈에 보였다. 그때 조용히 스님께 여쭈었다.

"스님, 우리도 일반 출판사를 새로 하나 개설했으면 합니다. '불광은 불교 출판사'라는 일반 독자들이 가지고 있는 인식의 한계로 말미암아 아무리 좋은 책을 내도 폭 넓은 관심을 받지 못하고 있습니다. 그래서 이름부터 일반 출판사의 느낌이 드는, 좀더 대중 친화적인 출판사를 개설하여 정신과학 계통의 책을 전문으로 펴냈으면 합니다. 출판사가 훨씬 광범위한 대중을 고객으로 상대할 수 있으면 좋겠습니다. 현재 불광출판부에서 발행한 정신과학 계통의 책도 꽤 되고 아울러 그 분야의 책을 계속 발굴해 내면 상당한 진전이 있을 것 같습니다. 스님께서도 정신과학 계통에 관심이 지대하신 것으로 알고 있습니다. 그러하오니 부디 허락해 주셨으면 합니다."

스님께서는 내 이야기를 끝까지 듣고 한동안 잠잠히 계시더니만 입을 떼셨다.

"똑같은 책도 불광출판부가 불교 전문서적 출판사라는 인상 때문에 독자들에게 한계가 있다는 말이지. 그런 한계를 벗어나기 위하여 새로운 이름의 일반 출판사를 하나 등록하자는 얘긴가?"

나는 사실 그대로를 다시 간곡하게 말씀 올렸다. 특별히 책을 많이 팔아 이익을 남긴다는 측면뿐 아니라 좋은 책을 보다 많이 보급한다는 정신적인 면을 강조했다. 그리고 아울러 출판사 이름도 하나 지어달라고 했다. 스님께서는 내 말을 다 듣고 한참동안 이것저것 골똘하게 생각하시더니 다시 말씀하셨다.

"좋은 의도이니 새로운 출판사를 열어볼까? 내가 송암 수좌의 청을 들어주는 것으로 하여 승낙하기로 하지. 그렇다면 새로 만드는 출판사 명칭은 우리 서울 시민들의 젖줄인 한강이라는 뜻이 들어갔으면 어떨까. 가만 있자, 서울 시민과 한국 국민 내지 인류에게까지 도움되는 측면에서 이름을 찾아야지. 그러나 우선 가장 가까운 서울 시민을 상대로 하는 한강수로 하는 것이 어때? 물은 항상 모든 것을 잘 씻어 주므로 청결한 건강을 의미하고 있으니 우리가 나아가는 정신과학류의 서적과도 잘 맞을 것 같은데 말이야. 잘 알겠지만 우리 서울 시민들은 한강수가 없으면 잠시라도 살수가 없어. 그런 좋은 뜻에서 우리들의 포부를 가져보지. 어때, 그렇게 해봐."

내가 스님의 말씀을 듣고 생각하기에도 이름이 윤택하고 풍요스럽고 청정하여 무척 좋았다. 목표한 정신과학 서적과는 너무나 잘 어울리는 이름이었다. 실로 순식간에 나타난 멋진 이름이다. 물론 나는 새로운 출판사 개설을 스님께 건의드리기 전에 이미 동료들과 이점에 대해 여러 차례 검토를 마쳤다. 단지 스님을 설득하고 내지 허락을 얻는 일만 남았던 것이다.

　스님께서 뜻밖에 쉽게 승낙하시자 나는 댓바람에 출판부로 달려가서 그 당시 대학에서 학생들을 가르치고 있던 디자이너 안상수 교수에게 부탁하여 한강수의 로고도 별도로 만들었다. 그야말로 일사천리였다. 사전의 계획과 준비에 의하여 모든 것이 착착 진행되었다. 그리고 불광출판부에 있던 정신과학 계통의 책을 하나하나 한강수로 이전하면서 또 새로운 정신과학 계통의 책을 발굴해 갔다. 웬만한 책들은 모두 한강수에서 내고 불교서적만 불광출판부에서 내기로 방침을 세웠다. 그것은 사실 매우 적절한 판단이기도 했다.

　스님께서는 이와 같이 출판사의 이름 하나를 짓더라도 중생을 이익되게 하는 부처님의 근본 뜻을 살렸고 키워 나갔다. 이와 같이 무엇을 하든지 오직 이익중생의 보살 대원이 스님의 삶이었고 인생 목표였다.

제 6 장

전법 대본산(傳法 大本山)

- 도 솔 산 의 향 수 해 (香 水 海) -

一笑無是亦無非　　　한번 웃음에 옳음도 없고 그름 또한 없구나.

징검다리

　스님께서 이곳 도피안사에서 머물 때 일이다. 평소 스님은 애기처럼 아장아장 걸었다. 물론 건강이 나빠졌기 때문이고 그만큼 쇠약해진 탓이다. 그때 나는 어느 건강잡지를 뒤적이다 '보폭을 크게 해서 양손을 흔들며 걷는 연습을 하면 기력이 회복되고 병도 치유된다.'는 기사를 접하게 되었다.

　나는 즉시 절 안에 있는 큰 벽돌을 옮겨다 두 장씩 맞붙여서 스님 다니는 길에 벽돌 징검다리를 놓았다. 건강한 성인이 걸으면 보폭이 짧지만 스님에게는 매우 긴 징검다리였다. 그러고 난 뒤 스님 방에 들어가서 무작정 산책 제안을 했고 스님도 그냥 웃으면서 응해 주었다. 내 몸으로 스님을 안다시피 부축하여 밖에 나와서야 징검다리를 놓은 이유를 말씀드렸더니 한동안 나를 가만히 쳐다보았다.

　물같이 맑고 부드러운 눈동자에 자비와 인간애를 가득 담고 건너다 보는 스님의 표정과 눈빛은 어느 때나 좋았다. 스님의 그런 눈빛 앞에 서면 행복한 생각도 들고 힘도 솟고 또 뭐라고 말할 수 없을 만큼 기쁘고 즐거웠다. 스님께서는 이미 나의 뜻을 받아들여 징검다리에 올라서서 깨금발을 뛰듯이 한 칸 한 칸 건너갔다. 갑자기 넓게 벌린 보폭 때문에 비틀거려가며 힘들게 한번 왕복을 마치고 난 뒤 다시 방에 들어와서 이런 말씀을 했다.

"내가 앞으로 너희들에게 짐이 되지 않아야 할 텐데, 사실은 내가 부처님께 늘 기도하고 있어. 수행자가 남의 신세를 무턱대고 진다고 하는 것은 매우 미안한 일이지."

나는 스님의 이 말씀을 듣고 수행자 자신의 책임감을 강하게 느끼게 되었다. 어느 때나 수행자는 스스로 자신의 정신이나 육체에 대하여 끝까지 책임지며 살아야 하는 것이다. 남에게 신세지지 않고 폐를 끼치지 않는 것은 수행의 제일보나 같은 것이다. 이런 뜻에서 한 사람의 수행자로서 스님의 의지가 새삼 강하게 전해왔다. 어느 때나 자신을 살피며 잘잘못을 가려서 남에게 피해를 주지 않는 것은 말할 것도 없고 부처님 가르침에서 한치라도 벗어나지 않겠다는 무한 책임의 정신상태, 나는 그것을 전체적으로 법력이라고 말하고 싶다.

스님은 어느 때나 법력이 충만한 명징한 정신의 소유자였고 놀라운 실천자였다. 몸이 아파 자리에 누워서도 출가자의 본분을 잃지 않았던 스님은 오늘날 각박한 현대를 살아가는 우리들의 징검다리였다. 스님이 지금도 항상 내 옆에 있는 것 같은 느낌은 무슨 까닭일까? 흐르는 물살이 거칠어졌고 빨라졌기 때문에 물길을 건너야 하는 튼튼한 징검다리의 필요성이 더 커졌기 때문이리라.

등과 팔다리를 좀 만져다오

어느 늦가을 밤, 도솔산의 밤이 소리 없이 한창 깊어갈 때 나는 스님의 아픈 몸을 보살피고 있었다.

그때 스님은 누운 채 여러 가지 훈도 말씀을 했고 이것저것 부탁의 말씀도 했다. 또 나에게 세상 돌아가는 세태에 대해 묻기도 했다. 그렇게 스님과 얘기를 주고받으며 몹시 고통스러워하는 힘든 부분을 부지런히 만져드리며 곁에 있다 보니까 어느새 시계는 11시가 지나 자정이 가까워지고 있었다. 오랜 병에 효자 없다는 말을 이런 때 써야 할지는 잘 모르겠지만 나는 그때 이미 피곤을 느껴서 얼른 잠자리에 들었으면 하는 생각이 속으로 간절했다. 눈이 뻑뻑하고 눈꺼풀이 자꾸만 무거워져 쏟아지는 잠을 억지로 참고 있는 중이었다. 그런 내 태도를 느낀 스님께서는 당신 몸이 몹시 아픈데도 불구하고 나에게 가서 쉬라고 했다.

나는 스님 말씀이 끝나자마자, 춘삼월 때를 만난 개나리·진달래가 촌각을 다투어 온 산에 가득 피듯이 지체 없이 인사를 하고 스님 방을 나와 곧바로 잠자리에 들었다. 옷을 벗거나 잠을 따로 청할 겨를도 없었다. 순식간에 잠 속으로 빨려 들어갔다.

한창 깊은 잠에 빠져 달콤한 안락에 내 몸을 통째 맡기고 있는데 꿈결 같은 부름이 느껴졌다. 약간 정신을 차리고 다시 귀를 기울이니까 바로 내 방 앞에서 인기척이 났다. 좀더 정신을 차려 다시 귀를 기울여 보니 스님이 날 부르는 소리였다. 나는 스님 목소리를 뻔히 듣고도 한 번 더 부를 때까지 기다렸다. 그제서야 마지못한 퉁명스러운 대답을 하고 문을 열었더니만 목이 길고 등 굽은 노인이 몹시 힘들어하는 모습으로 방 앞에 서서 미안한 듯 또는 뭔가 호소하듯 나를 쳐다보고 있었다. 그러면서 힘들게 아주 힘들게 천천히 더듬더듬 입을 열었다.

"어떻게 등골이 쑤시고 아프고 사지가 저리고 오그라드는지 너무나 괴롭구나. 내 등과 팔다리를 좀 만져다오."

스님은 다시 한번 나를 미안한 듯이 바라보다가 먼저 방으로 아장아장 걸어갔다. 나는 그때 단잠을 빼앗긴 불만으로 스님의 애원(?) 어린 부탁 말씀에 그만 퉁명스럽게 대답하고 말았던 것이다.

다시 옷매무새를 고치며 머리맡에 놓여 있는 자명종 시계를 보니까 아직 새벽 1시가 채 못된 시간이었다. 스님이 혼자서 고통을 참고 또 참다가 더 이상 참지 못해 안타까운 하소연을 했는데도 내가 그와 같은 퉁명스러운 대답을 했던 것은 한창 꿀맛 같은 잠 속에 빠져들었다가 억지로 일어난 불만 때문이었을 것이다. 그러나 나는 퉁명스런 대답을 해놓고도 금방 뉘우쳤고 스님께 무척 송구스러움을 느꼈다. 여기까지 생각한 나는 얼른 옷매무새를 바로 고치고 스님 방으로 달려가서 이곳저곳을 고루고루 보살펴 드렸다.

스님께서는 누운 채 다시 한번 나에게 미안하다는 말씀과 표정을 보이셨다. 유리알 같이 맑고 깨끗하셨던 분이 내 마음 상태를 왜 몰랐을까. 이미 훤히 들여다보고 있었다. 나는 무척 부끄러웠다. 내 불손한 마음을 송두리째 들켰으니 말이다.

그때의 광경을 내가 지금 글로 쓰는 것은 스님 부름에 퉁명스럽게 대답한 과오 때문이다. 제자로서 도리에 어긋난 불손한 대답이었음에도 스님은 아무런 내색이 없었고 언급도 없었지만 나는 두고두고 잊혀지지 않고 후회 스럽기만 했다. 내 방까지 오면서 스님은 얼마나 망설이며 주저했을까? 오죽하면 내 방까지 그 아득히 먼길(?)을 왔을까?

스님 입적 후, 이러한 일은 통한의 뉘우침이 되어 내 몸 구석구석에서 되살아나 참회의 눈물을 한없이 쏟게 했다. 그 날 밤 내 방에 왔던 스님의 기울어진 어깨와, 학처럼 긴 목을 간신히 세우고 아장아장 걸어가는 병약한 스님의 뒷모습을 내 기억에서 지울 수가 없고 또 잊을 수도 없다. 아무리 뉘우치고 참회해도 그때뿐이고 다시 살다 보면 그때의 스님 모습이 어른거린다. 노쇠와 병약한 노인이었던 스님의 모습을 아무리 잊으려고 해도 도저히 잊을 수가 없다. 불안한 예감이지만 그 일이 내 평생 잊혀지지 않을 것 같다. 한 순간의 잘못이 이렇게도 무서운 것인가. 세상에서 제일 무서운 것은 남에게서 받는 벌이 아니라 자기가 자신에게 내리는 벌일 것이다.

산할아버지, 초록으로 물드셨네

부처님 출가절(음력 : 2월 8일)의 가장 가까운 일요일을 스님의 날로 하여 매년 기념법회와 조촐한 의식을 갖게 된 것은 스님에 의해서였다. 출가절이야 과거부터 내려왔지만 스님의 날로 삼은 것은 바로 스님이었다는 얘기다. 그런 까닭에 이곳 도솔산에서도 매년 빠짐없이 스님의 날 기념법회를 열고 있다. 이날은 신도들이 스님들께 꽃을 올리고 약값을 준비하여 올리기도 하며 또는 옷을 지어 올리기도 하며 제각기 출가에 대한 뜻을 기리며 감사의 마음을 갖는다.

불기 2543년(1999년) 출가절 법회와 스님의 날은 3월 28일 일요일이었다. 그때는 스님 입적 불과 한 달이 지난 정도였으니 내 가슴의 허전은 뭐라고 말할 수 없을 때였다. 그래서 우리 당대, 수행자들의 사표이고 선지식이신 청화 큰스님을 모셔서 법회를 크게 열기로 했다. 그 날 아침 큰스님께서 법회시간보다 한 시간 가량 일찍 도착하셨기에 얼른 뛰어나가 맞이하여 주지 방으로 극진히 안내했다.

자리에 앉은 청화 큰스님의 첫 말씀이 어떻게 이렇게 안온한 터를 만나게 되었느냐고 물으면서, 참으로 도솔천 하늘나라 그대로를 지상에 옮긴 것이라고 말씀해 주셨다. 나는 이 말씀이 주지인 나에게만 하는 의례적인 말씀으로 생각했는데 설법시간 법상에서도 똑같은 말씀을 1,000여 명 청법 대중들에게도 그대로 하셨다. 나는 그제서야 청화 큰스님의 말씀을 어른이 젊은 소임자에게 용기를 주고 불사 잘하라는 격려와 덕담으로만 듣지 않고 청화 큰스님 자신의 선정체험을 토로한 것으로 받아들였고, 새삼 이곳 도솔산에 대한 특별함을 마음에 거듭 새겼다.

이런 도솔산을 스님께서도 무척 좋아했고 편안해 했다. 심지어는 측근들에게 당신의 병이 이곳에 오고 난 뒤 많이 회복되었다고 고백하기까지 했다. 스님께서 만 3년을 이곳 도솔산에서 주석(住錫)하는 동안 특히 뒷산에 오르기를 매우 즐겨했다. 간혹 스님 산행을 배행하면 나무이름이나 꽃 이름, 풀이름까지 하나하나 일러 주면서 그 특성까지도 일일이 알려 주었다. 나는 뒤따라 오르면서도 무척 놀랍고 신기하기만 했다. 이 노인이 어떻게 산에 대해 모르는 것 없이 이렇게 많이 알고 있을까. 설령 어렸을 때 여러 가지 이름들을 알았다 해도 지금까지 잊지 않고 기억하기란 쉬운 일이 아닌데 하면서 내심 탄복을 금하지 못했던 기억이 지금도 생생하다.

어느 해 7월, 녹음이 시커멓게 우거진 숲속에서 매미가 자지러질 것처럼 울어대던 날이었다. 서울 불광사 일을 아침 일찍 끝내놓고 도피안사 일을 몇 가지 보려고 서둘러 내려왔다. 도착시간이 한 10시나 됐을까? 인사와 업무보고를 겸해 스님 방에 갔더니 잠깐 자리를 비운 것 같았다. 마냥 기다리고만 있을 수 없어 스님이 잘 다니는 방 옆 산책길을 따라 산으로 올라갔다.

일러스트 / 최홍원

녹음이 진초록으로 우거진 오솔길을 나뭇가지를 밀어가며 나는 무심코 발걸음을 옮겼다. 어느 모퉁이를 무던히 돌아서는데 스님께서 녹음 사이에서 나타났다. 그 순간 스님의 미소 띤 환한 모습과 초록이 너무나 잘 어울렸다. 그때 나도 모르게 입에서 탄성이 불쑥 튀어 나왔다.

"스님! 산할아버지시군요. 초록과 스님의 모습이 너무나 잘 어울립니다. 오늘 저에게 평생 간직할 아주 좋은 선물 한 장면을 주셨습니다. 스님, 감사합니다."

스님 대답이 더욱 걸작이었다.

"내가 송암을 방에서만 만나는 것보다 생명력이 왕성한 녹음 속에서 만나면 더 좋은 대접이 될 것 같아서."

스님은 초록에서 강한 생명력을 느끼고 있음을 은근히 알려 주었다. 그래서인지 불광법회 유니폼이 초록색 치마에 흰 저고리였다. 즉, 푼다리카였다. 흰 연꽃이라는 말이다. 초록은 연잎이고 흰색은 연꽃이니, 또 오방색 분류로 보면 흰색은 서방을 뜻하며 극락세계이자 바라밀세계를 말하고 있고, 초록은 청색에 가까우니 청색은 해뜨는 동쪽을 의미하지 않는가.

그건 그렇고 스님은 산을 좋아했고 또 산을 무척 사랑하고 아꼈던 분임에는 틀림없다. 경기도 구리시 보현사에 머물 때도 산행을 자주 했고, 대각사에 머물 때는 가끔 나를 데리고 천축사가 있는 도봉산에도 간 적이 있었는데 무척 즐거워하는 모습이 지금도 눈에 선하다. 그러니까 스님이 산을 좋아했다는 내 생각이 거의 틀리지 않으리라.

그때 내가 무심코 말했던 '산할아버지'는 지금 어느 산을 소요할까? 해마다 녹음 우거진 7월은 어김없이 돌아오는데……

도토리 줍지 마

이곳 도솔산 이야기를 이미 여러 번 했지만 스님께서 도피안사에서 상주하는 기간 동안은 남이 보기에도 눈에 띄게 건강이 좋아진 때였고, 비교적 마음도 편안한 기간이었다. 어떻게 보면 스님이 건강할 때의 본 모습을 조금씩 다시 보여 주는 것 같기도 한 때였으니, 그것은 본래 스님의 활발발한 성품의 모습을 되찾아 가는 것을 말한다.

여기 도솔산은 중국 산동성에 자리하고 있는 태산처럼 해발 고도로 보면 그리 높지 않지만 그러나 도솔산 가장 높은 비로봉 정상에 올라서면 남쪽으로 멀리 충북 진천이 훤히 내다보이고 북쪽으로는 경기 이천까지 시야에 뚜렷이 들어온다. 어느 방향으로나 조망이 탁 트여 속이 후련해짐을 느낄 수 있고 그야말로 호연지기가 절로 일어난다.

아무튼 도솔산 비로봉에 올라서 주변을 조망하며 산을 품평하면, 높지 않되 그러나 낮다고 말할 수 없고, 산세가 우락부락하지 않아서 유순하나 결코 호락호락하지 않다. 또 말할 수 없이 고요하고 한적한 맛은 그 어느 심산유곡에 비하여도 손색이 없다.

도량돌이 오솔길을 따라 산행을 하면 선객(禪客)에게는 포행 길이고 시인에게는 시상(詩想)을 가다듬는 길이다. 그리고 나에게는 스님을 생각하는 사모(師慕)의 길이며 문제 해결의 길이고, 생각을 깊이 하는 사색과 관찰의 길이기도 하다.

산 자체가 용트림이 많아서 힘이 있다. 마치 용이 몸을 똬리 틀어 승천하려고 하는 듯이 사뭇 역동적이다. 그러므로 산맥의 기세가 겉으로 보기에는 유순해 보이나 들어가서 보면 경경하여 금방 탄력을 받아서 하늘로 승천할 것 같은 역동적인 기운을 느끼게 된다.

이런 도솔산을 좀더 자세하게 관찰하려면 잎새가 지고 난 뒤 건너편 봉우리에서 비로봉 쪽으로 눈을 돌리면 마치 바둑판처럼 정연하게 봉과 줄기와 골이 잘 이루어져 있다. 산은 흡사 여인과 같아서 자기를 사랑하지 않으면 그 전모를 드러내지 않는다고 누가 말했던가! 오랫동안 여기 도솔산에 살면서 안 가본 곳 없이 구석구석 모두 내 발길이 닿았기에 산의 내력과 그 속세계를 나는 훤히 알고 있다. 어느 봉우리에 무슨 나무 몇 그루 있는지조차 알고 있을 정도니까 말이다.

도솔산에는 산밤나무와 도토리 나무가 유난히 많다. 가을바람에 산밤이 툭툭 떨어지면 여기저기 지천으로 산밤이 널려 있다. 스님께서 거동이 가능했을 시절에는 아침공양이 끝나면 조금 쉬었다가 도솔산 산책을 나갔다. 스님을 배행하여 뒤따라 오르다가 나도 모르게 밤을 주우면 스님께서는 줍지 못하게 말렸다. 산 가족들의 겨울 양식을 주워서는 안 된다는 말씀이셨다. 나는 그런 모습에서 새삼 스님의 자비를 보았고 섬세하기 그지없는 천진불의 면모를 보았다. 스님 자신의 활발발한 동심을 그대로 구김 없이 나에게 드러내 보여 주었다.

간혹 어린이들을 보면 동물 사랑의 정성을 알 수 있다. 어린 그들은

동물에 대한 사랑이 거의 필사적이다. 산 가족의 겨울 양식을 염려하
는 스님의 마음 씀씀이에서도 바로 그런 동심을 다시 느꼈다. 지금도
가끔 도량을 거닐다가 산을 바라보노라면 도솔산 어딘가에서 스님이
나를 지켜보다가 혹시 내가 밤 한 알이라도 주우면 염려와 걱정을 내
릴 것만 같다.

법계를 진동하여 철위산이 밝아지고

스님의 반야에 대한 개안(開眼)과 착안(着眼)은 참으로 역사적이었다고 말할 수 있다. 그것은 반야를 통해서만이 모든 것을 일시에 바로 세우고 동시에 원만하기 때문이며 현대사회의 모든 병폐와 누적된 문제를 일시에 원만하게 척결할 수 있기 때문이다.

사람과 사람 사이에 벌어지는 갈등의 문제, 국가 사이에서 첨예하게 발생되는 대립과 투쟁의 여러 문제, 세계평화에 대한 사상, 종교, 경제와 정치적인 문제 등 이루 말로 다 표현할 수조차 없는 무수한 문제들이 인간 속에 도사리고 있다. 이런 문제들을 사상적으로 한꺼번에 쓸어버릴 수 있는 것이 있다면 이것은 역시 대단한 힘이며 인류의 간절한 희망이라고도 볼 수 있을 것이다.

이런 입장에서 새로운 사상운동이나 인류평화운동의 전개는 절실히 요구되는 시대적 요청이다. 그렇기 때문에 우리는 반야를 통한 사회 발전의 기여나 역사 발전의 현실 참여가 사뭇 역동적으로 이루어질 수 있다고 믿는다.

그러므로 여기 반야행에는 그 어떤 이유나 변명도 범접하지 못하고 어루대거나 얼쩡거리지 못하는 신속 무비한 쾌도의 대용이 작용하고 있다. 그로 말미암아 반야를 통해 인류를 구제하고 나라를 구하고 가정과 개아를 확립하는 놀라운 위력을 만나게 되고 무한 가능성을 얻게 되는 것이다.

이런 점에서 스님의 언행을 면밀하게 분석해 보면 구국구세라는 말씀이 자주 등장하고 세계평화, 인류번영에 대하여 각별한 뜻을 발견하게 된다. 그것은 스님의 지어먹은 생각으로 표현한 것이 아니고 반야의 세계가 원래 그런 모습이기에 한달음으로 노출되고 표현되는 것뿐이다. 일찍이 스님의 가슴에 부처님의 구세대비(救世大悲)가 구국구세 원력으로 차오르고 넘쳐나는 것을 보면서 환희심을 느끼고 어느 사이 나도 세계평화주의자가 다 된 것 같은 기분을 느껴보기도 했다.

이 모두 스님의 은혜인 것을 나는 알고 있다. 사실 불교의 모든 보살들은 세계평화 건설자들이며 그 행동자 내지 운동가이며 실천사상가들이다. 그 대표적인 분으로 티베트의 고승인 달라이 라마 스님을 보면 잘 알 수 있다. 그는 티베트 망명정부의 수장이면서도 독립운동보다는 세계평화운동에 더 많은 시간을 쏟고 있다. 불교의 이상이 평화이고 근본 실체가 반야바라밀이기 때문이다. 그러므로 반야바라밀은 구국구세이며 세계평화이다. 반야바라밀은 대비구세이므로 누구든지 불교의 핵심인 반야바라밀을 바로 알게 되면 달라이 라마 스님과 광덕 스님과 같지 않을 수 없는 것이다.

스님께서 세연을 마치고 떠날 때 발표된 사세송이 있다. 그것은 스님 평생의 모든 사상을 게송 형식으로 집약한 것이다. 즉 소리 없는 종송〔無聲鍾頌〕이라는 노래는 곧 스님의 신앙의 세계였고 참 면목이기도 하다.

나는 스님의 신앙 발표를 처음 대하는 순간 도솔산에 대범종을 조성해야겠다는 생각이 문득 들었다. 여기서 범종이 갖는 온갖 공덕에 대한 설명은 미뤄두고, 스님 자신의 반야 개안처의 본지풍광을 주련(柱聯)으로 종각 기둥에 걸고 종을 치고 싶었기 때문이다. 종을 칠 때마다 스님의 사상 계승을 다짐하고 싶었고 기도하고 싶어서였다. 그러니까 종을 치더라도 구국구세의 종을 치고 싶었고 세계평화의 종을 치고 싶었다는 얘기다. 남북평화 통일의 간절한 염원을 담은 종을 도솔천 하늘까지 울려 천상 대중들과 원을 같이 하고 싶었으며, 고통받는 지옥까지 종소리를 보내 구국구세의 대원과 보리심을 전파하여 그들이 일시에 지옥을 뛰쳐나와 모두 함께 보살행을 하고 싶은 염원에서였다.

스님의 일평생 염원을 구국구세 범종에 실어 널리 멀리 전할 뿐만 아니라 반야 동지를 불러 모으는 신호로 삼고 싶었기에 구국구세 대범종 주조 원(願)을 세웠던 것이다. 그래서 종 이름도 구국구세 대범종이고, 종각 이름도 구국구세 범종각이며, 북을 모신 곳은 천고루(天鼓樓)라고 하며, 운판·목어가 있는 곳은 목운루(木雲樓)라고 하여 좀 길지만 온전한 뜻을 담아 걸려고 생각하고 있다.

사실 지금 도솔산에서 이루어지고 있는 일들, 모든 불사 하나하나가 모두 스님과 연관되어서 그 모습을 드러내 가고 있다. 그럼 스님의 임종게(臨終偈)인 '무성종송'을 소개해 보겠다.

울려서 법계를 진동하여 철위산이 밝아지고
잠잠해서 겁 전 봄소식이 겁 후에 찬란해라.
일찍이 형상으로 몰형상을 떨쳤으니

금정산이 당당하여 그의 소리 영원하리.

내가 만든 종각 주련에는 금정산을 도솔산으로 바꾸었는데 나중에
스님께 꾸지람 듣지 않을까 걱정스럽다.

개산주

　이곳 도솔산을 처음 여는 데 혜조 거사라고 하는 불자가 관여했다. 먼저 혜조 거사가 이곳 산을 보고 무척 마음에 들어했다. 그래서 나와 혜조 거사가 같이 산을 본 뒤 두 사람 모두 만족한 심정으로 의견의 일치를 이루어 스님께 보고를 드렸다. 우리는 덧붙여 도솔산 스케치를 이야기로 멋지게 구상하여 스님께 보여 드린 뒤 한번 가자고 권유했더니 흔쾌히 승낙하고 오히려 좋아하였다. 그때는 내가 스님을 모시고 있을 때인지라 스님 일정을 어느 정도 조정할 수 있었다. 그래서 가능하다면 조금이라도 일찍 보여드리고 싶어서 스님 모르게 도솔산 산행을 서둘렀다.

　어느 화창한 날, 드디어 스님을 모시고 도솔산을 향했다. 스님은 매사에 치밀한 관찰력을 가진 분이었지만 자연적인 관찰력도 대단한 분이라는 것을 거기 모인 우리들은 그때 다시 한번 느끼게 되었다.

　늘상 해온 말이지만 스님은 평소에도 건강이 여의치 못한 상태라 어디서나 조심스러웠는데 무언가 새로운 일이 생겼을 때나 책임을 지고 판단해야 할 때는 좀 달랐다. 고루고루 알뜰하게 확인하고 여기저기를 직접 올라 꼼꼼하게 살펴서 종합적인 판단을 주변 사람들에게 일러 주곤 했다. 그런 때는 어른의 지혜를 현장에서 바로 배우게 되는 것이다.

나는 그 날도 역시 뜻밖의 많은 교훈을 보고 배웠다. 항상 스님 곁에 있으면 새로 배우고 깨닫게 되는 경우가 많았는데 이런 특별한 날은 배움의 은혜가 더더욱 큰 날이었다. 그 날도 역시 예외가 아니었을 뿐만 아니라 스님 자신도 무척 흡족해 하였다. 만면에 부드러운 미소를 띤 채 나에게 이런 말씀을 했다.

"산이 무척 편안하고 사람들을 감싸안는 안락한 느낌이 드는군. 좌청룡이 준수하고 오른쪽으로는 백호 등이 우뚝하게 감고 있어서 맥이 우람하거나 거칠지 않아도 허술하거나 소홀한 기색이 전혀 없군 그래! 산이 아담하지만 명산의 기개와 품위를 그대로 간직하고 있네. 가만히 바라보면 아무나 쉽게 만날 수 있는 흔한 곳은 결코 아니군. 마땅한 복이 있는 사람이거나 특별한 인연이 있는 사람이 아니면 만나기 어려운 곳이네."

이와 같은 스님의 소감이랄까, 아니면 스님 자신의 기쁨의 표현 같은 도솔산에 대한 찬탄을 여러 사람 앞에서 했다.

나는 스님의 축원 말씀을 조용히 듣고는, 그만 한없는 감흥에 빠져들고 말았다. 흐뭇한 속마음이 어찌나 좋던지 나도 모르게 조금 들뜰 정도의 기분이 되고 말았다. 스님으로부터의 공식인가가 된 것이다. 미소 지으면서 기쁨으로 하는 스님의 말씀, 나는 조금 떨어진 곳에서 스님의 표정을 우러러 보면서 도솔산과 스님을 함께 얼싸안고 말았다. 산새들이 푸득푸득 날개 짓을 하는 계절이었고, 아직 꽃은 피기 전, 봉우리를 맺을 때쯤이었고, 골짜기 여기저기 잔설(殘雪)이 희끗희끗 남아 있을 때였다.

　스님은 그 날 산행이 있고 난 뒤부터 나를 부를 때는 개산주라고 불러 주었다. 스님 방에 들어가 인사를 드리면 "개산주 왔군 그래." 하고 맞이해 주었고, 또 도솔산을 잊지 않고 거론하여 칭송과 찬탄을 거듭해 주었다. 스님의 말씀을 들을 때마다 크게 감읍해 하는 것은, 그 말씀 속에 스님의 축원이 있고 기도가 있기 때문이다. 이러한 스님의 자비의 법력을 느꼈을 때, 내 심정은 오직 감사였고 기쁨이었다. 나는 스님 원적(圓寂) 후에 도솔산의 개산조를 스님으로 봉대하여 모셨다.

　너무도 당연히…….

스님의 별명 고변덕

비운다. 나를 비운다. 자신을 비운다고 하는 것은, 바꾸어 말하면 상대를 받아들인다는 말과 같을 것이다. 자신을 비우지 못하면 남을 받아들일 수 없기 때문이다.

그러나 실지로 자신을 과감하게 비우고 행동하기란 말처럼 쉬운 것은 아니다. 상황이나 그때의 기분이나 이해득실의 판단에 따라 얼마든지 생각과 행동이 달라질 수 있고 바뀔 수 있다. 그런 까닭에 현실적인 판단(이익)을 무시하고 행동하기란(비우기) 결코 쉽지 않다. 사회구조와 인간관계가 비우기 어려운 현실적 토대 위에 성립되어 있기 때문이다.

그러나 수행의 분상에서는 오로지 자기의 자존심이나 체면, 이익이나 영향력 등 그 모든 것을 송두리째 던져 버리고 남을 위해서나, 아니면 보다 큰 대의를 위하여 또는 사회나 국가를 위하여 비우고 나설 수 있어야 하는 것이다. 그럴 때 진정 비웠다고 말할 수 있을 것이며 수행자의 올바른 도리라고 할 것이다.

우리가 살면서 무슨 일이든지 열심히 노력하고 정진한다는 것은 결국은 그 일과 자기가 하나가 되는 과정을 말하고 있는 것에 불과하다. 또한 하나가 된다는 것의 실다운 의미는 자기를 비워가고 있음과 이미 비워졌다는 상태를 말한다. 어떤 과제에 대한 꾸준한 정진을 통해 이미 내려진 결론이라고 하여도 더 새로운 결론, 더 뛰어난 방안이 나타났다면 우리는 이미 내려놓은 결론에 연연해하거나 그것을 변경함에 있어서 자기 자신의 체면이나 위신, 허세에 집착해서는 안 될 것이다. 집착하면 발전은 점점 멀어지게 된다.

정진을 통해 지혜가 드러나고 그 지혜가 더욱 빛난다는 말은 바로 정진과 노력에 의해 거듭 얻어지는 한계 없는 광채를 뜻함이 아닐까 생각해 본다.

나는 스님 곁에 있으면서 참으로 열심히 일했고 여러 가지 일을 두루 경험해 보았다. 어떤 일은 산돼지가 앞만 보고 달리듯이 저돌적으로 돌파한 일도 있었고, 일 삼매에 빠져 밤늦도록 구상하고 계획하기를 쉬지 않았던 정열적인 때도 있었다. 그때 일에 대한 나의 정진력은 밤낮을 가리지 않고 몰두할 정도로 대단했다.

스님 역시 일에 대한 정열은 남다른 분이었고 몰입하는 힘도 놀라웠던 분이다. 금방 나를 불러서 의논했던 일도 채 10분이 되기 전에 다시 불러 새로운 의견을 제시하면서 검토하고 연구해 줄 것을 요구했다. 그때마다 나는 스님에 대해 생각의 힘이 대단히 왕성한 분이라는 것을 느꼈고, 동시에 스님의 집중력과 돌파력이 남다름을 깨닫기도 했다. 그럴 때마다 스님은 으레 조금 전에 내린 결론을 버리고 새로운 결론을 주저없이 선택했다. 물론 나중 결론이 보다 깊은 정진의 결과였기에 광채가 더 했음은 말할 나위도 없다. 처음에는 자주 바뀌는 스님의 태도가 납득되지 않았고, 거기에 대한 나의 이해가 불충분한 때도 더러 있었다.

그러나 시간이 경과함에 따라, 일에 대한 책임감과 사명감을 폭 넓게 가지게 될수록, 오히려 스님의 꾸준한 정진력에 의해 나타나는 새로운 결과의 광채가 기대되었으며, 궁금증과 호기심을 가지고 애정 어린 마음으로 스님의 탁월한, 아니 보다 나은 새로운 결론을 기다리고 주시하기도 했다.

만약에 그때, 내가 일에 대한 열렬한 정열을 갖지 못했다면, 스님께 왜 자꾸만 이미 내린 결론을 번복하느냐, 또는 합의를 깨고 새로운 얘기를 왜 꺼내느냐, 나를 너무 어리게 보고 있지 않느냐 등등, 본질과 동떨어진 얘기나 시비로 생고집이나 트집을 부릴 수도 있었겠지만 스님의 순수한 열정을 알게 된 뒤로는 야릇한 흥분이 일 정도로 일의 진척이나 경과의 흐름, 그리고 그 결과를 주목했다. 이렇게 하여 한 가지 일이 끝나면 그 일을 통해 깨닫는 점이 무척 많았고, 일이 바로 공부이고 성장이며 높은 도를 현실 가운데 드러내는 묘법이구나 하면서 스님과 함께 일할 수 있는 것을 오히려 다행스러워 했고 기뻐했다.

스님에 대해 겉모양만 알고 있다면 스님은 분명 변덕스럽다. 앞에 내린 결론이 자꾸만 바뀌니까 말이다. 그런 까닭에 주위 사람들이 스님의 별명을 고변덕이라고 했고 그렇게 불렀다. 내가 출가하여 얼마 되지 않아서 주변 사람들이 스님 몰래, 또는 뒤에서 그렇게 부르는 것을 들었고, 내게도 장난스럽게 웃으면서 알려 주었다. 처음에는 화도 나고 고개도 갸우뚱했지만 나중에는 오히려 고변덕이라고 하는 별명은 스님의 뛰어난 능력과 정진력, 탁월한 안목에 대한 사람들의 비공식적인 인가(?)였음을 알게 되었고 믿게 되었다.

아무튼 스님은 자신을 철저하게 비울 줄 알았고, 비웠기에 불법의 묘용(妙用)을 바로 쓸 줄 알았다. 스님도 나름대로 자신의 체면이나 위신도 있었을 테지만 비운다는 진리 앞에서는 그런 것들이 하등의 존재 가치도 없었다. 스님의 순수함, 언제나, 어디서나 법 앞에 승복하고 하나 되는 향상일로(向上一路)의 바른 면목은 열반에 들 때까지 조금도 달라지거나 변하지 않았다. 그래서 나는 스님의 자랑스러운 별명을 이렇게 글로 써서 후세에까지 길이 전하려고 한다.

송암, 산돼지처럼 앞만 보고 달려

스님의 청년시절, 범어사 선방에서 열심히 정진할 때 이야기다.

한결같이 화두 참구에만 전심전력을 기울이면서 해가 뜨는지 지는지도 모른 채 살고 있을 때였다. 선방에서 죽비 치는 소리, 밥 먹는 일, 잠자는 시간, 대중이 모여서 담론하는 때, 그 모두와 함께 하긴 했어도 그런 것들이 스님을 어쩌지 못했다. 오직 향상일로(向上一路)의 깊은 참구에만 전념(專念)했으니 그야말로 동정일여(動靜一如), 몽중일여(夢中一如), 오매일여(寤寐一如). 그 어디쯤이라고나 할까.

아무튼 그러한 시절, 어느 날 방선시간에 선방(禪房) 뒤 대나무 밭을 포행하다가 혼자서 바위 등을 타고 내원암 뒤 봉우리까지 올라가게 되었다고 한다. 그때 봉우리에 올라서서 무심코 아래 골짜기를 내려다보는데, 산돼지 두 마리가 그 강한 주둥이로 땅을 파 뒤집고 있다가 스님이 바라보는 인기척을 느끼자 쏜살같이 산비탈을 내어 달리는 것을 보고 스님은 그 자리에서 무릎을 쳐가며 기쁨을 금할 수 없었다고 했다. 후일 불광사 시절 나에게 내린 산돼지 훈도였다.

"송암! 불교공부는 저돌적으로 해야 돼. 참선을 하든지, 염불이나 주력을 하든지, 아니면 어떤 수행이라도 저돌적으로 해야 성공할 수 있어. 송암은 혹시 저돌적이라는 말을 알고 있는가? 수행자가 공부 방향을 정했으면 산돼지처럼 앞만 보고 달려야 진정으로 공부가 되는 법이야. 산돼지는 달아날 방향이 정해지면 앞에 바위가 가로막고 있든, 물웅덩이가 있든, 또는 가시넝쿨이나 계곡이 있다 해도 조금도 진로를 수정하지 않고 무서운 속도로 밀어붙이는 것이야. 그래서 우리 공부꾼은 산돼지가 돌진하듯이 공부를 지어가야 해. 저돌적이라는 말이 거칠고 무지막지하게 들릴 수도 있지만 어쩌면 수행자에게는 안성맞춤인 아주 적격의 말이야. 어때, 송암! 멧돼지의 사납고 저돌적인 기백을 짐작할 수 있겠어?"

스님이 저돌적으로 달아나는 멧돼지를 보고 무릎을 쳤던 것은, 스님 자신의 공부를 다시 다잡는 계기가 되었기 때문이었을 것이다. 그러한 멧돼지의 기백이 공부하는 스님의 용맹정진의 표본이 되었고, 그 이후 언제나 한결같은 자비심으로 살아가는 힘을 그때 얻었다고 생각한다.

사람이면 그 누구에게나 있는 고귀한 덕성은 정진 여하에 따라 나타나는 차이가 달라지는 것이 아닐까.

스님은 일상생활 속에서 신의와 우정을 무척 중히 여겼고, 끊임없이 보다 나은 방법을 추구한 불교의 모범적인 이성주의자였으며 또한 합리주의 신봉자이기도 했다. 그렇기에 언제나 최선의 답을 찾았으며, 결코 안이하고 쉽게 지혜를 얻으려고 하지 않았다. 비록 스님 스스로가 결정한 일이라도 다시 생각해서 이치가 소홀하거나 조금이라도 남에게 해가 되는 일이라면 지체없이 바꾸거나 아예 없던 일로 취소하였다. 자신의 거짓 자존심을 지키기 위해 만용과 고집을 부리거나 구구한 변명이나 견강부회(牽强附會)의 억지를 편 적이 한번도 없다.

　이러한 밑바탕에는 한결같이 흐르고 있는 스님만의 특별한 세계가 있고 남다른 경지가 있다. 그것은 바로 반야에 대한 투철한 안목과 믿음이다. 무아의 실천적 덕목은 억지로 드러나는 것이 아니다. 그러기에 스님의 인격은 어느 날 하루아침에 표연히 나타난 신기한 일이 아니다. 산돼지처럼 저돌적으로 앞만 보고 정진해 온 큰 힘에 의해서 다듬고 만들어져서 우리 앞에 자비·인욕보살로 나타났다고 생각한다.

중 벼슬은 닭벼슬보다 못하다

속설에 '중 벼슬은 닭벼슬보다 못하다.'는 말이 있다.

벼슬이라고 하면 인간이 태어나서 이름을 드러내고 몸을 세워 세상에 나서는 것을 의미하며, 또 세속의 부귀영화를 향해 입신양명하는 것을 뜻할 것이다. 다 아는 말로 머리 깎고 절에 들어가는 것은 세속에서 인생의 주된 내용으로 삼는 그런 온갖 것들을 헌신짝 버리듯이 팽개치고, 오직 부처님 가르침을 위해 난행·고행을 마다 않고 진리를 얻기 위해 일체를 희생하며 평생을 살아감을 뜻하는 것이다.

그런데 이미 버리고 포기하고 들어온 벼슬이 무슨 까닭에 다시 안중에 있겠는가. 그런 까닭에 위와 같은 속설이 생겼을 것이고 또한 그것은 사실일 것이다. 그리고 출가하여 공부만 열심히 하는 사람들을 이판승이라 하고, 가람수호와 전법도생의 소임살이는 사판승이라 하여 구분되어 있다. 이 두 가지가 본래의 근본 뜻이야 크게 다르지 않겠지만 실지로는 인식의 차이도 있고 행동의 차이도 있으며 자긍심이나 자부심에도 많은 차이가 엄존한 것이 사실이고 현실이다.

이판승의 공부는 하면 할수록 생각이 깊어지고 학식이 증장되며 전거에 밝고 고경의 밝은 거울을 찾는 데 동작이 훨씬 민첩해진다. 여러 부류의 대중이 모여 서로 얘기해 보면 이판승은 그 존재가 단연 우뚝하고 독보적이다. 그러나 소임살이의 사판승은 일을 오래 하면 할수록 세속화되어 가는 느낌을 당사자인 본인이나 주변에서도 쉽게 받게 된다. 아무래도 이판승의 참선공부나 경전공부와는 다른 분위기의 일상사에 파묻혀 살게 되는 까닭이라고 본다.

그래서 출가하여 절에 사는 사람이라면 누구나 공부에만 뜻을 두고 소임은 마지못해, 또는 의무로 잠깐 때우는 것으로 생각한다. 공부하고 싶어하는 수행자에게 억지로 소임을 살리려고 하면 멀리 도망을 치거나 백 번, 천 번 고사하여 스스로 못난이로 자처하며 소임을 멀리하기도 한다. 오직 공부만 하고 싶어서일 것이다. 요즈음에 와서는 분위기가 조금씩 바뀌어 가는 느낌도 있지만 불과 얼마 전까지만 해도 소임보다 공부를 철저하게 우선시 했던 것이 승가의 전반적인 분위기였다. 지금도 처음 발심할 때나 공부중의 소임자는 역시 마찬가지다. 스님도 출가하여 종단의 공식적인 주지로는 강남 봉은사를 처음이자 마지막으로 살았다.

경기도 남양주의 갈매리 보현사에서 스님과 둘이 살 때 가끔 나에게 이런 훈도를 했다.

"여기 이 절이 얼마나 좋은가. 먹고사는 데 책임을 지지 않고 오직 공부만 할 수 있으니 수행자에게는 최상의 공부 토굴이다. 창건주가 의식주를 다 책임 맡고 우리는 아침저녁 부처님 시봉하고 그 나머지 시간에는 공부만 줄기차게 할 수 있으니 바로 여기가 최상의 공부터이다. 이 이상의 조건을 더 찾지 말고 여기서 확실하게 오로지 공부만 하거라."

어쩌면 스님 자신의 심경과 다짐을 나에게 밝힌 것인지도 모르겠다.

돌아보건대 스님은 그 당시 정말 열심히 살았다. 가끔 방 밖에 나와서 건너편 불암사를 바라보며 맨손체조 하는 일 외에는 스님 자신의 공부에만 전념하는 모습이 지금도 기억에 생생하다. 어쩌면 격세지감이 들지만 요즈음의 세태와는 또 다른 삶을 스님은 줄기차게 살았다.

스님이 한사코 주지 안 하고 공부하고 정진하는 삶을 일관되게 살았던 까닭은 역시 출가 수행자로서의 큰 서원 때문이었다는 것을 나는 익히 알고 있다. 그리고 그것은 바로 처음 출가할 때의 굳은 결심과 순수한 마음을 변하지 않고 오랫동안 간직하고 있었기 때문이었을 것이다. 세간적인 일체를 다 버리고 오직 구도의 길로만 가고자 했던 스님의 출가정신은 처음부터 끝까지 똑같았다. 오직 한결같이 공부에만 전념하는 것이 출가 수행자의 참다운 도리이며 그리하여 부처님 법의 증거자가 되고, 부처님 법을 실천하는 보살행의 중심이 되어야 마땅함을 현시(顯示)한 스님은 주지 안 하는 것으로 능사로 삼거나 대중에게 봉사하지 않고, 혼자 일신만을 위해 사는 것을 좋아해서가 아니었다. 오직 한결같이 출가자 본분의 길을 묵묵히 걸었을 뿐이었다.

스님은 출가자가 정녕 무엇을 해야 하느냐를 담담하고 태연하게, 말 없는 실천으로서 우리들에게 남김없이 보여 주었다.

국수와 멸치

스님들은 거의가 국수를 좋아한다. 아마 늘 밥만 먹다가 별식으로 국수를 가끔 먹게 되어서 그런지도 모르겠다. 별식이 거의 없는 단조로운 절 식단에서 보면 국수는 별식이 아니라 오히려 특식이라고 해야 할 것이다. 오죽하면 그 흔한 국수를 승소(僧笑)라고까지 애칭, 별칭으로 불러가며 좋아하고 편식, 폭식했으랴? 역시 스님도 이 편식의 열렬한 동참자다. 스님이 대각사 조그만 골방에 머물던 무렵, 바로 그 앞방에 동헌(東軒) 노사가 주석하고 있었는데, 그분은 스님에게 사숙이 되는 어른이셨다. 저 유명한 용성 조사의 고족이셨다.

어느 날 동헌 노사에게 객스님이 왔고, 그 객스님 역시 국수를 광적이다시피 편애하던 분이어서 동헌 노사께서는 절 주변 국수집에서 때이른 점심공양을 국수로 대접하려고 했던 것 같다. 그때 마침 스님이 방에 있는 걸 알고 동헌 노사가 권하여 함께 가게 되었다.(이 얘기는 어느 날 한가하고 조용한 시간에 스님 자신이 상좌인 나에게 고백한 내용이었으며 훈도였다.)

세 스님이 이른 점심시간 국수집에 앉아서 그 좋아하는 국수 그릇을 앞에 받아 놓고 침을 삼켜가며 흐뭇해하는 광경을 그려보면 절로 웃음이 솟아나지만 세속에서는 볼 수 없는 광경이다.

우리나라의 70년대 초는 물자가 귀한 시절이었기에 따라서 국수에 들어가는 양념도 다양하지 않았을 때였고 주로 흔한 것이 멸치 몇 마리 넣어서 국수 맛을 돋우는 정도였다. 국수집에서는 뜻하지 않게 이웃 절의 점잖은 스님 세 분을 첫 손님으로 맞이하게 되었으니, 주인은 그야말로 그 날 하루 개시 장사에 청신호가 들어온 기분이 들었는지 특별 배려와 온갖 서비스를 아끼지 않았다고 한다. 그래봐야 기껏 멸치 몇 마리 더 집어넣는 정도였을 것이지만 말이다.

아무튼 국수집 주인은 신이 났던 것이 사실이고 특별 대접도 사실임에는 틀림없었으리라. 면발이 고운 국수를 커다란 플라스틱 대접에 가득 받아들고 먹기 시작하는데, 스님(광덕)은 별 생각 없이 국수 속에 이리저리 가로누워 있는 굵은 멸치를 나무 젓가락으로 건져내고 먹었다고 한다. 셋이서 땀을 흘리며 배부르게 잘 먹고 무사히 절로 돌아와서 양치를 하고 있는데, 동헌 노사가 급히 불러서 갔더니만 대뜸 노사의 일갈이 떨어졌다고 했다.

"아니, 광덕이 자네는 어른과 같이 공양을 할 때 어른이 그냥 먹으면 당연히 아랫사람인 자네도 그냥 먹어야지, 그래 어른 앞에서 멸치 대가리를 건져내는 경거망동한 짓이 어디 있어? 예절 밝고 경우 바른 자네가 그걸 몰라서 그래? 아니면 딴 뜻이 있었나? 에이 참, 고약한 일이군."

그 순간 스님은 등에 식은땀이 주르륵 흘러내리는 것을 느꼈다고 했다. 즉시 그 자리에서 엎드려 참회를 하고 크게 부끄러워했다고 스님이 그때의 심정마저 나에게 감추지 않고 진솔하게 고백했다.

　나도 스님의 말씀을 들으면서 깜짝 놀란 기분이 되었다. 나는 그 동안 어른을 모신다고 하면서 경우 없는 행동을 얼마나 많이 했을까를 순식간에 되돌아보았기 때문이다.

　아랫사람이 웃어른에게 지켜야 되는 예절도 그 근본 터전은 자기가 비워진 경계에서 이루어지는 것이다. 또한 윗사람이 아랫사람을 가르치는 데도 자기를 비웠을 때 더 큰 감화가 있고 올곧은 깨달음이 있을 것이다. 자기를 비우지 않고는, 또는 비우는 공부를 소홀히 하고는 진정한 예절을 찾기 어려울 것이다.

　어쩌면 스님 자신의 감추고 싶은 실수담일 수도 있는 애기를 상좌교육을 위해 기꺼이 꺼내 놓았던 스님의 사랑, 스님의 고귀한 사랑을 통해 나는 비워진 경지의 진실이 무엇인가를 다시 깨닫게 되었다.

내원(內院)

경기도 안성 죽산 도솔산에 도피안사를 지어 개산법회를 성대하게 마친 뒤, 곧이어 스님께서 보현사에서 거처를 이곳으로 바꾸셨고 짐을 옮기셨다. 그러니까 개산하자마자 스님께서 이곳 도솔산에 주석(住錫)하게 되었던 것이다. 나로서는 매우 감격적인 일이었다.

그러나 사우(寺宇)는 대웅전도 조립식 건물이고 요사도 모두 조립식 건물이어서 별로 볼품은 없었다. 그런 불비한 상태인데도 스님께서 주석을 결심해 주셔서 나에게는 감격스러우면서도 또 한편으로는 죄송스러웠다. 나는 앞으로 더 잘 모시면 되겠지 하는 심정으로 내 마음을 다잡고 난 뒤 대강 허술하게 마감하였던 곳을 하나하나 다시 손질하였다. 그러나 제대로 꾸며진 방사가 없었던 관계로 대웅전 옆방을 스님께서 거처하실 곳으로 정하여 구석구석 정성을 들였다.

그런데 지금 생각해 봐도 좀 웃기는 일이 있었다. 그곳은 방으로서의 생활시설은 삼류였는데 방 이름은 아주 멋진 이름을 찾고 있었으니 말이다.

나는 스님께서 머무실 방 이름을 아주 멋지게 짓고 싶었다. 방 이름을 멋지게 짓고 싶었다는 것은 뜻 깊은 이름을 짓고 싶다는 것이지 다른 생각은 아니었다. 나 혼자서 스님 계실 방 이름을 뭐라고 할까 곰곰이 생각하며 이 궁리 저 궁리하던 끝에 나는 마침내 '내원'으로 결정했다. 널리 알려진 대로 하늘나라 도솔천 내원은 과거에 석가모니 부처님의 전신이었던 호명보살이 계셨고, 지금은 미륵보살이 계시는 불국토이다. 그래서 우리 한국에는 내원이라는 이름의 절이 꽤 많다.

나는 평소에 이 땅의 미륵보살이 바로 스님이라는 믿음을 가지고 있었다. 다른 사람에게 우리 스님이 미륵이라는 이야기를 하거나 따로 주장하여 내세운 적은 없었지만 내 마음속에 자리잡은 지는 꽤 오래되었다. 나만의 미륵보살이 바로 스님이었기에 누가 뭐라 하든 그것은 아무런 상관이 없었다. 스님이 미륵보살이라는 것은 오직 나의 믿음이었고 신앙이었기 때문이다. 그래서 나는 다른 이름을 더 생각하거나 다시 떠올려 보지도 않고 스님이 미륵보살이라는 생각으로 나의 미륵보살(스님)이 사는 곳을 거침없이 내원으로 명명(命名)하였다. 어쩌면 그것은 매우 당연한 일이기도 하다. 내게 있어서는 말이다.

나는 스님 방 이름을 지어서 사용하는 것만은 주지의 특권으로 생각하여 스님께 사전에 거론하지도 않았고 따로 허락을 구하지도 않았다. 아예 스님 의견을 무시한 채 나의 일방적인 독단으로 도피안사에서 함께 사는 재가불자들에게 '큰스님 계시는 곳을 내원'이라고 못박아 일러 주었고 앞으로 그렇게 부르라고 엄숙하게 명했다.

그러나 앞에서 말한 대로 그때만 해도 조립식 건물이어서 내부시설은 별 불편이 없었지만 건축재료는 밖에서 보기에도 정말 하잘것없었다. 그래서 여름에는 작열하는 태양열로 지붕의 철판이 달아올라서 가만히 방에 앉아 있어도 머리가 후끈거렸고, 또 겨울에는 철판이 얼어서 어깨며 팔다리가 얼음 위에 서 있는 것처럼 서늘하고 추웠다. 실정이 그 지경이었는데도 나는 서울 불광사에서 바삐 사느라 스님의 불편을 미리 챙겨서 돌봐드리지 못했다. 어쩌다가 잠깐 내려와서 잠시 앉아 있을 때는 그런 혹한, 혹서의 고통과 불편을 내가 잘 느끼지 못했다. 그리고 그때만 해도 나는 혈기왕성하던 때라 웬만큼 추워도 추위를 별로 못 느낄 때였으므로 늙고 병드신 스님의 육신을 거의 이해하지 못하고 있었다. 그렇다고 내가 사려 깊은 인물도 아니었고 주의력이 있던 인물도 못 되었기에 더더욱 스님 사정은 모르고 살았던 것이다. 아무튼 그때의 일과 내 처신은 매우 큰 불찰이었고 불효의 대죄에 해당되었다.

나는 어떤 기연(奇緣)을 만나 지난해(2000년) 초파일을 맞이하여 향적당(香積堂)을 준공 봉헌했다. 우선 공양실과 향주방(香廚房)을 새로 지은 향적당으로 옮기고 나서 임시 건물이었던 요사채를 헐게 되었다. 그러다 보니 주지인 내가 마땅히 갈 곳이 없어서 그 동안 거의 비워 두었던 대웅전 옆방, 즉 옛날 스님이 거처하셨던 내원으로 옮기기로 했다.

나는 그 동안 내원을 스님 계셨던 곳이라고만 생각하여 감히 내가 사용한다는 것은 생각지도 못하고 지냈다. 그때 우리 절 신도 대표였던 평등심·묘덕심·진여성 불자들이 함께 의논하여 주지가 내원을 사용하는 것으로 의견을 모았고, 또 나의 동의를 얻어 내원을 수리하기로 했다. 나는 스님이 머무시던 곳이었으니 스님의 체취도 있고 그 당시의 느낌도 살아날 것 같아서 그냥 불편한 대로 살았으면 했지만 워낙 오랫동안 사용하지 않던 방이어서 신도들의 현실적인 판단을 따르기로 했다.

목수를 불러 대강 집을 고치려고 벽을 헐고 여기 저기 손을 대보니 정말 너무나 엉터리였다. 아니 내가 이런 엉터리 방에 나의 스님을 모셨으니 얼마나 나쁜 사람이었나 하는 자책을 금할 수가 없었다. 엉터리 방을 보고 지난 나의 소행을 다시 곰곰 생각해 보니 과연 나쁜 사람이 따로 없었다. 바로 이런 나 같은 사람이 나쁜 사람이었고 불효한 사람이었다. 이런 뱀 껍질 같은 방에 노인을 모셨으니 얼마나 힘들고 불편하셨을까. 겨울이면 지독히 춥고 여름이면 지독히 덥고 그래서 춥고 더운 고통이 잠시도 끝이 없었을 테니 말이다. 이런 상태에서 스님을 모신다고 큰소리치며 떠들고 다녔던 내 꼴이 얼마나 한심스럽고 가관이었을까. 정말 내 자신이 초라하고 부끄럽기 그지없는 일이었다. 나는 생각할수록 너무나 심한 자책이 일었다. 그러나 이 일도 이미 돌이킬 수 없는 천추의 한스러운 일이 되고 말았다.

어쨌거나 신도들이 주지가 더 큰 보살행을 잘 하라고 돈 들여서 주선하여 시작한 일이었으니 공사를 마칠 수밖에 없었다.

나는 새로 수리하여 나무 냄새 가득한 스님 방, 내원에 책을 옮기고 용품을 옮겨서 생활을 시작했다. 마치 새 집에 사는 것처럼 안락하고 행복했다. 그러나 스님을 생각하면 송구한 마음이 일어 스님의 진영을 바로 쳐다볼 수가 없기도 했지만 막상 새로 수리한 새 집에 사는 편리함과 상쾌한 안락감이 느껴져 한동안 두 마음이 교차했다.

나는 이사를 하고 우선 내원 중앙에 스님 사진을 한 장 모셨다. 그리고 그 앞에 앉아서 이 글(『광덕스님 시봉일기2』- 징검다리)을 써 나갔다. 스님 생각하며, 뉘우치며, 용서 구하며, 아쉬움에 가슴을 치며, 그리워하며 『징검다리』를 한장 한장 기도하듯 완성해 나갔다.

사실 스님을 생각하지 않으면 글이 떠오르지 않았다. 아니 스님 생각에 푹 젖지 않으면 아무 생각도 떠오르지 않았다. 바로 눈앞에 계시고 언제나 나와 함께 하신다는 생각이 들어야 글도 되고 다른 일도 모두 되었다. 나는 그런 시간들이 무척 행복했다. 소중했고 즐거웠다. 사는 맛이 났다. 그런 나를 호사가들이 정신적으로 분석하면 뭐라고 말할 테지만 그런 것은 안중에도 없다. 언제나 스님은 가르침으로 내 곁에 있을 뿐이다.

아무튼 스님 덕분으로 이곳 도피안사에 내원이 생겼다. 만약에 스님이 여기 오시지 않았다면 나는 내원이라는 이름을 사용할 것을 감히 엄두도 내지 않았을 것이다. 그러나 앞으로 도피안사에 스님들의 숙소를 지을 때 그곳을 내원당(內院堂)이라고 명명할 것이다. 스님이 주신 이름이고 언젠가 스님께서 다시 오셔서 살아야 할 곳이기에 그렇다.

나는 이곳 스님 방, 내원에서 스님과 함께 살아가고 있다. 앞으로도 그럴 것이다. 또 이곳 내원에서 스님에 대한 기록을 계속 써 나갈 것이다. 비록 스님 육신은 떠났지만 나는 늘 스님과 내원에서 함께 생활하며 그때그때 필요한 훈도와 교훈을 받고 있다. 미륵의 법신에게 말이다.

나무미륵보살. 용화회상 원만성취 사바하.

도솔산의 오대(五臺)

1992년 11월 중순 어느 날 오후, 수월 노장님께서 아무런 예고도 없이 도피안사에 오셨다. 아마 어디 가시는 길에 잠깐 들르신 것 같았다. 나는 깜짝 놀라 노장님을 내원으로 모셨다. 그때 나는 불광사에서 오전에 내려와 스님께 보고드릴 일이 있어서 잠시 머무르고 있던 중이었다. 아무튼 마침 내가 있었기에 참으로 큰 다행이었다. 아니었으면 노장님을 아무도 몰라보고 홀대할 뻔했으니 말이다.

수월 노장님은 일찍이 노스님(東山 大宗師)의 문하에 출가하여 곧바로 지리산으로 옮겨 혼자서 줄곧 주력(呪力) 공부를 했다고 들었다. 노장님은 이미 연세가 높았지만 키가 크고 체격이 우람하여 헌헌 장부였다. 외모에 걸맞게 목소리도 마치 커다란 항아리에서 울려 나오듯 우렁우렁하여 호쾌하기 그지없었다. 노장님은 성품이 활달하여 해야 될 일에 있어서는 망설이거나 주저함이 없었다. 상당한 고령이었는데도 산을 올라갈 때는 수십 년 젊은 내가 부지런히 서둘러야만 간신히 체면을 유지할 정도다. 지금도 그러한 성품이시니 젊었을 때야 뭐라고 말할 수 없을 만큼 기백이 있었고, 그래서 공부도 목숨걸고 덤볐다고 언젠가 나에게 지나간 말로 하신 적이 있었다. 그렇게 혼자서 열심히 공부하시다가 지리(地理)와 인연이 닿아서 관심을 갖게 되었고 터득하게 되었다고 들었다. 그리고 지리에 대해서는 혼자서 공부하면서 상당한 득력이 있었다고 전해 들었다. 급기야 한국에 있는 거의 모든 절의 개축이나 신축은 수월 노장님의 안목이 미치지 않는 곳이 없을 만큼 그 활약이 컸다.

역시 이곳 도솔산도 노장님의 뛰어난 안목과 가르침이 그대로 드러난 곳이다. 처음 노장님에 대한 이야기를 지리산 칠불사의 중창주인 통광 스님으로부터 들었고 그 권유를 받아 내가 직접 노장님을 찾아뵙고 사유를 말씀드렸다.

그때 노장님께서는 미처 내 말이 다 끝나기도 전에 벌써 자리에서 일어나 두루마기를 챙겨 입으셨다. 문중의 젊은 스님이 절 짓는다는데 무얼 더 들어볼 말이 따로 있겠느냐는 말씀이셨고 뜻이었다. 노장님을 모셔서 직접 가르침을 받고 보니 다른 여타의 일반 지리가와 달리 노장님은 불법의 활검을 쓰고 계셨다. 문자에 갇혀 반쪽을 간신히 쓰는 정도가 아니라 참으로 활발발하게 생동감 있는 원리를 말씀하셨다. 순식간에 나는 노장님께 매료당하고 말았다. 그 이후부터 나는 시시콜콜할 정도로 노장님께 매달렸고 성가시게 해드리면서도 또한 노장님의 지시나 가르침을 충실하게 따랐다.

이런 인연 깊은 노장님께서 아무런 예고도 없이 오셨다. 함께 동행한 사람에게 이곳 터를 보여 주려고 했던 심산이었던 것 같았다. 그때 마침 스님이 이곳 도피안사에 상주하기로 결심하시고 보현사에서 짐을 옮겨온 지 불과 며칠이 지나지 않았을 때였다. 그래서 바로 스님이 계시는 내원으로 노장님을 안내하였다.

노장님과 스님은 같은 문중의 사형제지간이었지만 오랜 세월 동안 서로 만나지 못하다가 이곳 도피안사에서 비로소 해후하게 된 것이다. 반갑게 기쁨을 나누고 서로 늙었음을 위로하고 건강과 염려를 곁들인 뒤에 두 분이 또 한동안 이야기꽃을 피웠다.

노장님과 스님은 연세가 같으셨다. 두 분은 사형제지간이셨고, 두 분 모두 열심히 공부하여 부처님 은혜를 넘치도록 받고 계셨으니 얼마나 할 애기가 무궁무진하겠는가. 나는 두 분 사이에 방해가 되지 않을까 하는 염려도 잠깐 들었지만 모른 척 하고 한쪽 구석에 태연하게 앉아 있었다. 왜냐하면 노인들의 담화 속에는 교훈될 부분이 무척 많고 옛 전거(典據)에 대한 살아 있는 경험들이 쏟아져 나오기 때문에 그것을 노리느라 도저히 자리에서 일어날 수가 없었다. 그렇게 두 분이 한동안 이야기꽃을 피우다가 수월 노장님께서 나의 귀를 쫑긋하게 하는 말씀을 시작했다.

"광덕 스님, 이곳 도솔산은 참으로 귀한 명당이오. 나는 수십 년 동안 오직 좋은 터를 찾아서 방방곡곡 내 발길이 닿지 않은 곳이 없었지만 그렇게 크게 기억에 남는 곳이 거의 없었어요. 그런데 이곳에 와보고 그만 입이 딱 벌어졌지요. 정말 귀한 터라는 생각이 들었어요. 이렇게 귀한 터가 아직도 고스란히 남아 있었구나 하고 감탄했던 거지요. 이곳을 굳이 형국으로 말하자면 연화부수(蓮華浮水)인데, 좌청룡·우백호는 말할 것도 없고 가까이서나 멀리서나 지형이 모두 짜임새가 있어요. 즉 여기 이 대웅전을 향해서 모든 봉우리와 맥들이 모여들고 있어요. 그리고 무엇보다 안대가 무척 복스러워서 많은 대중을 먹여 살릴 좋은 터입니다."

여기까지 말씀하시고는 구석에 앉아 있는 나를 힐끔 바라보셨다. 그리고는 탁자에 놓여 있는 물을 한 모금 마시고 이어서 말씀하셨다.

"저 송암 수좌가 얼마나 철저한지 한번 걸려들면 꼼짝 못해요. 저 사람한테 내가 걸려들어서 이 산을 몇 바퀴나 빙 둘러보지를 않았나, 저 건너편 산봉우리까지 올라가서 다시 이쪽을 바라보지를 않았나. 어디서 주워들은 얘기는 많아 가지고 지가 생각나는 대로 이리저리 다 해보는 거야. 마치 지 머슴 부리듯이. 나 원참 아무튼 보통내기가 아니야. 내가 지금 광덕 스님 만난 김에 다 일러바치지만, 그 정도의 열성과 치밀함을 고루 갖춘 드문 사람인 것은 틀림없어요."

"아니 송암 수좌가 사숙님을 그렇게나 심히 괴롭혔군. 너무 지나쳤네. 그렇게 수고를 끼쳤으면 이제 앞으로 사숙님을 편안히 이곳에 모시고 살아야겠군. 공부 많이 하신 노장님을 모시고 살면 큰복이지, 잘 모셔봐."

스님의 말씀이 끝나자마자 노장님은 손사래를 치면서 당신은 어디 한곳에 고정으로 살지 못한다고 머리를 절래절래 흔드셨다. 그리고 이어서 다시 말씀이 계속되었다.

"아무튼 나는 벌써 여러 차례나 이곳을 다녀갔고, 한번 올 때마다 주지의 질문이 어떻게나 많은지 늙은 내가 대답하느라고 허기가 들 지경이었어요. 하하하."

두 분은 나란히 의자에 앉으셨고 나는 바닥에 앉아 있었는데 스님께서 흐뭇한 눈빛으로 빙그레 웃는 모습이 내 눈에 들어왔다.

"그래, 보통사람 같으면 그때그때 집 앉을 자리만 겨우 물어보고 끝나는 경우가 대부분인데 송암 수좌는 나를 데리고 온 산을 두루 헤매면서 내 말을 전부 공책에 적어가며 조금이라도 미심쩍으면 곧 다시

묻고 이해하는 것으로 보아 이 도량을 종합적으로 설계하는 것 같았어
요.

　그런데 말이요, 광덕 스님. 이곳 도솔산은 여기 대웅전 자리가 맥이
닿는 중심이긴 하지만 가장 복지(福地)는 현재 요사채 자리여요. 살아
있는 부처가 제일 좋은 자리에 앉아야 절이 크게 번창해요. 그러니 지
금 요사채 자리에는 반드시 주지가 살아야 해요. 주지가 그 땅의 가호
와 기운을 받아야 절이 저절로 힘들이지 않고 잘되게 되어 있어요. 그
리고 동서남북으로 작은 암자를 지어서 이 가운데를 둘러싸야 해요.
도피안사를 바깥에서 빙 둘러싸란 말이지. 그것이 무슨 말이냐 하면,
마치 강원도 오대산처럼 형국을 잡으란 말이지요. 그런 비보책을 써야
이 절이 더욱 짜임새가 있어서 산명 그대로 하늘의 도솔이 되는 거지
요. 동서남북으로 사방 조그만 암자를 지어서 짜임새를 이루면 여기는
그대로 하늘의 도솔이 되어 내원이 되지요. 그러니까 동쪽에는 청련암
을 지어서 동대라 하고 남쪽에는 홍련암을 지어서 남대라 하며, 거기
에는 지장보살님을 모셔야 해요. 서쪽에는 백련암을 지어 또 서대라
하고 북쪽에는 이곳 지명 용설리를 살려 용련암을 지어 북대로 해요.
각 암자가 다소 거리가 좀 떨어져 있어도 괜찮으니 시일을 두고 하나
하나 지으면 이곳 대웅전 자리가 저절로 중대가 되며 저절로 내원이
되지요. 결론적으로 말하면 동서남북에 있는 암자는 외원 구실을 하는
것과 같아요."

　한참동안 쉬지 않고 얘기를 하셔도 노장님의 목소리는 갈수록 점점
커져만 갔다. 노장님만 아는 사실을 얘기해서 기분이 좋으셨을 수도
있지만 스님과 내가 열중해서 들어주는 분위기 때문이기도 했을 것이
다. 탁자에 놓인 음료수를 다시 한 모금 마시고는 마지막 결론을 내리

셨다.

"이곳 도솔산은 후천 세상을 예고하는 미륵의 자리여요. 여기 대웅전 자리에서 똑바로 눈을 두면 바로 백두산이 되지요. 알다시피 백두대간을 따라 한반도가 형성되었는데, 그 흐름을 마주 바라보아 백두로 향함은 바로 미륵 세상을 예고하고 있는 것이지요. 그 동안 많은 절터를 보긴 했지만 송암 수좌 덕분에 이런 훌륭한 터를 만나게 되어 사실은 나도 기뻐요. 터를 보는 사람이 반드시 자기 터가 아니어도 좋은 터 만난 것으로도 얼마나 즐겁고 흐뭇한데요. 그리고 더군다나 절을 지으니 좋고, 또 문중 절이니 더 좋고, 그러니 나야 즐거울 수밖에 없지."

수월 노장님은 어디 가는 길에 들렀다고 하시면서 저녁공양 준비를 한사코 사양하고 자리에서 일어나셨다. 나는 무엇보다 수월 노장님과 스님이 만나셨다는 사실이 좋았고 또 수월 노장님께서 직접 스님께 이 산의 비의(秘意)를 말씀드린 게 나로서는 기쁘기 한이 없는 일이었다.

금송원(金松園)

이곳 안성의 고도(古都) 죽주(竹山의 古名)에 있는 도피안사.

우리 신도들과 주지가 오랜만에 모여 앉아 담소할 기회가 있었다. 대부분이 서울에서 오는 신도들이기 때문에 법회가 있는 날은 신도들이 법회 마치면 돌아가기 바쁜데, 그 날은 새해 인사 겸 일부러 시간을 내어서 작정하고 온 날이어서 비교적 한가한 여유를 가질 수 있었다. 그렇지 않아도 며칠 전 이천에 있는 조각가 강대철 불자가 다녀갔기에 이런 저런 얘기를 곁들여서 의논하고 생각을 나누고 싶었던 차였다. 그때 우리 절 향적회 회장을 맡아서 절 살림을 총괄하고 있는 평등심 보살, 신송심 불자가 평소에 조용조용 말이 무척 귀한 편이었는데 그 날따라 전혀 뜻밖의 발언을 불쑥 했다.

"우리 절 경내지 안에 건물만 빽빽하게 많이 지으려고 하지 말고 빈 공간도 있었으면 해요. 예를 든다면 절 안에 자그마한 공원이랄까, 신도들이 모여 앉아 쉴 수 있는 자연공간 말이지요."

그 말을 가만히 들으면서 생각해 보니 지금 향적당 뒤편에 있는 자연 솔밭을 잘 가꾸고 꾸며서 공원을 만들면 아주 좋을 것 같았다. 이미 수십 년씩 된 소나무가 여남은 그루 자리하고 있고, 절 전체 면적 중에서 가장 중심부이기도 하고, 또 수광원이나 향적당, 그 어디에서든 바라보기도 좋고 오며가며 쉬었다 갈 수 있는 길목이기도 하여 참 안성맞춤일 것 같은 생각이 문득 들었다. 거기까지 단숨에 생각이 미친 나는 평등심 불자를 건너다보면서 어떻게 그런 멋진 생각을 하였느냐는 뜻으로 웃어 보였다. 함께 있던 다른 불자들에게도 그 의견에 찬성하는 느낌을 받았다.

급기야 나는 그곳을 스님 공원으로 가꾸고 싶은 생각을 다시 떠올렸다. 즉 그 공원 안에 스님의 동상도 만들고 사리탑도 세우고 개산조전의 건물도 짓는다면 스님의 기념 공원이 충분히 될 것 같았고 또한 아주 멋진 장소, 모든 사람들에게 사랑 받는 명소가 될 것 같았다. 뜻으로나 실지로나 우리 스님께 잘 어울릴 수 있다는 확신이 깊이 들었다.

이런 생각이 떠오르자 내친 김에 서울까지라는 말과 같이, 공원 이름까지 생각하고 거기 있던 신도들에게 거론해 보았다. 그 공원 이름을 스님 법호(金河)의 첫 글자와 이미 자생으로 여러 그루 있는 소나무의 첫 글자를 따서 금송원(金松園)이라고 하면 제격이겠다 싶어 나는 더 이상 참지 못하고 나의 생각을 여러 사람 앞에 성급하게 드러내고 말았다. 나는 재차 처음 발언한 향적회장과 동참 신도들께 결론 겸 오늘 이야기의 마무리로 한마디 더 보탰다.

"아니, 보살님 어째서 그런 엉뚱한 말씀을 갑자기 하세요. 평소에 말씀도 잘 없던 분이 오늘은 어떻게 그런 굉장한 얘기를 하시게 되었어요. 혹시 어제 저녁 꿈에 부처님께서 오셔서 시키신 것이 아닌가요. 우리는 방금 보살님의 말씀을 듣고 큰 사건을 하나 저지르고 말았습니다. 바로 거기에 공원을 만들되, 그냥 어디든지 있는 공원이 아니라 우리 스님을 기리는 뜻으로 천년 만년 갈 수 있는, 온 세상이 깜짝 놀랄 공원을 만들 큰 사건입니다. 아무튼 누가 이야기했든 이제 공원 이야기는 하나의 사실이고 현실이 되었어요. 여기 있는 우리 모두가 의논하고 합의하여 자연스럽게 의견을 내고 뜻을 모아 개산조 공원이 탄생된 것입니다. 알고 보면 이 모두가 사실은 부처님의 원만한 뜻이기에 그대로 불사지요. 그래서 항상 우리들의 바른 생각과 화합된 마음에 부처님께서 임하시고 또 함께 하시는 것이지요. 아무쪼록 평등심 부처님, 우리를 일깨워 주셔서 참으로 고마워요. 우리는 이 순간부터 또 한 번의 주목받는 천하의 둘도 없는 효자들이 되었어요.”

그 자리에 함께 했던 신도들은 주지는 무슨 좋은 일만 있으면 모든 것을 개산조 스님과 연결짓는다고 흉 아닌 흉을 봤다. 어쩌면 저렇게 지극 정성일 수 있느냐고 신도들끼리 웃으면서 쑤군거리는 모습을 나는 싫지 않는 표정으로 바라보며 앉아 있었다.

이제 스님의 사상이 오랫동안 전해질 수 있는 일이라면 백방으로 노력하고 싶고 뛰어다니고 싶다. 스님의 구세원력이 만방에 미친다면 더 바랄 것이 무엇이겠는가? 선남선녀들이 금송원에 앉아서 전설 같은 위업을 이룩하신 개산 법주 스님 이야기를 주고받을 것을 미리 마음속으로 그려본다.

일러스트 / 최홍원

제 7 장

보현보살(普賢菩薩)

- 보 현 행 원 을 수 행 하 오 리 -

靑山綠水元依舊   녹수청산은 어느 때나 그대로구나.

明月淸風共一家   청풍명월은 예로부터 한집안이고.

보현보살

1992년 4월 2일, 세종문화회관에서 창작 국악교성곡 「보현행원송」
이 불자들의 뜨거운 관심과 열렬한 호응 속에 그 전모를 드러냈던 이
야기는 수없이 했다. 그러나 아무리 반복하고 강조해도 그 의의를 생
각하노라면 부족한 느낌이 들곤 한다.

스님은 보현행원품을 새로운 불교운동의 구심축으로 삼고 싶어서
그 훨씬 전부터 행원품을 번역하고 또 알기 쉽게 내용을 간추리되, 십
종행원의 각 항목마다 행원의 근본정신을 토대로 하여 발원문 형식의
『보현행자의 서원』을 집필했다. 스님은 사람을 감동시키는 기능과 역
할에서 음악에 대한 비중을 많이 두었다.

어느 땐가 내게 한 말씀을 다시 상기해 보더라도 스님의 그러한 뜻
은 금방 이해되었고, 과연 참으로 적절하구나 하는 공명(共鳴)이 바로
이어지곤 했다.

"송암! 사람의 말은 듣는 사람의 이해 단계인 머리를 거쳐서 가슴으
로 들어가지만 음악은 바로 가슴으로 들어간다고 생각해. 그래서 우리

법회에서는 음악을 많이 활용하여 부처님 법에 대한 뜨거운 감동과 감격으로 법회 분위기를 활기차게 조성하고 싶은 거야"

스님은 특히 밝은 노래, 힘찬 노래에 역점을 두었고 애상을 띤 슬픈 곡조는 물리쳤다. 노래 가사는 불법의 근본 이치에 적합해야 하고 멜로디가 명랑하여 어두운 느낌이나 침울한 기색이 없는 장중하고 힘있는 노래를 좋아했다. 이런 스님의 신념에 따라 매주 일요일 법회시간 때에 불광사 보광명당(지하)에서는 우렁찬 노랫소리가 사방으로 울려퍼졌다. 「보현행원송」을 음악으로 발표하게 된 까닭도 스님의 이러한 음악에 대한 이해의 토대와 그 필요성에 의해서였다.

보현행원의 새로운 사상운동, 그 전위대를 음악으로 등장시켜서 먼저 전국의 각 법당마다 또는 불자들이 모이는 장소마다 보현가를 울려퍼지게 하려고 했다. 그렇게만 된다면 이미 보현운동은 반쯤이나 이루어진 것과 같다고 생각했기 때문이다. 이러한 말씀은 1991년 초여름에 「보현행원송」 가사를 집필하면부터 더욱 여러 차례, 아니 기회 있을 때마다 내게 이야기하곤 했다. 스님의 새 불교운동은 행동하는 불교였고, 그러기에 더더욱 보현불교였으며 조국과 역사 발전에 앞장서고 세계평화 건설의 역할을 불자 모두가 기쁘게 자담하는 구세불교였다. 스님이 직접 쓴『보현행원품 강의』머리말에 나오는 말로도 그 뜻을 충분히 깨달을 수 있다.

"열 가지 행원 하나하나는 보살행을 완성시키는 최고 최상의 행일 뿐만 아니라, 바로 제불 여래와 함께 쓰는 일진 법계(一眞法界)의 현발이며 자성(自性)의 크나큰 묘용(妙用)인 것이다."

이어서 스님은 이렇게 계속하고 있다.

"우리는 보현행원에서 오늘의 현실에 영원을 실현하며 낱낱 행에

완전무결한 진리를 창조하여 필경 정불국토로 나아가는 대법을 배워
야 할 것이다. 보현행원품을 읽고 배우고 행하여 오늘의 인류세계를
평화와 번영의 영원한 보살국토로 바꾸기를 기약하여야 할 것이다."

이러한 믿음을 가지고 스님은 행원송 가사를 무더운 한여름에도 쉬
지 않고 계속 집필해 갔다. 몸이 힘들고 아프면 잠깐 쉬었다가 조금만
고통이 덜하면 곧바로 일어나서 다시 필을 들고 줄기차게 써내려 갔
다. 이미 써놓은 가사들을 수정하면서 다듬고 손질하기를 수없이 반복
하여 마침내 하나하나 완성단계에 이르러 갔던 것이다. 내가 스님 방
에 들어갈 때마다 스님은 무엇이 그렇게도 좋은지 그 까닭을 알 수 없
을 정도로 얼굴이 환하게 빛나고 미묘한 웃음이 떠날 사이가 없었고
끊이지 않았다.

"송암! 이리 와서 이것 좀 읽어봐! "

나는 스님이 이미 써놓은 행원송 가사를 두 손으로 받쳐들고 목을
가다듬고 감정을 돋우어 마치 방송국의 성우라도 된 것처럼 낭낭하게
큰소리로 읽어 가노라면 스님은 순간 삼매에라도 든 듯이 집중하고 몰
입해 있었다. 문장의 단락과 행이 바뀔 때마다 스님 표정도 바뀌는 것
을 나는 읽으면서도 또 한편으로 느낄 수 있었다.

"송암은 참 감정이 풍부해, 잘 읽었어."

글을 읽고 나면 스님은 나에 대한 고마움과 감사의 표시로 매번 칭
찬으로 격려했고 용기도 잊지 않고 챙겨 주었다. 한여름의 더위나 몸
의 고통이나 여러 가지 일들, 그 무엇도 스님의 보현대행 삼매를 깨뜨
릴 수는 없었다.

가사 집필 그 이듬해(1992년), 「보현행원송」 발표를 성공리에 마치
고, 전체 곡을 하나하나 단락 지어서 십종행원을 따로따로 노래 부를

수 있도록 하여 한 권의 음악 책으로 출판하여 전국에 배포할 것을 계획했으나, 그 당시 장애가 생겨 못했던 것이 아직까지 못하고 있다. 이것은 전적으로 나의 숙제다. 왜냐하면 내가 「보현행원송」 발표의 총 책임자이기도 했고 스님께서 나에게 각별하게 부촉한 일이었기 때문이다. 발표 당시 나의 막무가내식의 뚝심과 사명감과 인내심이 없었다면 무산될 수도 있었던 것이다. 이제 다시 그때를 돌이켜보면 불보살님들의 특별하신 가호와 스님의 높은 서원의 힘으로 「보현행원송」이 세상에 출현하게 되었던 것이라고 본다. 마침내 그 모든 어려움을 이긴 것을 보면 말이다.

스님은 이 시대의 구국구세 원력보살이다. 즉, 그 이름 대행 원만의 보현보살이라는 뜻이다.

살얼음 위를 지나가듯이

스님은 종단 일에 일체 손을 떼고 포교에만 전적으로 힘을 기울인 이후부터 밖에 나다닌 적이 거의 없다. 도반을 찾아다니거나 아는 사람을 따로 찾는 경우도 드물었고 가끔 동국대학교의 일로 관계자들이 찾아오거나 또는 스님 자신이 드물게 찾아가는 일 외에는 거의 단절하다시피 살았다. 그것도 동국학원 이사직을 놓으면서부터는 가끔 다니던 일도 거의 끝이 났다. 스님은 오직 포교에만 전심전력했고 다른 것에 대한 관심은 가질 겨를도 없었다. 그러니 포교 외의 일로 외출하는 일은 거의 없었던 것이다. 어쩌다가 아주 가끔 옛날에 함께 지냈던 고마웠던 출가 선배나 문중의 어른들을 명절이나 특별한 불사 때 찾아뵙는 정도가 전부였다고 할까. 아무튼 그런 생활이었다.

나는 스님 곁에 있으면서 스님의 뛰어난 신심이나 수행자로서의 자세를 배우고, 깊은 불교철학을 이해하고 학습하려고 나름대로 노력했다. 그래서 무엇이든지 스님이 하는 일에 대해서 그때그때 기록장에 적기도 하고 말없이 자세하게 살펴보기도 했다.

스님은 시간을 무척이나 소중하게 생각했다. 건강이 좋을 때는 짜투리 시간도 적절히 이용하여 책을 보고 경을 읽었지, 그냥 묵연히 보내거나 소일거리를 따로 찾은 적이 없었다. 스님은 사람들을 찾아다니면 두 사람 모두가 귀중한 시간을 낭비하게 된다는 생각이었고, 특히 상대방에게 시간적으로 폐를 끼치는 것에 대해 아주 조심스러워 했다. 일생을 살면서 잠시도 시간을 허송하지 않고 불법을 전하는 일에만 전심전력을 기울였던 것이다. 나는 가끔 스님의 삶이 성철 스님 말씀대로 '불법을 위해서 일체를 희생한다'는 각오와 결의가 아니었을까 생각해 보기도 했다. 그러나 스님의 젊은 시절에는 좋은 도반들도 많았고 아끼는 우정도 무척 많았음을 알았다. 이 부분에 대한 스님의 회고 중에서 부산 ○○사의 ○○ 스님과의 관계를 직접 나에게 말했다.

"나는 ○○ 스님과도 범어사 선방에서 무척 친하게 생활했는데 나중에 종단 일로 말미암아 두 사람의 관계가 본의 아니게 악화되었다. 당시 종단 소임은 청담 스님이 총무원장이었고 ○○ 스님이 총무부장이었는데, 원장 부재시에 관악산 염불암 토지 처분에 임의로 도장을 찍어 주었고, 또 종단 내의 여러 가지 일로 그 스님이 징계를 받게 되었다. 사실 내 본뜻과는 거리가 있었지만 부득이하게 내가 징계위원회에 참여하게 되었다.

그 이후 내가 총무부장 재직시에 그 ○○ 스님이 찾아와서 징계철회를 간청했고, 나는 총무부장으로서의 직책과 책무의 한계를 말하고 난 뒤 '그래도 내 힘이 필요하다면 내가 다른 사람들을 설득시킬 명분과 조건을 만들어 달라. 그것을 가지고 내가 열심히 뛰어 보겠다.'고 그에게 말했다. 그때 내가 그에게 말한 명분은 부산 ○○사를 종단으로 다시 들여놓는 것이었지. 그렇게만 해 주면 내가 총무부장으로서 최선을 다할 것이라고 했어. 그 스님은 그때 내가 말한 명분과 조건에 대해서

綜合修道인 松廣寺 探訪
1970. 8. 23.

는 가타부타 아무런 말도 없이 자기의 징계 철회만 부득부득 강요했지.”

이와 같은 스님의 회고 속에서 나는 인생이 참 묘하다는 생각을 했다. 처음에는 친했던 친구가 나중에는 무서운 적이 되기도 하고, 또 적이 나중에는 가까운 친구가 되어 현실적인 도움을 주고받을 때가 왕왕 있기도 하다는 생각을 했기 때문이다.

인생을 살면서 항상 예의주시하고 깊이 생각해야 한다는 생각을 그때 스님의 얘기를 들으면서 또다시 실감했다. 그러나 그 당시의 나도 젊음의 패기와 앞뒤 가리지 않는 만용만 믿고 교만하게 산 적이 있었고, 그로 인해 스님을 가슴아프게도 했다. 이제 조금 철이 들고 보니 인생의 불가사의에 대해서 늦게나마 주의력이 생기는 것 같다. 어쨌든 이렇게 얘기를 하고도 스님은 ○○ 스님과의 사이에 무슨 미련이 남아 있는지 다시 지난 과거를 회상했다.

“얘기는 다시 앞으로 돌아가서 범어사 선원에서 그 ○○ 스님은 큰방 부전을 했지. 그 뒤 모종의 일로 그 스님이 고성 문수암에 있을 때 승려증을 만들어서 보내달라고 연락이 와서 내가 승려증을 만들어서 보낸 적이 있어.”

스님은 무슨 일을 하더라도 불법의 근본 뜻과 세간의 대의명분을 소중하게 생각했고 그것을 스님 자신의 판단과 결정의 근거로 삼았다. 그래서 혹자는 스님을 일러 명분에 약하다고 말하기도 했다. 그때의 스님이 종단이라는 큰 대의명분 속에서 모든 판단의 근거를 삼았으리라는 추측은 그리 어렵지 않았다. 내가 모시고 있을 때만 해도 스님의 그러한 삶의 궤적을 수없이 보았고 나도 모르는 사이 배우고 있었기에 말이다.

　아무튼 스님처럼 사적인 감정 없이 세상을 살려고 했던 분도 본의 아니게 척이 지고 관계가 소홀해지는 경우도 있는데 자칫 잘못 인생을 엄벙덤벙 살다간 여러 사람과 원수 되기 십상이라는 생각을 스님의 회고(回顧) 속에서 챙겨 보았다

책을 머리에 올리고

불광사에 신도가 많다 보니 그 가운데는 공부하는 학자도 많았다. 논문을 쓰게 되거나 책을 출판하든지 또는 석·박사 학위를 받으면 본인들의 전공분야에 관계없이 으레 스님께 책을 갖다 올렸다. 아마 가장 먼저 스님께 책을 올리고 난 뒤 다른 여러 곳에 책을 전하는 사람도 있는 것 같았다.

저자가 책을 가지고 와서 스님께 인사를 하고 책을 올리면 스님은 시종일관 당사자에게서 눈을 떼지 않고 가만히 응시하여 줄곧 상대를 바라본다. 스님은 저자에게 뭐라고 말하기 전 이미 가장 뜻 깊은 말은 그렇게 모두 끝내는 것이다. 참으로 경건하고 진지한 봉정의식이었다. 말없는 의식이었지만 여느 의식보다 뛰어난 의식이고 가장 인간적인 의식이기도 했다. 스님 아닌 다른 사람은 쉽사리 흉내낼 수 없는 분위기였고 독특한 전매 격식이라고나 할까.

아무튼 그런 엄숙한(?) 의식을 거친 다음에 이것저것 물어보기도 하고 격려와 치하를 하기도 했다. 내가 스님 곁에서 그런 광경을 보면서 지금도 잊지 못하고 생생히 기억하는 것은 책을 받을 때의 스님의 성의 있는 태도와 인상 깊은 말씀과 행동 때문이다.

"이런 귀한 노작(勞作)을 받게 되어 기쁩니다. 내가 건강이 웬만했을 때는 누구에게 책을 받으면 빠짐없이 거의 다 읽어보았어요. 그러나 지금은 내 몸이 병이 들어 앉아 있을 수도 없고 또 읽을 수도 없게 되었어요. 미안합니다."

그리고 학문을 통해 사회에 기여하고 이바지하라는 부탁도 하고 용기도 북돋워 주었다. 그리고 다시 한번 스님은 저자의 책을 두 손으로 스님 자신의 머리 위에까지 올려서 존경과 감사의 예를 했다. 그것은 바로 상대방의 정신세계를 고스란히 인정할 뿐만 아니라 높이 받든다는 스님만의 고유한 의식이다.

묘자재 보살 이봉순 불자가 동국대에서 불교학 박사학위를 받고 스님께 인사를 가서 책 드린 이야기를 내게 전하면서 그때 상황을 간추려 설명해 주었다. 스님께서 무릎을 세우고 등을 동그랗게 구부려 억지로 불편함을 무릅쓰고 앉아서 어찌나 진중하게 책을 받으시는지 몸 둘 바를 몰랐다고 했다. 스님은 말하기가 힘들어 더듬거리는 표현으로 겨우겨우 격려와 찬사를 하는데 자세히 듣고 나니 깊은 이치가 다시금 가슴에 새겨져 큰 영광을 입었다고 했다. 자기가 쓴 논문이지만 스님의 말씀을 듣고서야 더 소중하다는 자부심과 내면에서 솟아나는 기쁨을 진정으로 느꼈다고 했다.

이제 나도 누가 자신이 쓴 저작을 갖다 주면 두 손으로 받아 머리 위에 올려본다. 스님을 닮고 싶고 배우고 싶은 심정은 내 나이 오십이 되어도 수그러들지 않고 더욱더 간절하기만 하다. 이렇게 스님의 훈도를 글로 쓰면서 예전에 몰랐던 깊은 뜻을 음미하며 다시 찾고 있다.

가까울수록 더욱 소중하게

대개의 경우 사람들이 서로 친해지면 상대방을 너그럽게 이해하여 웬만한 일은 무난하게 넘어 간다. 설령 좀 부족해도 약간 어긋난 것이 있어도 적절히 양해하고 넘어가 준다. 이 정도가 되면 정말 편하고 좋은 인간관계라고 말할 수 있다. 또 성공적인 인생은 바로 그러한 의지처가 많다는 것이고 살면서 외롭지 않다는 것일 게다. 그런 반면 자칫 친하기 때문에 믿거니 하고 습관의 타성에 젖어 안이하게 생각하다 보면 본인도 모르는 사이 소홀해질 수도 있다. 친할수록 더더욱 소홀해지기 쉬운 점도 있다는 것이다.

가까운 일상의 예를 보면 우리가 살아가다가 약속을 해 놓고도 다른 일이 생기면 우선 친한 사람의 약속을 물리거나 취소하고 새로운 약속이나 처음 만나는 사람의 일에 관심을 더 둘 때가 있다. 왜냐하면 서로 친하니까 네 일이 내 일이고, 내 일이 네 일이지 않느냐. 그러니 우리는 이번에 못 만나면 다음에 또 만나면 되지 기어이 약속한 날에 만나지 않아도 되지 않느냐 하는 편한 생각 때문이다. 그리고 그것은 무엇보다 믿거니 하는 마음에서 생긴 소홀함으로 비롯된 것이다.

최근에 친한 도반으로부터 아무 날 우리 절에 온다는 약속을 받고 준비하고 기다리고 있었는데 사전 연락도 없이 취소되었다. 그리고 그 후로도 또 몇 번이나 약속이 뒤로 미뤄지기도 했다. 나중에 그의 설명을 들으면 그 당시의 여러 가지 정황이 충분히 이해가 되기도 했지만 내 마음속 어느 한 구석에서는 그가 나를 소홀히 대하는구나 하는 생각이 일었던 것은 숨길 수 없는 사실이다.

스님은 불광운동을 하면서 스님의 뜻을 받드는 재가 수행자들이 많았다. 그 가운데는 불사(佛事) 책임자도 많이 있어서 여러 가지 일도 서로 분담했다. 대개 그런 면면들을 보면 스님을 따라 함께 수행한 지가 수 년 내지 십 년 또는 그 이상의 오랜 세월을 함께 도를 닦아온 사이들이었다. 그런데도 스님은 그들을 항상 소중하게 대해 주었고 처음 만난 사이처럼 친절을 다했다. 법회에 무슨 일이 있으면 일일이 그들에게 직접 전화하여 의견을 듣고 의논했다. 내가 곁에서 보기에는 그렇게까지 하지 않아도 될 만한 것들인데도 스님은 어느 때나 한결같았다. 내가 보기에는 번거로워 보이기까지 했다.

사실 내가 스님 곁에 있을 때는 연륜이 일천하고 생각이 얕아서 스님의 깊은 뜻을 너무나 몰랐다. 스님이 떠나시고 내 나이도 오십 고개에 와서야 조금씩, 그것도 아주 조금씩 그때의 스님 뜻이 감지되는 정도다. 왜 스님이 그토록 주변 사람들을 소중하고 정성껏 대했는지, 그것이 무엇을 의미하는지를 무척 안타깝고 유감스럽게도 이제야 겨우 눈치 챈 정도가 되었다.

아무튼 우리 일상의 가정이나 사회, 그 어디에서나 친하고 가까운 사이일수록 서로를 더욱 소중하게 대하는 삶의 자세가 이루어진다면 한결 세상은 행복해질 것이고 넉넉하고 윤택해질 것이다.

　이와 같이 스님의 일상 설법은 지극히 공평했고 현실에 밀착되어 무슨 일이든 어긋남이 없었다. 실로 스님의 삶 자체에서 배울 점이 많았고 어느 모로 보나 훌륭했다. 스님은 법상에서나 일상에서나 조금이라도 어느 한쪽으로 기울어지는 법이 없었고 항상 가지런했다. 가까울수록 친절과 예절을 다했고 친할수록 상대를 소중하게 대했던 스님의 삶, 내 귀에는 우레와 같은 사자후였다.

원만자재

자비와 온유(溫柔) 그 자체였던 스님은 일체 현상에 걸림 없이 어느 때나 한결같았다. 아무리 고통스럽고 괴로운 일이 있어도 본심을 잃지 않은 채 동안(童顔)의 고운 모습에 햇살같이 따뜻한 평화의 미소를 담고 있었다.

지금 돌이켜 생각해 보면 그것은 정말 어려운 일이다. 산을 하나 옮기거나 바닷물을 퍼내는 일처럼 엄두가 나지 않는 일이고, 또 그런 마음이 생겼다고 하더라도 꾸준히 유지하기란 역시 쉽지 않다. 그러기에 억지로 할 수 없는 일이고 아무나 흉내낼 수 있는 일이 아니다. 자심(自心) 가운데 안온(安穩)을 얻지 못한 사람에게는 거의 불가능한 일이다.

왜냐하면 그것은 억지로 꾸며서 되는 일도 아니고, 학문을 깊이 연마했다거나 지위가 높다거나 부(富)를 축적하여 부족한 것이 없는 사람이라고 해서 저절로 도달되는 경지도 아니다. 오직 자기 자신의 진실한 참모습을 바로 본 사람만이 도달할 수 있고 내비칠 수 있는 크나

큰 세계이기에, 지극히 독자적인 것이며 또한 원만자재한 것이다. 만약에 조금이라도 마음에 걸리는 것이 있다면 그렇게 자연스러운 온유는 스님에게 없었을 것이다.

누구든지 스님을 보거나 스님의 이름만 듣고도 하나같이 광덕 스님의 첫 인상은 온유와 안온이었다고 이구동성으로 말한다. 그렇지만 스님의 온유는 사람을 대할 때만 드러나는 것이 아니다. 모진 병고 속에서도 그 지극한 온유는 있었고, 한결같이 마음의 평화를 이루었으며, 병이 없는 곳의 활발발한 소식을 거리낌없이 유감없이 세상에 드러내 주었고, 사람들에게 남김없이 보여 주었다. 주지하는 바와 같이 그 수많은 스님의 글 중에서 어디에 어둠이 묻어 있으며 좌절과 절망에 대한 탄식이 있는가 말이다. 그리고 남을 비방하거나 세상을 탓하면서 겨레의 앞날을 아득하게 말한 적이 과연 있었는가. 결코 없다. 온유는 어느 때나 그대로 스님의 진실한 모습이었고 삶의 내용이었으며 수행의 자비광명이었다.

스님은 일상에서 오직 한결같이 온유로써 강한 것을 이겼고 삿된 것을 물리쳤으며 노여움과 탐욕을 제도했다. 온유로써 참 생명의 권능과 공덕을 역설해서 모든 사람들에게 인생의 바른 길을 제시했으며 올바른 신앙과 진리의 길로 인도했다. 스님의 교화 45년의 밑바탕은 역시 자비 온유였음을, 스님을 아는 사람들은 그 누구도 인정하지 않을 수 없을 것이다.

나는 스님의 과분한 은혜로 그 상좌가 되었고 곁에서 모실 수 있는 영광을 허락 받았다. 나는 이 글을 쓰면서 정녕 내가 스님의 문인(門人)이라면 스님에게 무엇부터 배우고 익혀야 할 것인가에 대해서 다시금 묻고 생각하게 된다. 스님의 수많은 훈도 중에서 역시 나는 스님의 자비 온유를 가장 먼저 배우고 익혀야 한다고 생각하고 조용히 다짐해 본다. 그것은 자성본심(自性本心)을 모르고는 진정으로 자비 온유를 얻을 수 없고 실천할 수 없는 일이기에 더욱 그렇다. 내가 진정 본심을 알아 스님 같은 자비 온유를 얻었을 때 나는 또 다른 스님의 후신이 아니겠는가?

난 무명옷 안 입어

부처님 가르침을 지키는 일에 대해서는 일체 타협을 모르던 스님도 흘러가는 세월 앞에서는 어쩔 수 없이 조금씩 바뀌어 가고 타협하게 되었다.

출가자의 기본은 우선 남에게 신세를 끼치지 않아야 하고 자신의 일로 남을 부리는 일이 없어야 한다. 옷은 몸소 빨아서 깔끔하게 입어야 한다. 비록 새옷이 아니어도 정갈하게 갖추어 입었을 때 위의가 단정하여 보는 이로 하여금 법의 존엄을 한층 높이게 되는 것이다. 그렇기에 출가 수행자는 어느 때나 머리를 단정하게 깎고 옷을 반듯하게 입으며 들고날 때도 항상 자신의 신발을 가지런히 정돈한다. 그래서 출가자의 온전하고 참다운 모습을 삼천위의 팔만세행이라고 했다.

이러한 출가의 본분과 위의에 그렇게 철저했던 스님이 노쇠와 병약으로 남의 신세를 지는 일이 점점 많아지게 되었다. 물론 스님도 그런 점을 미리 다 알고 있었지만 스스로도 어쩔 수 없다는 것을 또한 인정하지 않을 수 없었던 것이다. 스님은 평소 무명옷을 입지 않고 물빨래

가 쉬운 화학섬유로 된 옷을 만들어 입었고, 입적할 때까지 줄곧 그 옷
만 애지중지(?) 입고 생활하였다.

그러나 스님 회하에 살고 있던 나는 몸에 좋다는(정전기가 일지 않기
에) 무명옷을 척 다려 입고 번듯하게 다녔다. 물론 그 무명옷은 잘 빨
아야 하며 풀을 먹여야 하고 또 다리미로 반듯하게 다려야 한다. 그런
데 이 무명옷 다리기는 무척 힘들다. 풀이 덜 말라도 다릴 수가 없고
너무 말라도 다릴 수가 없다. 적절한 시기에 손질을 하여 잘 개어 깨끗
한 수건에 싼 뒤 자근자근 밟아야 풀한 옷이 구석구석 펴지며 반듯하
게 다려진다. 무명옷 입고 다니면 보기 좋고 몸에는 좋을지 몰라도 그
과정은 무척 힘든 일이다. 화학 섬유로 된 옷보다 아마 다섯 곱절, 열
곱절은 더 손이 가고 까다롭다. 손이 많이 가는 만큼 일하는 사람은 당
연히 힘이 든 것이다.

어느 날 스님께 내가 여쭈었다.

"스님! 입고 계시는 옷이 모두 화학섬유로 된 옷인데 정전기가 일어
서 건강에 좋지 않답니다. 젊은 저도 때로 화학섬유 옷을 입으면 정전
기로 손끝이 찌릿해 오는 느낌을 받습니다. 더욱이 스님께서는 연세가
높고 법체 미령하신데 화학섬유 옷이 무명옷보다 나쁠 것 같습니다.
무명옷을 한 벌 지어 드리고 싶습니다."

내 말을 들으면서 조용히 누워 있던 스님이 고개를 돌려 나를 바라
보았다. 내가 입고 있는 무명옷을 쳐다보는 것 같았다.

"송암! 수행자가 자기 자신의 일로 남에게 신세져서는 안 되는 것
잘 알지? 자기가 손질해 입는다 하더라도 무명옷은 우리들과 어울리지
않아. 물론 그 옛날에는 무명옷 밖에 없었으니까 그 옷을 입었지만 지
금은 상황이 달라졌잖아. 무명옷 손질하느라고 얼마나 많은 시간을 빼

앗기는가? 그 시간을 아껴서 경을 읽고 참선을 하고 보살행을 해야지, 또 그 옷을 본인이 손질하지 않고 남에게 신세를 진다면 얼마나 힘든 노역을 강요하는 것인가. 그렇기 때문에 내가 비록 병들어 누워서 부득이 남의 신세를 지지만 가능한 큰 신세를 지지 않거나 조금이라도 덜 신세지는 것이 좋지 않겠어. 내 생각은 이것이야.”

부끄러웠다. 아무런 대답도 못하고 숨소리도 죽인 채 가만히 스님 곁에 앉아 있었다.

세계평화주의자

세계평화라는 말을 자주 쓰고 흔히 대하는 말이지만 무심코 써서는 안 될 것이다. 특히 우리 불자들은 과연 세계평화를 어떻게 실현해야 하며, 또는 어디에서 그 원리를 찾아야 할까를 먼저 생각해 보아야 하며, 또 자신의 깊은 마음에 담아서 고귀하게 생각해야 한다고 본다.

흔히들 세계평화의 방법에 대해서 여러 가지 국제적인 조약이나 협력관계의 구축, 또 이념을 토대로 한 사상적인 결합이나 유대, 국가 간의 친분을 거론하지만 사실 그것은 인류 유사이래 수없이 반복하고 실험했던 일이었다. 아니 인간이 자초한 인류의 대재앙이었던 1·2차 세계대전이 일어나고 난 뒤 경각심을 가지고 국제연합을 만들고 헌장을 만드는 등 무수하게 시도되었던 것들이다. 그 결과 그러한 신뢰에 의한 서로 간의 약속이나 조약을 맺는 증표만 가지고는 빈번히 실패만 겪고 좌절감만 느끼고 말았다.

우리는 여기서 아주 양심적으로 그 동안 인류가 벌인 세계평화운동에 대한 실패 원인을 분석해 보면, 가장 큰 원인으로는 인간 스스로에게 내재된 일차적인 문제를 발견할 수 있다. 그 문제는 평화적인 인간 공동체 형성에 매우 본질적인 것이다. 역설적인 말 같지만 인간이 인간 자신을 너무나 모른다는 것이 가장 큰 이유라면 이유다.

즉 자기가 자기 자신을 캄캄하게 모르고 있다는 것이 세계평화의 걸림돌이라고 한다면 대다수의 사람들은 놀라거나 믿으려 하지 않을 것이다. 그러나 유감스럽지만 그것이 엄연한 사실이다. 인간이 스스로 자기 자신을 안다고 하는 것들도 왜곡된 것이 대부분이며 또는 극히 제한된 일부에 지나지 않았음을 우리는 솔직하게 인정해야 한다. 우리가 세계평화에 대한 새롭고 진정한 방안을 찾으려고 앞으로도 계속 노력해야 한다면 겸허한 마음으로 우리 자신의 실수를 인정해야 할 것이다. 다시 말해 자기가 자신을 모르는 것과 또는 잘못 알고 있는 것에 대해서 인정하고 우선 그 사실을 수용하라는 말이다.

인류 구성원 각자가 자기의 행을 모르며 자기의 생각을 모른다고 했을 때 남을 어찌 알며 평화를 또 어떻게 파악하고 실천할 수 있겠는가? 이것은 매우 본질적이며 근원적인 문제라고 말하지 않을 수 없다. 인간의 껍데기인 육신, 이 육신이 추구하고 갈망하는 감각의 욕구, 쾌락(행복이라고 착각)의 탐닉은 인간세계에 거대한 회오리(삼독심 : 탐진치)를 불러일으키고 거기서 마찰과 투쟁, 대립과 갈등, 폭력과 전쟁이 세계 도처에서 끝없이 야기되고 자행되게 하는 것이다.

이것은 인간 스스로가 자기의 실체를 알지 못한 채 육신만을 자기로 삼은 자기 한정에서 오는 자아상실에서 기인한다. 보다 높은 인간정신을 통한 자아발견은 도외시한 채 상대적이고 대립적인 물질적 현상만을 인간 가치의 최우선으로 삼고 있는 치우침의 소산이라고 해야 될 것이다. 그러므로 인간 정로(正路 : 活路)를 상실한 채 아무리 고귀한 이상을 소리 높여 외쳐 보았자 그 실현 가능성은 보이지 않고 마침내 볼 수도 없을 것이다. 공허한 신기루나 메아리일 뿐이다.

그러나 아직 때는 늦지 않았다. 여기서 우리는 정신을 똑바로 차리고 밖에서 구했던 마음을 돌려 가장 가까운 곳에서 그 위대한 가능성을 찾지 않으면 안 된다. 인간 모두 각자의 내면에서 진정한 평화, 참다운 행복을 찾게 되었을 때 비로소 세계평화라는 불국토 성취가 가능하고 인류행복이라는 중생성숙(성불)의 오랜 꿈이 현실로 나타나게 될 것이다.

나는 스님의 노쇠하고 나약하고 심한 병고의 고통 속에서 다함 없는 세계평화를 보았다. 그 원리를 보았다. 내 두 눈으로 똑똑히 보고 수없이 확인했다. 누구와도 대립하지 않고 다투거나 미워하지 않으며 어느 때나 온유와 자비로 일관된 참다운 세계평화를 스님의 약하디 약한 모습에서 아주 역력하고 분명하게 보았다.

이와 같이 어느 때나 세계평화의 실천자였던 스님은 항상 담담한 평상심의 일상에서 조용히 나타나는 미소와 안온으로 모든 사람을 대했고, 세계평화의 독소인 번뇌를 녹여갔다. 스님에게서 끝없는 평화의 물결은 그렇게 조용히, 그러나 끊이지 않고 넘쳐 흘렀다.

언젠가 작곡가 청암 박범훈 불자에게서 들은 말이 생각난다. 스님을 뵙기 전에는 하고 싶은 말이 무척 많았는데 막상 인사를 드리고 스님 얼굴을 쳐다보면 그 순간 모든 말이 일시에 끊어지고 가슴에 뜨거운 그 무엇이 치밀어 올라 눈물이 날 것 같았다고 했다. 온갖 세상사 시비곡직의 갈등과 번뇌가 스님의 담담한 명경지수 앞에 서면 그냥 사라져 없어지고 한량없는 인간애가 솟아올라온다는 것이다. 청암 불자의 고백을 통해서도 다시 한번 세계평화가 확인되고 또 증명된 것이다. 그러므로 나는 더더욱 스님을 통해 세계평화의 원리를 보았다고 자신 있게 말할 수 있으며, 그 실현 가능성을 굳게 믿을 수 있게 된 것이다.

비단 이런 예는 하나 둘이 아니다. 인간 내면에서 얻게 되는 세계평화의 공덕이 얼마나 대단한 것인가를 비로소 알게 되었고, 또 세계평화의 진정한 실체를 보게 되었다.

스님은 항상 세계평화주의자였다. 그런 스님을 금세기 한국이 배출한 인류의 성자였다고 내가 말한다면 뭇 사람들이 나를 지나치다고 할까?

스님의 일본관

  스님은 소년시절부터 성품이 매우 명랑하고 활달했다고 한다. 스님의 친누님은 언젠가 나에게 이런 말을 했다.

  "스님의 어린 시절은 싹싹하고 명랑하고 경쾌했어요. 동네에서 놀다가 집으로 돌아오는 모습을 멀리서 보고 있으면 머릿결이 찰랑찰랑 춤을 추는 것 같이 느껴졌고 어린 나이였는데도 사람을 대할 때는 언제나 밝은 미소를 지었어요."

  마치 천상의 동자가 지상으로 내려온 듯한 어린 소년시절의 스님, 비록 어린 나이임에도 불구하고 어디 하나 흠 잡을 데 없이 인정스럽고 매우 영특했다고 한다. 그런 스님은 일제 강점기에 유년시절, 소년시절을 보냈고, 인생에서 가장 예민한 사춘기도 그 어두웠던 시절에 맞이하고 보냈다. 스님은 자라면서 나라 빼앗긴 어둡고 절망적인 시대를 헤쳐 나왔다. 비단 스님뿐만 아니라 그 시대에 소년기를 보낸 모든 사람들의 절망이기도 했고 배달 겨레 모두가 겪은 망국의 슬픔이기도 했다. 언젠가 스님 스스로가 나에게 소년시절의 한때를 이렇게 고백한 적이 있다.

"나의 학창시절은 일제로부터 갓 해방은 되었지만 어떻게 나라를 이끌어가야 할지, 또는 국가목표를 어떻게 수립해야 할지 전혀 준비가 없는 상태에서 좌우의 대립과 분열만 심각했을 때였다. 그때 나는 함께 책 읽는 사람들과 모여 앉아서 나라의 앞날에 대해서 진지하게 토론했었지. 때로는 꼬박 밤을 새워가며 이상적인 국가 발전의 토대(사회과학적인)를 어떻게 세울까 하고 고민했지. 그때 우리는 순수하고 열정적으로 토론하고 고뇌했어. 그 당시는 가히 혼란기였음에 틀림없었어. 경제적인 빈곤 상태는 말할 것도 없고 정치적으로는 국내파, 해외파, 중국이나 러시아파 미국이나 유럽파 등, 하룻밤 자고 나면 무슨 단체가 하나씩 나타나는데 그 수가 부지기수였고 가히 우후죽순 격이었어.

그 당시 나는 그런 정치적인 단체를 일체 거들떠보지도 않았지. 왜냐하면 뚜렷한 이념(국가 발전 계획)도 없이 설치기만 한다고 일이 저절로 이루어진다고 생각하지 않았고 오히려 계획 없는 무분별한 행동을 위험하게 보고 있던 참이었지. 마치 나침반 없는 배를 몰고 망망대해로 나간다면 과연 그 배는 어디로 갈 것인가를 우려했고, 또 그 점에 대해 동료들과 정열적으로 토론도 했고 밤을 지새우면서 심각하게 고뇌하며 염려하기도 했다.

그러나 그때는 참으로 가난하고 어려웠던 시절이었지만 희망이 있었고 나라를 되찾은 기쁨이 있었다. 그리고 내 인생 성장기의 이상과 순수함이 가장 왕성했던 때였으니까 애국심에 대해서는 훗날 내 자신이 그때를 돌이켜봐도 놀랄 만큼 지극했으니 참으로 뜻 깊은 시절이었어."

스님의 눈빛은 언제나 밝았다. 특히 지나간 당신의 청년시절을 회상하면서 하는 얘기니까 더더욱 영롱할 수밖에 없었을지도 모르겠다. 나는 스님과 얘기하면서 스님의 눈을 쳐다보는 것이 버릇이었고 또 그것이 매우 좋았다. 흔히들 어른들 얘기할 때는 고개를 숙이고 잘 들어야 한다고 했지만 나는 스님 말씀을 들으면서는 그렇지 않았다. 항상 내 눈의 초점은 스님 눈과 싸움하듯이 맞닿아 있었다. 아니 서로 좋아하는 사람들처럼 잠시도 떨어질 줄 몰랐다.

스님 자신의 소년기를 회상하는 얼굴 표정과 눈빛은 마치 그 시절로 다시 돌아간 듯이 희망과 용기와 이상이 피어올랐다. 감수성 뛰어난 소년, 다정다감했지만 총명하기 이를 데 없던 이지적인 소년이 자라면서 망국에 대한 슬픔과 민족의 앞날에 대한 자각이 왜 없었겠는가. 뼈저린 마음의 고통, 나라 잃은 백성의 고통을 스님도 진하게 느꼈으리라.

일제 말기, 집안의 경제적 어려움으로 일본 회사에 취직을 했는데 어찌나 일을 잘하는지 주변 사람들이 깜짝 놀랐다고 했다. 갓 입사한 한국인 신입사원이 관사를 지급받을 정도로 특별 대접을 받았다면 스님의 그 대단한 기백과 능력을 가히 짐작하기 그리 어렵지 않다.

나는 이점에 대해서도 스님께 직접 이야기를 들은 적이 있다. 내가 지금 그 당시(일본인 회사 근무시절) 스님의 입장을 생각해 보면 결론적으로 말해 그것은 스님의 순직한 소년기, 불붙는 듯한 애국심의 발로였다고 본다.

'우리가 지금 국가의 명운이 기울어 사세 부득이하여 너희 일본 사람들 지배를 받고 있어도 결코 일본인에 비해 우리 백성들의 능력이나 애국심이 부족한 것은 아니다. 어디 한번 나를 봐라. 이래도 모르겠느냐. 너희 코앞에 있는 나를 보아라. 바로 눈앞의 나를 보고도 내 민족

을 알지 못하느냐. 너희들이 바보가 아니라면 나를 통해 내 조국 내 겨레를 다시 봐라.'

이러한 신념이 스님의 수준 높은 민족 자존심과 현실적인 애국심으로 용솟음쳐서 일본 사람들의 탄성과 존경을 받게 되었고, 또 특별한 대접을 받았던 것이라고 본다. 그 이후 스님은 출가하여 김좌진 장군의 청산리 전투에 중대장으로 참가하여 혁혁한 전공을 이룬 소천 스님의 반야사상과 국가관에 대해 감동적인 교훈과 그 영향을 심대하게 다시 받게 되었다.

부처님 대비구세의 보살행이 스님의 반야바라밀 구국구세 원력으로 한반도에서 꽃피게 된 것을 보면 애당초 스님의 민족애나 국가관이 얼마나 투철했나를 알 수 있다.

이런 일이 있었다. 내가 스님 슬하에 있을 때, 북한이 도발적인 사건을 일으켜 전 국민이 안보모금을 한 적이 있었는데 그때 불광사에서도 모금에 나섰다. 모금된 금액에 사중 돈을 얼마간 더 보태어서 당시 부회장이었던 자신 거사와 함께 그 돈을 방송국에 갖다 준 적이 있었다. 그때 다녀오겠다는 인사를 하니 스님께서 이렇게 말했다.

"우리는 나라도 잃어 보았고 동족 간에 전쟁도 겪어 보았어요. 그런 불행을 겪은 지 불과 한 세기도 지나지 않았어요. 자기 나라를 자기 힘으로 지키지 못하면 세계평화를 깨는 것이 돼요. 부처님 참 정신이 세계평화인데 세계평화를 깨는 것은 부처님을 욕되게 하는 것이고 부처님의 참뜻을 등지는 것이 되고 말지요. 세계평화, 곧 부처님의 뜻을 이루는 것은 자기 나라를 지키는 것으로 시작된다는 것을 우리 불자들은 명심해야 되고 늘 경각심을 가지고 있어야 돼요. 지난날 우리가 우리 힘을 튼튼히 하여 나라를 지키고 일본에 국권을 빼앗기지 않았다면 일본은 더 큰 망상을 부리지 못했을 것이고, 세계 인류는 전쟁의 고통을 받지 않아도 되었겠지요. 그러니 명심하여 불법으로 나라를 튼튼히 지키는 구국구세의 믿음을 키워야 해요. 우리 불광은 구국구세를 배우고 실천하는 학교여요. 결국 우리들의 진정한 동일생명의 자각운동인 구국구세는 보살도의 결정판이지요."

스님의 이런 언급은 실로 그 당시로 보면 시의적절한 가르침이었고 현실 속에서 진리를 파악하는 관건의 훈도였다. 오는 세상 모든 수행자들의 세계평화운동에 대한 귀감이 되리라고 본다. 나는 스님의 올바른 국가관에 의한 일본 이해를 통해 수행자로서 또는 국민으로서의 자세를 한층 다잡을 수 있었고, 울컥 하는 얕은 애국심(감정)을 다소나마 극복하는 계기가 되었다.

그러나 스님은 일본 불교학 발전에 대한 깊은 이해를 가지고 있었고, 문화적으로 좋은 점은 배우려고 했으며 일본이 개발한 신상품이나 새로운 문물에 대한 흥미와 학문적인 관심을 늘 잃지 않고 가지고 있었다. 이웃나라 일본에 대해 좋은 점은 배우고 앞서가는 것은 자존심을 굽혀가면서라도 받아들여야 된다는 현실적인 판단이 작용하고 있었다. 그런 유연한 태도는 감정적이고 불합리한 자신을 어느 정도 극복한 사람만이 취할 수 있는 지극히 합당하고 수준 높은 태도라고 생각한다. 그러함에도 불구하고 일본 사람들과의 직접적인 교류나 접촉은 전혀 없었다. 소위 스님 정도의 일본통이라면 서로 내왕도 하고 문화교류도 시도할 만했고, 또 불광이라는 신앙단체를 배경으로 하여 문화적으로 불교국이라고 할 만큼 불교 교세가 왕성한 일본과 좀더 이름나는 일을 시도할 수도 있었는데 그런 일에 전혀 뜻을 두지 않았고 오히려 무관심하다시피 했다.

이런 스님에 대해 겉모양만 아는 사람은 스님이 친일본적인 경향을 띠고 있다고 느끼는 것 같았다. 왜냐하면 일본말과 글에 능통했고 또 스님 서가를 보면 일본 책이 즐비하게 꽂혀 있기 때문이었을 것이다. 1970년 중반만 해도 외국 서적 구하기가 어려웠는데 새로운 일본 책, 불교 신간이 나오면 즉시 서점에 가서 빠짐없이 구해오는 것을 보아서 일 것이다.

스님이야말로 건강한 애국심, 보편적인 민족애와 세계평화에 대한 인간적인 자비심을 잘 갖춘 지극한 세계평화주의자였고 자랑스러운 한국인이었다.

세연을 마칠 때 시자가 이 다음에 어디 태어날 것이냐고 물었다. 그때 한국에 태어나서 불광운동을 한다고 대답한 것을 보면 더 이상의 군말이 필요 없을 것 같다.

칭찬 기술자

사람이 살아가면서 사소한 일상의 일로도 주변 사람들에게 칭찬 받으면 무척 기쁘고 즐겁다. 매일 똑같은 일상이 반복되는 답답함 속에서 가끔 얻게 되는 칭찬의 행복감은 나태한 안일에서 잠을 깨게 하는 각성제도 되고 답답한 마음을 새롭게 하는 청풍(淸風)이 되기도 한다. 설령 입에 발린 칭찬이라 하더라도 그렇다.

비단 어떤 술수나 계략을 갖고 전술적으로 건네는 계산된 칭찬이어도 칭찬에는 힘이 따르고 사람 마음을 움직인다. 이미 상대방의 속이 뻔히 들여다보이는 칭찬이고 그 속을 다 알면서도 역시 즐거움이 없는 것은 아니다. 칭찬의 힘이 그만큼 크다는 증거일 것이다.

사람은 칭찬의 힘에 의해서 성장하고, 또 어떤 때는 운명이 바뀌기도 하는 결정적인 계기도 된다. 칭찬 한마디로 말이다. 그런데 가만히 살펴보면 나이가 들수록 남에게 칭찬 받는 기회가 사뭇 적어지는 것 같다. 오히려 칭찬 듣는 기회보다 칭찬해야 될 때가 더 많아지는 것이 나이 든 사람들에게 부과되는 또 하나의 인생의 책임과 의무가 아닐까 생각해 보기도 한다.

다시 나의 지난 시절을 돌아보면 나는 스님의 무수한 칭찬의 은혜를 입었다. 그것도 최상의 칭찬이다. 스님이 나에게 무슨 원하는 일이 있어서 방편으로나 또는 인사로 하는 의례적인 칭찬이 아니다. 또 격식이나 흔히 주고받는 덕담의 차원이 아닌, 마음 밑바닥에서부터 솟아나는 뜨거운 인간애의 표현인 긍정 칭찬, 자비 칭찬, 불성 칭찬……. 생명의 맑은 물줄기를 끌어올리는 작업의 칭찬 말이다. 나는 그런 가슴 뜨거운 칭찬 속에서 살아오고 성장했기 때문에 지금 홀로 된 입장에서 보면 스님의 칭찬이 더없이 그리운 것이고 또 생각할수록 소중하고 값진 것이다. 나에게 있어 스님의 칭찬은 그 무엇과도 대신할 수 없는 은혜의 광명이었다.

우리가 살다가 죽어서 저승에 가면 심판을 받는다고 하는데, 그때 심판관이 나에게 인간 세상에서 가장 귀한 지고의 보물을 딱 한 가지만 들라고 하면 나는 스님이 나에게 내린 칭찬을 유일하게 거론할 것이다. 내가 힘이 없을 때나 의기가 소침했을 때나 판단이 바르게 서지 않을 때나 게을러 혼미에 빠져 있을 때나 그 어느 때나 스님의 칭찬은 보약 같은 것이었고 오히려 꾸지람이었으며 어둠 속에서 헤매고 있는 나에게 밝은 불빛이었다. 스님의 칭찬을 참으로 구하기 힘든 귀한 영약(靈藥)으로 규정하고 싶다. 병들어 죽어 가는 사람을 단숨에 살려내는 영약 말이다.

사실 인간의 모든 문제는 번뇌망상으로 비롯된 것이다. 문제가 육신에 있든 정신에 있든 번뇌로 비롯된 것이다. 그렇기 때문에 인간 문제의 근본 해결은 번뇌망상에서 벗어나는 것뿐이다. 번뇌에서 벗어나기 위해 그것과 다투고 따지고 협상해서는 안 된다. 다투고 따진다고 하는 것은 괴롭다고 술을 마셔 피난처를 찾는다거나 원인과 결과의 탓을 남에게 돌려 문제를 피하는 것과 같은 것이다.

근원적인 문제 해결의 방식으로 아예 번뇌망상을 상대하지 말아야 한다. 철저히 무시해야 하고 원래 없다는 생각에 이르러야 한다. 왜냐 하면 번뇌망상은 본래 없던 것이기 때문이다. 무(無)이다. 다만 착각에 의한 허깨비에 지나지 않고 허공 꽃 같은 것을, 참으로 있는 실재로 인 식하고 인정하고 매달리고 내지 그 종살이를 하니까 결국에는 문제 해 결은 점점 힘들어지고 멀어지고 오히려 해결을 위해 노력할수록 엉키 고 설켜 벗어날 길마저 잃고 만다. 그러한 잘못된 방법으로 인해 결국 은 그 가짜들의 위세만 대단하게 키울 뿐이고 허상만 더더욱 높여줄 뿐이다. 그래서 마침내 인간 문제의 근원적 해결은 점점 멀어지거나 사라져 없게 되고 해결하려는 노력이 클수록 또 다른 번뇌 수렁으로 빠져 들어가 급기야는 모두가 함께 허우적거리는 고통의 악순환만 초 래될 뿐이다. 결론적으로 번뇌망상의 존재는 원래 없는 것이니까 그렇 게 바로 믿고 참으로 있는 불성생명에만 순응하고 호응하고 하나가 되 는 이치를 찾으면 되는 것이다.

스님의 탁월한 칭찬 기술은 바로 이러한 불성원리에서 비롯되었다 고 본다. 번뇌에 꽁꽁 묶이고 시달린 몸과 마음을 아무리 위로한다고 해도 위로가 통하고 격려가 소용되어야 말이지, 그때뿐이고 다만 그냥 잠시 스쳐 지나는 바람 같은 허언(虛言)일 뿐 진정으로 위로되거나 해 결되는 일이 없다.

그러나 진정한 칭찬을 통해 번뇌를 이길 수 있는 크나큰 힘이 솟아 나게 한다거나, 번뇌가 본래 없는 것임을 알게 된다면 칭찬은 물에 빠 진 사람을 건져 올리는 두레박 같은 크나큰 법기(法器)가 될 것이다. 본래 없는 것을 없는 그대로 인정하고 참 실재만 대하고 거기에 따르는 원리와 실상만 보고 말했을 때가 사실은 무한 칭찬이며 최상의 칭찬이며 칭찬 이전, 참 소식의 전달이다. 사실 이것은 누구에게나 있는 소식이고 모두에게 통하는 소식이며 불생불멸의 소식이고 또 나에게만 하는 칭찬이 아니라 일체 중생 모두에게 하는 칭찬이고 사람에 대한 지극한 인정이며 큰 믿음이기도 하다. 이 역시 스님의 칭찬 비결이고 칭찬이 연원하고 있는 본 터전이며 그 입각처인 것이다.

그러기에 스님의 칭찬은 설법으로, 꾸지람으로, 각성(覺醒)으로, 청량제로 두루 활용되고 널리 애용되어 사람에게 유익하게 쓰여졌던 것이다. 스님의 칭찬은 각사업(覺事業)이었고, 보현행(普賢行)이었으며, 선방편의 원만한 지혜였으며, 그러기에 훌륭한 포교와 전법이었음을 이제 다시 깊이 깨닫는다.

인간의 무한한 자기 개발과 향상일로(向上一路)의 끝없는 성숙의 과정(修行)에 칭찬은 어떤 역할을 하는가 내 경험을 한 가지 소개하고 싶다.

내가 스님 회하(會下)에 있을 때, 해마다 연중 행사로 이른 가을이 되면 설악산 꼭대기에 있는 적멸보궁 봉정암 순례법회를 가곤 했다. 주로 2박 3일의 여정을 잡고 미리 언약한 수행 벗들과 동행하여 호화로운 특장 전세차를 둥실둥실 타고서 강원도 백두대간을 찾아들면 속세의 모진 때가 훌훌 벗겨지는 듯 한없는 상쾌가 온몸에 가득 찬다. 특히 설악산에 접어들면 자연에 대한 내 감흥이 그 무엇과도 바꾸어 얘기하지 못할 정도로 벅차다.

초가을, 겨우 9월의 문턱인데 이미 설악의 상봉에는 단풍이 곱게 내리기 시작한다. 수천 길 바위 봉우리의 아스라한 절벽에 교묘히 달라

붙어 있는 단풍나무, 거기에 오후의 햇살이 가로 비끼면 그 색깔의 고
움이란, 선계(仙界)를 방불케 하여 그만 우리들의 상상과 표현을 초월
해 버리고 만다. 어안이 벙벙하여 말도 끊어지고 생각도 멈추어 순간
천하의 일등 바보가 되어 버린다. 설악산에서 돌아온 뒷날까지 하도
기억이 생생하여 그때의 감흥을 다시 떠올려 스님께 글로 적어 바친
일이 있었다.

기암이   빼어나게   첩첩한 곳에
신선들   모여 앉아   바둑 둔다네
바람이   선들선들   불어와서는
고운 색   가지가지   염색 들이네
색깔은   빨강 노랑   분홍 푸른색
어마나   어디 갔나   동해 신선님
바위 봉   기암괴석   천길 벼랑에
붉은 꽃   웃고 있네   무섭지 않나
머리 위   푸른 바다   흰구름 있고
창해는   유유하고   아득하여라
바람은   달려와서   옷깃 흔들고
괜스레   내가 이제   신선이구나.

이것은 내 글 자랑이 아니라 스님 칭찬 얘기다. 스님은 이 글답지 않
은 글을 보면서 시종 미소와 칭찬을 함께 주었다. 나는 그때 이미 나이
가 꽤나 들었음에도 불구하고 스님의 칭찬을 통해 용기를 얻고 힘을
내어 우쭐하기도 했지만 그것은 잠시, 건강하고 활달한 삶을 살았으며

높은 이상을 품고 정진했다. 이와 같이 스님의 칭찬을 들으면 기뻤다. 그 기쁨은 오랫동안 지속되었다. 내 삶의 활력은 스님의 불성 칭찬 속에서 그렇게 마구 용솟음쳤고 파도쳐 갔다.

칭찬 사례를 한 구절 더 소개하겠다.

같은 사건(?), 봉정암 참배와 기도를 마치고 가야동 계곡으로 오세암을 가는 길에 얼마나 큰 바람을 만났는지, 그때 우리 일행들은 한동안 움직이지 못하고 나무를 붙들고 한참이나 그 자리에 서 있었다.

그 순간의 느낌을 메모했다가 후일 다시 글로 적어 스님께 올렸더니, 예의 그 푸른 하늘 같은 신비한 미소를 지으면서 칭찬을 아끼지 않았다. 나는 글답지 않은 내 글을 힘들여 읽어가는 스님의 고통은 생각지도 않고 이번에는 어떤 칭찬을 주시나 하는 욕심에 사로잡혀 뻔뻔스러운 짓을 아랑곳하지 않고 저질렀다. 그러니까 칭찬에 눈이 멀어 부끄러운 줄도 모르고 툭 하면 글을 써서 스님께 내밀었다.

나는 우쭐거리기 좋아하고 떠벌리고 자랑하기 좋아하는 성질이 많았는데도 스님은 기세를 꺾지 않고 오히려 칭찬으로 북돋워 주었고, 칭찬 속에서 깨닫도록 잘 인도해 주었다. 지금 생각하면 무척 창피하고 부끄럽지만 스님의 면모를 고스란히 전한다는 뜻으로 독자들 앞에 마저 소개하겠다.

파도가　산이 되어　쳐들어오면
절벽은　의젓하게　두 팔 벌리고
바람이　파도 되어　호령할 때면
林海가　쏟아내는　삶의 숨결들
엄마야　아들딸아　견딜만 하냐

소리쳐 불러보는   생의 찬가야
천둥이 폭풍우가   지동 치듯이
휩쓴 뒤 임해에는   고요가 왔고
숨막혀 꾹꾹 참는   또 하나의 벌
뿌리는 절벽처럼   지구를 안고
가지는 푸른 하늘   허공을 안고
울면서 찢기면서   견딘 보람에
지나간 멍석바람   더욱 고마워
땅 밑이 하늘보고   하하 웃는다.

　어리석음에도 수준이 있고 바보에도 경중(輕重)의 차이가 있겠지만 나의 이 어리석음은 못 말리는 수준이고 바보의 정도에는 아예 기준마저 없는 것이다. 칭찬 일류 기술자인 스님은 더더욱 감당할 수 없고 못 말리는 수준이었나 보다.

나, 죽는 몸 아니야

스님의 병세가 날이 갈수록 악화되어 입적 1,2년 전부터는 의사 전달이 점점 어려워졌다. 스님의 말씀을 처음 듣는 사람은 전혀 알아들을 수 없었다. 스님은 거동이 불편했고 거기다가 언어 소통마저 점점 어려워져 하루하루를 무척 고통스럽게 지냈다.

누가 오면 스님의 말씀을 곁에 시봉하던 사람이 먼저 알아듣고 해설해야만 의사소통이 어느 정도 가능했다. 스님이 애써서 얘기하는 한마디 한마디가 무척 힘들고 어렵다는 것을 누구나 곁에서 보기만 하면 금방 알 수 있기에 말씀을 하게 한다는 것이 송구스럽기 그지없는 일이기도 했다.

그 당시 스님의 병세는 하루 중에서도 좀 덜할 때도 있었고 유난히 힘들어 할 때도 있어서 병세 기복이 사뭇 컸다. 스님의 병세가 위중하다고 느낄 때마다 덜컥 겁부터 났던 일이 한두 번이 아니었다. 곁에 있던 시자가 겁이 더럭 나서 물었다.

"스님, 돌아가시는 것 아니여요? 돌아가시면 안돼요?"

스님은 다만 자신의 의사표현이 어려웠지 다른 사람의 말을 못 알아듣는 것은 아니었다. 안타깝고 걱정스러워서 묻는 철부지 시자의 말을 듣고 스님은 가만히 그의 얼굴을 바라보았다. 지극히 평화롭고 고요한 호수 같은 눈으로 시자를 한동안 응시했다. 그 눈빛은 어떤 동요도 느낄 수 없는 안정되고 자애로운 생명의 빛이었다고나 할까!

"나, 죽는 몸 아니야! 죽지 않아."

시자가 듣기에 너무나 분명한 표현이었고 언제나 한결같은 대답이었다. '나, 죽는 몸 아니야'는 병세가 무척 심할 때나 그만그만하여 주위 사람들이 안도하고 있을 때나 매양 똑같은 대답이었고, 그 말씀을 들을 때마다 분명한 스님의 지견이 느껴지는 꿋꿋하고 확신에 찬 출가 수행자의 한결같은 모습이기도 했다.

지금도 스님을 생각할 때마다 그 장면이 제일 먼저 떠오르고, 스님의 불사(不死) 선언이 참으로 위대했음을 이제야 더더욱 깊이 느끼고 깨닫는다. 눈뜨고도 모르고, 알려줘도 모르는 것을 청맹과니라고 해야 할지 당달봉사라고 해야 할지 얼른 구분이 안 가지만 다름 아닌 내가 그 꼴이 되었다. 스님은 말못할 육신의 고통 속에서도 고통 아닌 도리를 제자들에게, 또는 주변 사람들에게 낱낱이 보였고 죽음이 없는 이치를 남김없이 드러내 보여 주었지만 미처 알지 못한 허물과 죄가 나에게 있는 것이다.

스님은 갈수록 말하기가 어렵고 말이 거의 불가능해져 가는 것을 스님 자신이 알고 있었다. 그럴 때 누가 오면 스님은 눈으로 온갖 이야기를 다했다. 그 내용은 주로 만나서 기쁘다는 인사에서부터 공부 열심히 하라, 보살행을 하라, 너 자신은 무척 귀한 존재다, 부처님의 대자대비는 한량없다 등등, 평소의 곡진한 가르침 그대로였고 일상의 자애 그대로였다. 이어서 손을 꽉 잡아서 더욱 확실한 믿음과 다함 없는 우정을 확인해 주곤 했다. 무척 감동스럽고 절절한 장면이었으며 열렬한 생명 현장이었음은 두말할 나위도 없다.

이제 스님 떠난 뒤 가만히 지난날을 다시 돌아보면, 아니 스님의 한 말씀 한 동작을 곰곰이 되짚어 보면 스님은 사람들의 발길이 미처 닿지 못한 전인미답의 커다란 산이었고 내가 다 상상할 수 없는 세계를 지닌 초인이었고 거인이었다. 또한 스님은 어두운 이 세상의 별이었고 달이었으며 태양이었다. 오직 부처님의 진리 위에서 진리를 증거하고 진리를 보여 주고 진리 속에서 살다 떠난 분이었기에 나는 꺼지지 않는 불멸의 빛이었다는 것을 인정하지 않을 수 없다.

불사(不死)의 선언, 죽지 않는 진신의 현현(顯現)을 통해 불법의 위대성을 증거한 이 시대의 석가모니 화현(化現)을 일찍이 알아보지 못한 나의 이 무지를 어찌해야 하나! 다만 한스럽기만 할 뿐이다. 임종 수일 전에도 줄곧 기회만 있으면 '나 죽는 몸 아니야! 죽지 않아!' 하고 바라보는 스님의 투명한 눈빛은 우리에게 원래 죽음이 없다는 것을 일깨워 준 귀하디 귀한 감로법문이었다.

나무마하반야바라밀.

불광의 성불(成佛)

　‘성불’은 부처를 말하고 부처의 경지를 말한다. 또 ‘성불한다’고 말하면 범부 중생이 마침내 부처가 되는 것을 말한다. 그런데 우리 범부 중생이 어떻게 해야 과연 부처가 될 수 있을까. 그리고 그것은 정말 가능한 일이기는 할까.

　보통의 경우에 성불을 말하면 마치 어린아이가 높은 산을 바라보듯이 아득하고 어마어마한 느낌을 갖게 된다. 이렇게 되면 대개의 사람들은 성불을 시도해 볼 엄두도 내보지 않고 단념하거나 아예 성불을 생각하는 것조차 포기하고 만다. 아무리 좋은 사상이고 가르침이라고 하더라도 이처럼 접근하기 어려운 것이라면 그것이 인간에게 무슨 소용이 있으며, 또 진정으로 인간을 이롭게 할 수 있을까 하는 의구심마저 든다. 아무리 좋은 성불도 인간 가까이 있어야 하고 손 내밀면 잡을 수 있는 곳에 있어야지 멀리 있거나 감당 못할 정도로 아득하다면 누구도 가까이 다가가려고 하지 않을 것이다.

　우리 불교가 인도에서 시작하여 한국까지 전해 오면서 성불이 너무

멀리 가 있지는 않나 하는 생각을 가끔 해본다. 우리는 이점에 대해 진지하고 솔직하게, 그리고 곰곰이 생각해 보고 짚어 보아야 한다고 본다. 왜냐하면 성불이 인간에게서 멀어져 있다면 지금이라도 손을 써서 가까이 있게 해야 하기 때문이다. 누구나 아는 바와 같이 성불은 불교의 목표인데 목표가 너무나 아득하다면 어디 말이나 될 일인가.

이런 점에서 스님이 일으킨 반야바라밀 신앙운동은 바로 이런 문제점에 대한 직접적이고 궁극적인 해결책이고 인류의 새로운 성불운동이다. 인간 자존의 존엄을 드러내 보여 주고 그것을 그대로 바로 믿게 하는 정각운동이기도 하다. 그렇다면 좀더 구체적으로 불광의 성불은 무엇일까. 스님은 여기에 대해 이렇게 단도직입으로 대답했다.

"반야(般若)를 통한 인간과 세계의 이해다."

인간이 가지고 있는 모든 문제와 한계를 단숨에 뛰어 넘는 놀라운 일구다. 그리고 명명백백한 자성의 완전 노출이다. 실오라기 한 가닥 가리고 있지 않는 그대로인데 여기서 더 무엇을 얘기할 것인가. 그러나 아직도 의문이 남아 있다면 우선 반야에 대한 이해가 있어야 하리라. 우선 여기서는 가장 쉬운 말로 설명해야 할 것이다. 어차피 방편이니까 말이다. 방편은 쉬울수록 묘방편(妙方便)이다.

반야는 사람과 사람이 대립하지 않는 것이고 또 사람이 자연과도 충돌하지 않고 아무런 갈등 없이 지내는 상태를 말하고 있다. 요즘 일부의 외도(外道)들이 내세우고 있는 구호를 보면 '오직 예수'라는 말이 있다. 그 말이 나에게는 예수 이외에는 그 무엇도 인정하지 않겠다는 투쟁 선언으로 들린다. 과연 그러한 사람들에게 민족이 있을까, 가족이 있을까. 도대체 무엇이 있을까 하는 의구심이 들었다. '오직 예수' 이외에는 모두를 없애고 말살해 버려야 할 대상으로 보는 것 같아 섬

뜩하기까지 하다. 아니면 모두를 종으로 삼아 버리겠다는 단호한 의지의 표명 같아 그 역시 무섭고 두렵기는 마찬가지이다. 이것은 보기에 따라 인간관계의 황폐를 말함이며, 인간 정신의 살벌함을 조성하는 것이고, 내지 개개인의 가슴속에 고이 간직된 인간애를 모두 쏟아 엎어 버리는 슬픔이다. 또 이것은 무서운 대립이며 크나큰 갈등이고, 처참한 전쟁을 불러오는 비극의 서막이라는 생각이 드는 것도 숨길 수 없는 내 심정이다.

여기에 비하여 반야는 무(無) 대립, 무(無) 갈등을 선언하고 있다. 오직 인간의 온전함만을 믿고 대한다. 일체가 원만하며 자존(自存)한 존엄의 권위임을 인정하고 현실 속에 고스란히 드러내고 있다. 그러한 것에 대한 구체적인 실존행이 바로 감사이며 찬탄이고 보은이고 보현행이다. 다시 바꾸어 얘기하면 불광의 성불행이 감사, 찬탄, 보은이라는 것이다.

스님의 삼십이상

도피안사에서 삼 년 기도 결사를 시작한 지 열 달이 되어 갈 무렵, 범어사 행자시절 도반이었던 과천 보광사 주지 종훈 스님이 아무런 예고도 없이 찾아왔다. 오랜만에 만난 덕분에 무척 반가워서 조각가 진철문 불자와 함께 한 걸음이었는데도 마치 우리 둘만 만난 듯이 곁에 있는 그를 아랑곳하지 않고 둘만의 이야기에 열중했다. 실로 오랜만에 만났던 참이어서 그 동안 쌓였던 인생의 살아온 이야기가 길었다. 마당에 서서 대강의 안부나 요즘의 근황을 서로 나눈 뒤에 다시 선방으로 자리를 옮겨서 누가 선물로 가져다 준 맛 좋은 차를 마셔가면서 이야기는 끝이 없이 꼬리에 꼬리를 물고 이어졌다. 옛날에서 지금으로, 절로, 사회로, 나라 안으로, 밖으로 이야기는 종횡무진 술술 실타래처럼 이어져 갔다. 우리만의 이야기를 하면서도 양심상 가끔 곁에 있는 진철문 불자의 눈치가 보이긴 해도 그것도 잠깐, 어느 사이 우리는 또 다른 이야기 속으로 빠져들곤 했다.

이야기는 끝간 데 없이 이어져 둘이서 함께 행자생활 했던 어린 시절로 되돌아가고 있었다. 서로가 상대의 이야기를 열심히 듣고, 말하는 광경을 바라보던 진철문 불자도 어느 사이에 우리들의 이야기 속에 들어와 있었다. 종훈 스님은 얘기를 천천히 하는 편인데도 가만히 듣고 있으면 예리하고 의표를 찔러 상대방을 파고드는 데가 있어서 깜짝 재미가 있을 뿐만 아니라 배우고 느끼는 점 또한 많고, 들은 만큼 실제로 일을 하는 데도 도움이 되었다.

나는 그 동안 우리 스님 열반 뒤에 동상을 세우려고 강대철 조각가와 머리를 맞대고 계획을 세웠으며 또 조그만 모형까지 뜬 적도 있었다. 작가가 임의로 뜬 동상 모형이었지만 그것을 내 찻상 위에 올려놓고 바라보며 늘 이런저런 궁리를 거듭하고 있었다. 그 모형은 나에게 화두나 마찬가지였다. 항상 궁구해야지 잊거나 놓아서는 안 되는 것이었다. 요즘 나의 화두 역할을 하는 찻상에 놓여진 스님 동상의 모형을 보고 종훈 스님이 말했다.

"이봐요, 광덕 스님의 신체 특성 중에서 가장 인상 깊은 점은 머리 부분이여요. 얼굴이 동안(童顔)이시고 전체적으로 환하게 밝고 정수리가 불쑥 위로 솟아올라서, 마치 우리가 옛날 그림에서 보는 나한상처럼 신기하게 느껴질 정도로 머리가 잘 생긴 분이여요. 그러니 송암 스님은 광덕 스님의 동상을 제작할 때 가장 역점을 둬야 할 부분이 바로 이 머리지요. 광덕 스님의 머리 부분을 가장 유의하고 또 강조해야 합니다. 머리가 잘 생기신 광덕 스님은 얼굴과 몸에 광채가 서리어 멀리서 보나 가까이서 보나 마치 보름달처럼 환하시지요. 그러니까 거듭 말하지만 동상을 조성할 때 제일 관심을 갖고 정성 들여야 할 곳이 바로 머리 부분이라는 것이지요. 그 다음 동상의 두 번째 중요한 부분은 스님의 눈빛이지요. 광덕 스님의 두 눈의 투명하고 영롱한 맑음에서 뿜어져 나오는 광채는 결코 예사롭지가 않고 보는 사람으로 하여금 광덕 스님의 한없는 지혜와 자비를 그대로 느끼게 했어요. 앞으로 누가 동상을 조성하더라도 광덕 스님에 대해서는 이 두 부분만 잘 표현하면 바로 명작이 될 것입니다."

넋 놓고 듣고 있던 나는 그제서야 정신이 번쩍 들었다. 등잔 밑이 어둡다고나 할까, 그 동안의 나의 불찰을 어떻게 변명해야 할지 모르겠지만 나는 사실 이점에 대해서 그렇게 중요하게 생각지 않고 스님 얼굴만 똑같이 열심히 만들다 보면 모든 부분이 저절로 완전하게 될 것이라고만 믿고 있었다. 스님의 남다른 고유한 특징에 대해 크게 생각지 않고 있었다. 종훈 스님으로부터 정곡을 찌르는 깨우침을 받고서야 비로소 확실하게 느껴지고 가닥이 잡혔다. 그리고 금방이라도 스님의 동상이 손에 잡힐 듯이 다가왔다. 순간 다시 정신이 번쩍 들었고 가슴이 두근거릴 정도로 놀랐다. 자칫, 엉뚱한 모습에 매달려서 허우적거릴 뻔했으니 말이다.

기왕 이야기가 여기까지 나왔으니 스님의 남다른 모습에 대해서 좀 더 말해야겠다. 나는 스님의 훤한 동안과 붕긋 솟아오른 정수리와 밝은 눈빛의 특별한 모습을 두고 광덕 삼십이상이라 부르기도 했다. 사람에게 가장 중요한 얼굴 부분이 스님은 특별하여 남달랐다.

삼십이상이라는 말은 부처님의 특별한 모습을 전체적으로 일컬어 후세 사람들이 붙인 관상 분류법이다. 아무튼 여기서는 삼십이상을 자세히 설명하기는 어렵지만 간단히 말하면, 일반 범부에게는 없는 부처님만의 특별한 신체적 특징이라고 보면 될 것이다. 그러나 범부라도 출가하여 일심으로 열심히 공부하면 저절로, 아니 자기 자신도 모르는 사이 머리의 정수리 부분이 솟아오르는 것이다. 그래서 오늘날도 공부

인을 찾으려고 하면 먼저 머리부터 보게 되고, 또 옛날 조사상을 그릴 때 가장 강조한 부분이 바로 이 머리의 정수리 부분과 두 눈이다. 그래서인지 조사상을 보면 기형적일 정도로 이 두 부분이 강조되어 있다.

역시 스님도 언제부터인지 몰라도 정수리가 잘 생긴 산봉우리처럼 붕긋하게 솟아올라서 스님을 바라볼 때는 늘 올려다보아야 했다. 피부 색깔의 투명함과 어울려 유난히 돋보이는 스님만의 남다른 모습이었고 잊혀지지 않는 독특한 인상이었다. 정수리가 유난히 솟아오른 스님은 원만상의 뛰어난 모습과 항상 자비로운 눈빛으로 사람을 대했다.

불쑥 솟아오른 정수리 덕분으로 얼굴이 더 커진 우리 스님, 그 좋은 상호로 사람을 반갑게 맞이한 일은 말 이전에 상대가 이미 부처님임을 인정하는 엄숙한 대면의식이었다. 이제 다시 그런 스님의 다정다감한 자비의 모습이 무척 그리울 때가 많다. 그것이 내가 나이를 먹고 세월이 흘러간다는 증거일까.

아, 스님 떠난 지도 어느덧 두 해가 다가오고 있다.

상불경보살은 어디에

전주에 살고 있는 원각 거사 장철주 불자는 처음보다 나중이 더 좋은 사람이다. 아니 날이 갈수록 주변 사람들에게 고개를 저절로 숙이게 하는 힘을 가지고 있다.

얼핏 보면 그는 키도 작고 인물도 잘생겼다고 말하기는 어려울지 모르겠다. 주변 사람들의 분위기를 파악하여 비위를 잘 맞추거나 우스개 소리나 재담을 잘하여 인기있는 것도 아니다. 어디를 봐도 특별한 데가 없는 너무나 평범한 사람일 뿐이다.

그러한 그가 지난 3월 이곳 도솔산에 와서 백일기도를 시작했다. 함께 기도하며 생활하는 가운데 시간이 지나고 날짜가 거듭될수록 그의 내부에 숨겨진 진가가 하나하나 드러나기 시작했다. 그 누구도 알지 못하고 미처 보지 못했던 그만의 참 면모가 진지하고 겸허하게 조금씩 나타나기 시작했다.

그것은 바로 그의 내면에 담겨 있는 끝없는 겸허함과 무한한 인욕이었다. 누가 뭐라고 하든 안 된다, 못 하겠다 하는 생각이나 말은 들어

볼 수가 없고 오직 머리를 숙이면서 큰 눈동자에 인간애를 가득 담고 조용히 미소 지으며 상대의 뜻을 받아들인다.

처음에는 대중들이 그에게 별다른 관심을 갖지 않았다. 그런데 날이 갈수록 식구들이 모여 앉아 차를 마실 때나, 공양 후 활공루에 하나둘 모이게 되면 으레 원각 거사 얘기부터 시작하게 되었다.

우리는 그가 백일기도를 마치고 전주 집으로 돌아간 뒤에야 오늘날의 상불경보살임을 비로소 깨닫게 되었다. 이러한 원각 거사로 말미암아 나는 그 동안 잊고 살았던 스승의 훈도와 가풍을 다시 떠올리게 되었으니 실로 죄스럽기 그지없다. 원각 거사는 이곳 도솔산 개산조이신 광덕 스님의 한결같았던 하심과 인욕을 다시 그리게 되고 찾게 되는 계기를 나에게 선물로 주고 갔다.

스님은 누구에게나 하심과 인욕으로 때묻지 않은 진실을 아낌없이 꺼내 주었다. 신도에게나 일반인에게나 구별이 없었고, 친하거나 처음 만나거나에 거리를 두지 않았으며, 나이 많거나 적거나에 기준을 맞추지 않았다. 심지어 가까이 있는 상좌들에게도 크나큰 하심과 인욕으로 당신의 청정한 진실을 보여 주고 또 보여 주었다.

스님의 겸손과 인욕은 바로 모든 사람들에게 예경과 찬탄으로 드러나서 스님 앞에 서면 아무리 거친 마음도 고요하게 되었고, 남을 비난하고 욕하다가도 부끄러움을 느껴 잘못을 뉘우쳤다. 함부로 스님 앞에서 남의 험담을 하거나 단점을 들추는 일은 불가능하였다. 스님이 싫어하고 막아서가 아니다. 그 이전의 문제이다. 마치 구름이 허공을 물들이고 어쩌지 못하듯이 말이다.

스님 앞에 서면 저절로 마음이 평안해지고 진실해지는 까닭은 스님의 법력이 높기 때문이었다. 하심과 인욕, 예경과 찬탄이 스님의 가장

큰 법력이었다. 대한민국시대, 우리들 앞에 현현한 상불경보살이 바로
광덕 스님이었다는 생각을 하게 된다. 때늦은 뒤에서야…….
　나무상불경보살마하살.

일러스트 / 최흥원

제 8 장

종단 백년대계

- 교육은 깨달음이다 -

山堂靜夜坐無言	산당의 고요한밤 홀로있으니
寂寂寥寥本自然	적요한 삼라만상 본래그대로
何事西風動林野	서풍은 무슨일로 숲을흔들어
一聲寒雁淚長天	한소리 찬기러기 장천에우네.

설법은 어둠에 던지는 진리의 빛이다

누가 스님에게 가장 소중한 것이 무엇이냐고 하면, 스님에게서 어떤 대답이 나왔을까. 또는 어떤 기상천외한 대답이 등장했을까.

그러나 그것은 어쩌면 어리석은 질문이 될지도 모르겠다. 왜냐하면 이미 스님의 대답은 누구나 짐작할 수 있는 것이기 때문이다. 답이 뻔히 나와 있는 질문이나 질문 속에 대답이 들어 있는 질문은 역시 우문(愚問)일 수밖에 없다. 그렇다. 스님에게 부처님보다 더 소중한 것이 또 어디에 있겠는가 말이다.

스님은 출가 수행자라면 누구나 갖고 있어야 할 것을 빠짐없이 모두 고루 갖추고 있었지만 그 중에서 남보다 더 갖고 있는 것이 있다면 그것은 설법에 대한 매우 특별한 믿음이었다. 그러기에 스님은 특히 설법시간을 무척이나 소중하게 여겼다. 스님이 담당한 설법에 대한 준비는 자세하고 철저하기 이를 데 없었다. 혹시 법회에서 법사를 초청했을 때 그 법사가 설법에 대한 사전 준비를 빈틈없이 잘해 오면 스님은 드러내 놓고 소년처럼 마냥 즐거워했다.

아마 스님에게 이 세상에서 가장 고귀하고 신성한 시간이라면 설법시간이 될 것이다. 평소에 몸이 불편하여 운신과 거동이 어려워도 설법시간만 되면 기적처럼 말짱하게 몸을 움직여 법상에 오르곤 했으니 말이다. 그리고 법상에 머무는 시간만은 전혀 딴 사람이다시피 활기 넘치고 우렁차게 사자후를 토했다. 그때는 스님의 그 어디에도 병색은 찾아볼 수 없고 오히려 건강한 사람 이상의 기백과 정열이 뿜어져 청중들에게 한없는 감동과 부처님에 대한 끝모를 은혜의 물결을 불러일으켰다. 그것뿐만이 아니었다. 어지간한 자신의 병고에는 아랑곳없이 동서남북 어디서나 누가 법을 청하면 가리거나 사양한 적이 없었다. 특히 군부대나 교도소, 양로원 같은 곳에서의 청법은 마치 미리 기다리고 있었다는 듯이 반겨 맞았고 달려가 설법했다.

이와 같이 스님은 설법에 대해서 특별한 믿음과 신념을 가지고 평생을 살았다. 그것은 바로 설법이 갖는 위력을 누구보다 절실하게 파악하고 있었고 그 의미를 바르게 간직하고 있었기 때문일 것이다. 스님이 쓴 화엄경『보현행원품 강의』를 보면 설법에 대한 스님만의 이해와 믿음이 잘 나타나 있다. 그리고 나는 언젠가 스님이 불광사에서 일을 마치고 보현사로 떠난 뒤 스님 방에서 조그만 메모 쪽지를 발견하여 살짝 훔쳐 본 적이 있었다. 이면지를 이용한 간단한 메모였는데 거기에 쓰여진 글이 바로 이 이야기의 제목이다.

순간 나는 눈이 번쩍 뜨일 정도로 놀람과 동시에 반가움을 느꼈다. 스님의 가장 깊은 내면을 나만이 훔쳐본 느낌 때문이었고 그 메모의 구절이 내 가슴속에 깊숙이 새겨졌기 때문이었다. 그리고 스님의 가장 크고 은밀한 비밀을 나 혼자 알고 있다는 자부심이라고나 할까. 아무도 모르게 스님에게 법을 전수 받은 느낌이 들 정도로 은밀한 감정이 솟아올랐다. 아무튼 나는 어른의 메모를 보려고 해서 본 것이 아니라 다른 서류를 찾다가 우연히 눈길이 가서 보게 된 것이다.

나는 그때 잠깐 사이에 훔쳐 본 그 구절 때문에 평생의 좌표가 될 새로운 각오와 깨달음을 얻게 되었다. 출가 수행자로서 신도들에게 간혹 설법을 하게 될 때 가장 먼저 떠오르는 생각이 바로 스님의 메모였다. 이 글의 제목이기도 한 스님의 간단한 몇 자의 위력이 오늘도 내 삶의 좌표로서 나를 이끌고 있다.

사람은 연속된 사건 속에서 일생을 산다고 하더니만 내가 바로 자그마한 일상의 평범한 이 사건(메모를 훔쳐 봄)을 통해 일생의 귀중한 체험을 갖게 된 것이다. 지금도 내 책상 앞에는 스님의 소리 없는 무언의 가르침이 나를 가만히 지켜보고 있다.

종단 백년대계

불광유치원 개원 준비로 한창 바쁜 1987년 2월 17일이라고 내 메모에 기록되어 있다.

그 날도 스님께 보고드릴 일로 방에 들어가서 절하고 조용히 앉았다. 2월이라고 해도 날씨가 차가웠고 유리창에는 성에가 끼어 그대로 겨울 같은 느낌이 드는 날, 하지만 아침 일찍 동창에 들어오는 햇빛이 무척 따뜻한 느낌을 갖게 하는 포근함이 방안에 가득 흘렀다. 유치원 개원 준비상황을 말씀드리고 난 뒤에도 방안 분위기가 좋아서 일어날 생각을 않고 마냥 그대로 스님 곁에 앉아 있었다. 포근함과 안락감에 젖어 일어날 줄 몰랐던 것이다. 스님은 넋 놓고 앉아 있는 나를 가만히 건너다보면서 말했다.

"내가 젊은 시절부터 종단의 도제 양성에 많은 관심을 가졌다. 특히 학인들에 대한 교육에 유난히 관심이 컸지. 정화 이후 종단의 기본 틀을 다시 짜면서 종단 3대사업으로 교육을 올리고 하나하나 기틀을 마련했어. 지금 보면 부족한 점도 많이 보이겠지만 그 당시로서는 최선의 방안이라는 생각으로 일했던 거야. 그러나 내가 지금 보아도 아쉬운 부분과 빠진 점이 많아. 그것은 사회의 급속한 발전과 변화도 있겠지만 그 당시 종단 내의 여러 가지 한계상황도 있었기에 그때로서는 최선책이라고 생각했던 거야.

아무튼 지금 내가 말하고자 하는 부분은 바로 행자교육이야. 지금까지는 처음 출가하여 수행자가 되려고 절에 오면 무조건 하심 공부시킨다고 후원살이부터 한동안 시켰는데, 사실은 하심이 무엇인지도 모르면서, 또는 왜 하심을 해야 하는지도 모르고 그냥 무턱대고 일정 세월만 보냈던 거야. 그렇게 하여 어느 정도 기간이 차면 순서대로 사미계를 주었던 거지. 또 한편으로는 사중에서 필요한 노동력의 충당과 이용이었는지도 몰라. 보다 수준 높은 행자교육을 통한 인재양성을 생각지 않고 과거에 했던 대로 마냥 흘러왔다고나 할까. 어쨌거나 지금 우리 세대들이 미래를 멀리 보지 못하고 현실에만 급급했던 허물을 면할 수 없는 노릇이었어.

미래의 불교 수행자를 기른다는 생각으로 종단 내 행자들의 전문 교육을 생각해 보면, 사실 행자의 첫 출발은 대단한 용기가 있어야 하는 것 아니야. 무엇보다 새로운 인생에 대한 당사자들의 결심이 필요하고, 그 다음 때를 놓치지 말고 바로 적절한 교육이 뒤따라야 훌륭한 수행자들을 기를 수 있고 부처님의 가르침을 널리 전할 수 있게 되는 것이지. 그런데도 그 중요한 시기에 까닭도 잘 모르는 하심 공부한다고 허송세월 했다면 결국 정작 해야 될 출가의 기본을 닦는 일에는 소홀하게 된 것이지. 행자들의 크나큰 용기와 결심이 조금이라도 이완되기전에 적절한 교육을 받게 되면 기초가 튼튼하게 되겠지. 그러나 때를 놓치고 나면 그런 호기를 얻기는 좀처럼 쉽지가 않아. 그것은 우리가

일러스트 / 최홍원

인생을 살아보면 알 수 있는 일 아닌가.

아무튼 행자의 결심이 섰을 때 수행의 기초를 다지는 것은 대단히 중요한 일이야. 그래서 모든 일에는 기회가 있는 법이고 때가 있는 법이야. 때를 놓치면 그만큼 힘들고 어려워지게 되는 것이야. 적절한 때의 제대로 된 교육은 일생 동안 큰 힘이 되고 모든 수행의 기초를 튼튼히 쌓는 일이기도 하겠지. 그리고 종단의 앞날을 생각하더라도 중요하기 짝이 없는 일이야. 그런데도 행자들에게 하심의 원리나 방법을 알려 주지 않고 구태의연한 과거의 습관으로만 방치했던 것은 오히려 위험한 일이기까지 했던 거야. 그런데도 불구하고 이제까지 종단이 잘 지탱해 온 것을 보면 부처님의 위신력이 얼마나 대단한 것인가를 다시 깨달을 수 있는 일이기도 하고. 이런 점을 보더라도 우리 수행자들은 늘 부처님께 감사하는 마음으로 생활해야 하고, 우선 아침저녁 예불에 소홀함이 없어야 하고 기본적인 일과에 충실해야 해. 그리고 부처님의 은혜를 갚는 전법과 포교에 투철한 책임감을 가지고 생활해야 한다고 생각해.

이봐! 송암, 내가 몸 관리를 잘못하여 생각은 했어도 미처 하지 못한 일이 너무나 많아. 종단 일이나 불광 일이나 매 한 가지야. 아무튼 나 대신 송암 수좌라도 큰 뜻을 가지고 뜨거운 신심과 열렬한 정진으로 부처님의 크신 은혜를 갚아야 해. 그러는 뜻에서 내 얘기를 마저 들어 봐!"

스님은 여기까지 찬찬히 얘기를 하고 허리가 아프다고 자리에 누웠다. 다리를 쭉 펴서 잠깐 휴식을 취한 뒤 다시 행자교육을 거론했다.

"출가의 장한 뜻을 품고 행자가 절에 오면, 절 안의 대덕으로 하여금 스승이 되게 하여 앞으로 모든 교육과 수행에 미리 책임을 지게 해야 해. 그러니까 행자 때부터 스승을 정하는 것이지. 그리고는 종단 지정 행자교육원으로 보내서 총괄적인 행자교육에 임해야 한다고 봐. 소정의 행자교육이 원만하게 끝나면 사미계를 받게 하고 점차로 보다 심화된 교육을 받을 수 있도록 과정을 정하면 될 거야. 내가 지금 교육이라고 표현하지만 수행을 전제한 말이라는 것을 알아야 해. 지금 생각해 보면 소규모의 행자교육보다 큰 규모의 행자교육이 더 바람직하다는 생각이 드는구나. 큰 규모의 종단적인 교육은 시야를 넓혀주고 단체생활을 통해 인격이 원만하게 도야될 수 있기에 하는 말이다. 그리고 아무래도 교육에 투자할 규모가 커질 수 있고 내용이 충실한 계획을 가질 수 있지 않겠나 하는 생각 때문이지. 아무튼 자세한 것은 그때의 형편에 따라서 준비하면 되겠지만 큰 골격만 잘 갖추면 될 것이라고 생각해.”

건강한 사람도 말을 많이 하고 나면 무척 힘든 것을 느끼게 된다. 그런데도 스님은 얼굴이 약간 상기된 듯 오히려 눈빛은 한결 밝고 안광이 일어났다. 평소 소신을 열어 보인 후련함 때문일까, 상좌에게 고이 간직했던 비법(?)을 전수해 준 안도 때문일까.

나는 한편으로 스님이 누워서 구술하듯이 천천히 또박또박 하는 말씀을 들으면서, 또 한편으로는 말씀의 요점을 옮겨 적으면서, 그리고 스님의 표정을 살피면서 모든 촉각, 육근을 곤두세워 스님에게 집중하고 있었고 한마디 한마디 말씀에 크게 공감하고 있었다. 행자교육에 대한 부분은 내가 겪으면서 체험했던 부분이었기에 그만큼 공감이 크고 빨랐다. 또 행자교육이 중요하다는 것은 거의 상식적인 일이니 어쩌면 재론의 여지도 없겠다. 내가 열심히 들었다는 것을 인정하는 뜻에서인지 스님은 다음날 종립대학에 대한 스님의 뜻도 얘기하겠다고 덧붙여 주었다. 아무래도 스님이 좀 쉬어야 할 것이라는 생각이 들어 나는 너무도 잘 생긴 스님의 정수리를 다시 바라보며 살며시 방문을 닫고 나왔다.

종립대학의 역할

불교 종립대학은 변천하는 사회 환경 속에서 불교가 어떻게 이익중생의 과업을 효율적으로 펼쳐 나가야 하는가를 연구하는 기관이 되어야 할 것이다. 불교가 사회 발전에 앞장서서 인류 문명의 진보를 바람직한 방향으로 계도해 가는 것이야말로 바로 부처님의 구세대비이며 구국구세의 보살행일 것이다. 또한 그것은 불교가 구체적으로 사회 발전과 국가 발전에 기여하고 인류평화의 실현과 인간의 삶에 철학적 토대의 역할을 자임한다고 할 수 있을 것이다. 불도들은 그런 포부와 서원으로 포교에 나서야 하고, 자비로 중생구제의 서원을 일으켜야 할 것이다.

이러한 입장에서 한국불교를 대표하는 조계종단의 연구기관 격인 종립 동국대학교는 끊임없이 이익중생의 현대적 방법론을 제시하고 원리를 밝혀 사회 발전에 충실히 기여해야 할 것이다. 이것이야말로 사회성숙·역사 발전에 무한 책임을 지는 것이고, 아울러 불자들의 능동적이고 창조적인 삶의 자세라고 할 수 있으며, 부처님의 원대한 의지를 이 시대에 실현하는 진정한 포교 불사라고 말할 수 있을 것이다. 그 역할은 역시 대학이라는 전문 연구기관에서 담당해야 하고 지속적으로 연구·개발해서 이상적인 방법을 제시해야 하리라고 본다. 흔한 말로 구슬이 서 말이어도 꿰어야 보배듯이 진리의 원리를 누구나 손쉽게 쓸 수 있는 방법이 늘 가까이 있어야 부처님 법도 한층 가까워질 수 있고 중생성숙·국토성취의 대업이 원만하게 이루어지리라 보기 때문이다.

우리의 불법이 세계평화의 원리가 되고 과학문명의 발전에 철학적 토대가 될 수 있다면 현재 인류가 처해 있는 여러 가지 절망적인 상황에서 벗어나는 길이 될 것이고 새로운 희망이 될 것이다. 이런 점에서 오늘날 종립대학의 기능과 역할은 대단히 중요할 뿐만 아니라 종단의 눈과 귀를 가진 머리의 구실을 해야 할 것이다.

불광유치원을 성공적으로 개원한 후, 아마 그 해 4월쯤이라는 생각이 든다. 3월에 유치원을 개원하여 어린이가 200여 명 모이니까 절 분위기가 평소보다 많이 달라졌다. 아이들의 뜀박질과 웃음소리에 어른들마저 덩달아 기분이 달뜰 정도로 활기와 약동이 절 내에 가득 넘쳤다. 아이들의 등원시간이 되면 꾀꼬리 목소리가 합창처럼 이층 스님 방까지 가득히 울려 퍼졌다.

스님도 추운 겨울을 지나고 또 아이들이 입학하여 시끄러울 정도로 떠들어대니 여느 때보다 한결 밝은 분위기 속에서 생활하는 듯했다. 유치원 개학 후 자주 유치원에 대해 이것저것 궁금한 점을 묻기도 하고 원장을 비롯하여 종사자 모두에게 각별한 관심을 기울여 주었다. 그 즈음의 나 역시 하루하루 즐거움 속에서 지냈고 뭔가 새로운 희망이 손에 잡힐 것 같은 기분으로 생활하고 있었던 때이다. 이런 절 내의 달라진 분위기의 변화는 전적으로 유치원의 어린 보살과 어린 거사들 덕분이었다.

나는 그 날도 유치원의 하루 학과가 모두 끝나가는 시간, 귀가하는 아이들의 즐거워하는 소리를 들으며 스님 방문을 두드렸다. 미소짓는 모습으로 흐뭇한 마음으로 스님께 절하고 곁에 앉았다. 스님은 그 날의 일 중에서 몇 가지 궁금한 점을 간단히 물어본 뒤 편안한 자세로 누운 채 지난번 약속했던 얘기를 다시 시작했다.

"송암, 내가 그 동안 종립학교 운영에 오랫동안 몸담고 있으면서도 정작 해야 될 일은 못 하지 않았나 하는 아쉬움과 자책이 들곤 해. 우리 종단에 유일한 대학교육기관인 동국대학교를 획기적으로 성장시킬 수 있는 기회를 마련하고, 앞날을 대비하여 미리 여러 가지 충실한 준비가 있어야 하는데 말이지. 요즘 들어서 지난날을 아무리 생각해 보아도 그렇지가 못했던 것 같아. 사실 내가 그 동안 줄곧 머릿속에 그려 왔던 동국대학교 발전에 대한 청사진은 조금 특별한 것이었어. 언젠가 적절한 때가 되면 시작하려고 벼르고 있었는데, 그때보다 병이 먼저 와버렸으니 참 안타깝지. 그러나 누구에게 얘기라도 해야 할 것 같아서 말이야."

여기까지 단숨에 말하고는 뜸을 들이듯이, 아니면 무엇인가를 다시 찾듯이 한동안 천정만 응시한 채 가만히 누워 있었다. 뭔가 골똘히 생각하며 가다듬고 있는 느낌이 들었다. 한참 지난 뒤에야 누운 그대로 두 손을 가지런히 가슴에 올려놓고 차분히 입을 열었다.

"역사 깊은 우리 동국대학교를 민족의 대학으로 키우고 세계 속의 불교대학으로 키우기 위해서는 좀더 일찍이 특별한 방책이 있어야 했어. 그 동안 여러 가지 부득이한 학교 사정으로 인하여 실기(失機)한 것도 있었고, 계획으로만 남은 일도 많았고 아무튼 이미 모두 지나간 일이긴 해도 우리가 좀더 일찍이 의과대학도 만들고 첨단학과도 만들어야 했다는 생각이 자꾸만 지워지지 않아.

그리고 무엇보다 중요한 것은, 동국대 전체의 모든 학과마다 불교학 박사를 배치하여 학생들이 교양과정을 마치고 전공에 들어가서 좀더 심오한 불교사상을 통해 깊은 아이디어를 제공받고 학문적인 영감을 받도록 하고 싶었던 것이야. 물론 지금도 1학년 교양과목으로『불교학개론』이나『불교문화사』를 배우기는 하지만 그것으로는 부족하지. 학생 각자가 자기 전공으로 들어갔을 때 전공과목을 더욱 충실하게 하기 위해 불교학을 심도 있게 공부하는 것이지. 그것은 바로 철학적인 토대를 마련하는 일과 같은 것이야. 그러니까 학생들의 전공이 무엇인가는 상관없는 일이지. 불교는 인간과 우주가 둘이 아닌 진리를 깨닫게 할 뿐만 아니라 인간에게 가장 심오한 영감을 일깨워 주거든. 그런 기회를 동국대의 모든 학생들에게 제공했을 때, 학생들의 한없는 상상력과 무한한 창의력은 마치 샘물처럼 용솟음쳤을 거야. 아주 대단하고 획기적인 일이 되었겠지. 그리고 이것은 아무나 흉내내거나 따라할 수 없는 특별한 일이기도 하고 매우 탁월한 교육방법이기도 하고 말이야.

아무튼 이로 말미암아 나타나는 놀라운 현상은, 즉 투자의 결실은 바로 불교의 진리로 인간 세상을 유익하게 하는 이익중생의 부처님 뜻이겠지. 학교의 발전이나 학문의 성취는 조그마한 것일 뿐만 아니라 말할 필요도 없는 너무나 당연한 일이겠고. 그리고 그러한 노력은 벽에 부딪친 현대 문명의 새로운 출구를 마련할 수 있고, 더 큰 희망과 인류행복의 새로운 계기를 맞이할 수 있었을 거야. 바로 그 점이 우리 불교가 인류에게 공헌하는 점이기도 하지. 그리고 그것은 학생들에게나 사람들에게 포교하기 위한 종교적인 수단이 아니야. 차원이 너무나 달라. 너니 나니, 또는 우리니 하는 것이 아니거든. 그 모두를 위한 것, 어느 것 하나에도 소홀함 없이, 치우침 없이 진정 일체가 함께 할 수 있는 원리 중에 으뜸 원리이지. 그러니 적어도 우리만을 위한 단순한 차원이 아니라는 얘기가 저절로 되는 것이지.

자, 거듭 말하자면 그것이야말로 인간의 무한한 창의력을 개발하는 것이고, 정신과 물질이 대립하지 않는 원리를 현실에서 펼쳐 보이는 것이고, 부처님의 진리를 통해 인류평화에 기여하는 놀라운 일이 되고 내지 불사가 되겠지. 어쨌든 이일이 처음에는 좀 어려워도 점진적으로 시행해 갔더라면 지금쯤은 상당한 진척이 있었을 거야. 종단 지원도 받고 그로 인해 종단과의 협력관계도 더욱 굳건히 하여 명실상부한 종립대학으로서 자리매김이나 역할을 충분히 했을 거야. 그랬다면 외국에 나가서 힘들여 불교공부한 사람들에게도 학문연구와 학생지도의 역할과 책임을 수월하게 맡겼을 테지. 그러면 대학의 학풍도 한층 왕성하게 용솟음쳤을 것이고 굉장한 힘을 얻었을 거야. 그것은 이미 말했지만 세계에서 유일하게 동국대학교만이 할 수 있는 일이 되었을지도 몰라."

여기까지 얘기를 한 스님의 얼굴은 어느새 발갛게 상기되어 있었다. 한동안 천정을 바라보면서 아래턱을 이리저리 살짝살짝 움직이며 뭔가 다시 골똘히 상념에 젖어들었다.

나는 스님을 바라보며 생각했다. '도인에게도 아쉬움이 있을까. 만약 있다면 지혜가 부족해서일까, 아니면 용기가 없어서일까. 그도 아니라면 인연이 없어서일까.'

나는 스님의 긴 말씀을 줄곧 들으면서 스님 얼굴에 간간이 스쳐 지나가는 안타까운 표정과 여운을 놓치지 않았다. 그리고 내 작은 국량대로 생각하고 의심해 본 것이다. 그러나 다시 마음을 가다듬고 생각해 보니 그 점에 대해 보다 깊은 느낌이 와 닿았다. 나는 곧 내 머리를 사래질하며 '아니지, 아니다.' 하고 부정했다. 그것은 보살의 원이 크기 때문이고, 그 원력이 장엄하여 끝이 없는 무진장 생명을 표현한 것이기에 나타나는 세간의 일시적인 현상일 뿐이다.

내 조그만 우물만한 생각. 내 생각(우물) 밖의 무한 바다 같은 대원해 앞에서 나는 다시 옷깃을 여며야 했다.

수계자(受戒者) 교육

계를 받는 것은 삼보에 대한 믿음을 세우는 것이 그 근본 뜻(三歸依) 이다. 또한 본격적인 불교 수행의 출발이기도 하다.

좀더 쉬운 말로 바꾸어 얘기하면, 어떤 사람이 자식을 낳아 잘 키우 다가 어느 날 그만 자식과 서로 헤어져 이산가족이 되었다. 그 후 많은 세월이 흐른 뒤에 헤어진 부모와 자식이 다시 만나게 되었다. 그런데 서로 만나고도 진짜 부모, 자식이 맞는지 아닌지 확실히 믿기 어렵게 되자 부득이하게 친자 증명을 하게 되고 확인 소송을 하여 자기 자식, 자기 부모임을 인정받았다.

수계식도 이와 같은 형식이다. 본래부터 우리 모두는 부처님의 자식 인데 많은 세월 동안 중생 어둠 속에 묻혀서 살다 보니까 그 사실을 망각한 것이다. 그래서 부득이 수계식을 통해 다시 부처님의 친자식임 을 확인하는 것이다. 그렇게 하여 마침내 친부모(부처님)를 되찾고 보 니 자기의 본래 생명의 진면목이 그제서야 여실하게 드러나는 것이고, 그 속내용을 한마디로 쉽게 말하면 바로 마하반야바라밀이라는 것이다. 즉 바라밀 생명이 자기의 진실이고 본 모습임을 알게 된 것이다.

스님은 일년에 한번(연중 11월)씩 재가불자들의 수계식을 개설하였다. 수계식 전에 수계교육을 했는데, 그 내용이 바로 중생성의 탈각(脫却)이었다.

중생들의 대표적인 삶의 속성은 근심, 걱정, 장애와 불안 등등이다. 여기에 대항하여 전면 부정하거나 또는 인정하는 것 자체가 잘못된 것, 다시는 그런 잘못을 반복해서는 안 된다는 것을 강조했다. 그리고 갈등과 고뇌, 인간 번뇌는 원래 없는 것임을 선언하고 오직 감사, 찬탄, 성숙만이 있을 뿐임을 힘차게 설파해 나갔다. 그리고 불자로서의 수행과 삶의 방식을 철저하게 안내하고 그 의의를 자세히 설명해 갔다. 그것이 불자로서의 수행이고 삶인 조석일과 기도수행이었다. 재가불자들도 스님들처럼 아침저녁 꼬박꼬박 빠짐없이 예불 올리고 기도하는 것을 뜻했다.

그리고 사람은 혼자 밥을 먹고 혼자 잠을 자도 사실은 혼자가 아니라는 것을 일깨워 주었다. 결코 사람은 혼자가 아니라는 사실을 깨닫게 하기 위하여 함께 기도하고 다같이 염불하고 보현행 하는 동체대비의 실천과 동일생명을 적극 일깨워 주었다. 불자는 혼자 기도하거나 혼자 인생을 사는 것이 아님을 공동체 수행(법등)을 통해 불자 모두에게 보여 주고 확신시켜 주었다. 바로 보살행을 익히는 것이고 보살도를 가는 것이다. 그래서 법등은 진리 공동체다. 진리 공동체인 법등을 통해 비로소 사람은 혼자 살고 혼자 이루는 것이 아님을 깨닫게 했고, 또 함께 하므로 진정한 힘을 얻게 되고, 수행이 깊어지게 되고, 거기서 새로운 길을 열어가는 것임을 알도록 했다.

불광에서 계 받은 사람이라면 누구나 법등(공동체) 수행 체험을 통해

진리생명을 깨닫도록 인도했다. 그래서 불광에서 계를 받고 수계 교육
에 동참하면 불자 기본을 단박 형성하게 되었던 것이다. 그것은 정말
놀라운 일이 아닐 수 없었다. 일거에 사람이 달라질 수 있다는 것은 그
자체로서 이미 특별한 것이다. 바로 이점이 불광 수계의 독특한 힘이
었고 꾸준한 수행의 토대가 되었다.

하늘 동자

1.

같은 조건이나 비슷한 환경에서 자란 형제도 성격이나 개성이 판이하게 다른 경우가 많다. 왜냐하면 사람은 제각기 다른 업으로 태어났기 때문에 설령 환경이 똑같다고 하더라도 같을 수 없는 근원적인 요인을 가지고 있기 때문이다.

서로 다른 요인, 즉 업은 서로 다른 것을 우선적인 특성으로 하고 있어서 억지로 맞추려고 하면 오히려 부작용이 생기게 된다. 다만 서로 조화만 이루면 상호 보완적 상의상관(相依相關)의 의존관계가 형성되기 때문에 개인의 부분적 한계를 극복하는 데 매우 적합한 요결(要決)이 된다. 그렇기 때문에 교육에 있어서 사람의 서로 다른 성격을 억지로나 강제로 맞추려고 하지 말고, 극히 자연스럽게 협력하도록 하면 모든 일은 저절로 원만해진다.

이와 같이 사람과 사람의 관계가 원만해지기 위해서는 일찍부터 그 원리를 알고 자기의 습성을 극복해야 한다. 그러나 아무리 원리를 잘 안다고 하더라도 오랜 기간 굳어진 개인의 집요한 습관을 뛰어넘지 못하면 원리는 힘을 못쓰게 되고 마침내 쓸모없게 된다.

굳어진 습관, 즉 업을 녹여 없애기 위하여 불교에서는 철저한 수행을 한다. 바른 수행만이 굳어진 각자의 습관을 뛰어넘을 수 있는 유일한 길이기 때문이다. 수행을 통한 개인의 안심(安心)은 사람들과의 화합을 원만히 이루게 하고 더 나아가서는 국가의 안녕과 세계평화의 원리가 되며 그 원형을 이룬다 할 것이다.

아무튼 사람이 모여 함께 산다고 하는 것은 행복으로 갈 수도 있고, 불행으로 갈 수도 있는 것이다. 사람과 사람의 화합이라는 이 부분이 어릴 때부터 잘 훈련되어 있는 사람은 매우 성공적인 사회생활을 할 수 있고, 반대로 남과 잘 어울리지 못하는 사람은 사회생활의 적응이 더디고 무척 어렵게 된다. 그러나 수행을 따로 하지 않아도 이미 많이 닦은 사람만큼 사회생활이 원만한 사람은 벌써 자기 스스로도 알지 못하는 사이, 과거 전생에 닦았던 사람임에 거의 틀림없다. 쉽게 이야기하면 수행의 목적은 남과 더불어 조화롭고 화목하게 그리고 적극적으로 잘 살아가는 데 있는 것이다.

이와 같이 과거 생부터 닦은 공덕으로 금생에 크게 닦지 않아도 젊은 시절부터 남과 더불어 잘 지내는 사람이 어느 날 스님 곁에 사뿐히 왔다. 그가 바로 후일 불광유치원 원장을 맡았던 명본 이신숙 불자다. 그는 유치원 설립 초기의 원감이라는 보살 임무를 맡기 위해 나타난 스님의 뒤따르거니이다.

그를 처음 보았을 때는 외모가 좀 통통한 것이 과묵해 보였는데, 실제로 생활해 보니까 처음 느낌과는 아주 다른 점이 많아서 깜짝 놀랄 지경이었다. 사람이 마치 맑은 유리거울 같다고나 할까. 안과 밖이 투명한 느낌을 주었으며, 그런 그에게 순진무구한 동심의 세계를 그대로 들여다보는 느낌이 들었다. 그때 나는 그를 통해 사람은 외모로는 알 수 없다는 생각을 또 한번 갖기도 했다.

이와 같은 명본 보살의 천진한 성품은 타고난 점도 있겠지만 늘상 어린이와 함께 생활하다 보니 자연스럽게 동화된 점도 많았던 것 같다. 사실 명본은 선생님으로 몸체만 애들보다 더 컸지 마음은 어린이 같은 동심의 세계를 그대로 간직하고 있었다. 아무튼 그를 바라보며 유치원 교사로서는 최적격자라는 생각을 가지게 되었고, 생활하면서 그의 능력과 신심을 전적으로 인정하게 되었으며 믿게 되었다. 불광의 다른 뒷서거니와 같이 그도 역시 스님 회하에서 뜨거운 신심과 교육자라는 사명감으로 불철주야 줄기찬 노력을 쏟아 부었다. 그런 노력의 결실로 불광유치원은 나날이 성장과 발전을 거듭하여 스님과 여러 대중들의 관심 높은 기대에 잘 부응하였다.

나는 사람이 와야 할 곳에 와서 제 자리를 찾은 성공적인 사람이 걸어가고 있는 인생의 행로를 옆에서 보고 있는 느낌이 들었다. 자기가 해야 할 당연한 의무적인 일임에도 콧노래를 불러가며 즐거운 마음으로 하는 것을 보고 그것을 대하면 함께 즐거워지고 덩달아 신명이 나는 것을 느낀다. 명본은 바로 그런 사람이었다. 스님의 한 모퉁이를 맡아서 즐거운 마음으로 지칠 줄 모르게 쏟는 그의 열성은 역시 그 바탕이 예사로운 것은 아니고 곡절이 있었던 것이다. 바로 뒤따르거니의 특별한 곡절 말이다. 그러기에 도솔천 서원이 항상 그의 가슴을 흐르고 있었고, 뜨거운 신심이 스스로 짊어진 사명감을 한층 크게 불태우고 있었던 것이다.

지금도 가끔 그를 생각하면 그때, 스님 회하에서 뒤따르거니의 인연들이 함께 모여 본원을 이뤄갈 때가 무척 그립고 아쉽다. 그 광경은 이미 지나간 일이 되었기에 모든 것이 좋게만 보이는 단지 아름다운 추억이 아니라, 실제로 스님이 이룩하신 각 분야에서 보살 공업을 담당한 뒷서거니들이 쏟아낸 뜨거운 열기였다. 지금 다시 그런 분위기를 의도적으로 만든다고 하면 그렇게 쉽게 되는 일은 아닐 것이다. 아무튼 명본 보살은 여러 가지 점에서 매우 특출한 사람이었고 또 흔하게 찾을 수 있는 그런 사람도 아니었다. 그런 그가 혼신의 힘을 쏟아서 보살 공업을 담당했던 불사가 바로 유치원이라는 천진불을 출현시키는 미래 보살 양성소였다.

이와 같이 세상에서 흔히 볼 수 없는 일이 스님 회하에서는 비일비재하였으니 무척 놀랍고 신기한 일이 아닐 수 없었다. 그런 까닭에 그 당시 스님 곁에 사는 것만으로도 인생은 행복했고 자부심은 우뚝했다. 물론 거기 따르는 보람도 대단했다. 나는 그때서야 비로소 사람들 간의 협력의 중요성을 발견했다고 하면 조금 부끄러운 일이 될지 모르겠다. 그제서야 겨우 그 생각을 하게 되었으니 말이다.

아무튼 참된 불자이며 훌륭한 교육자였던 명본 이신숙 보살은 모든 일에 매우 열성적이었으며 교사로서 무척 유능했다. 그 덕분에 유치원은 나날이 발전에 발전을 거듭하여 일약 유명해졌다는 얘기는 앞에서 한 대로이다. 그 당시 매년 학기초 우리 불광유치원에 입학하기 위해서는 특별한 노력을 기울여야 가능했으니 말이다. 이 모두가 명본의 열성에 근거한 까닭일 수밖에 없었다고 본다.

이와 같이 명본은 항상 그가 맡은 일에 충실한 사람이었다. 그것은 아마 과거 전생부터 닦아왔던 버릇 때문이었을 것이다. 뒤따르거니의 서원으로 생긴 오랜 버릇 말이다. 저 때에 도솔천 호명보살이 본원에 의해 하생의 뜻을 세우자 보살로부터 교화를 받고 있던 천상의 대중들이 사바세계에서 보살의 교화를 돕기 위해 서로 다투어 앞서거니 뒤따르거니의 행렬을 이루었다.

불광유치원 원장이었던 명본 보살 이신숙 불자를 대하거나 생각하면『불타전』의 하생편 구절이 자꾸만 떠오른다.

2.

목소리가 큰 사람들은 대개가 성질이 무척 유순하다고 한다. 겉으로 보기에는 딱딱거리는 것 같기도 하고 소리가 커서 남을 위압하는 것 같지만 사실은 그렇지 않다는 것이다.

스님의 유치원 불사에 제 발로 찾아온 목소리 큰 불자가 있었다. 아마 불광사의 신도들이 그의 이름은 잘 몰라도 목소리 큰 사람이라면 누구나 쉽게 알 정도로 그 특징이 널리 알려진 사람이다. 그 주인공은 바로 보산 거사 조욱동 불자다. 불광 초창기, 그가 결혼하기 전 젊은 청년시절부터 스님 곁에서 수행했던 사람이라 신심이 깊었고 누구보다 불광에 대한 애정이 두터웠으며 매우 순수한 열정을 가진 열렬한 바라밀 역군이라고 말해도 될 것이다.

아무튼 그는 사회에서 다른 직장에 잘 다니고 있다가 스님이 유치원을 개원하니까 그 동안 잘 다니던 좋은 직장에 미련 없이 사표를 내고 달려온 불국토 성취의 사명감 있는 동지였다. 그의 순수한 동참의 변(辯)을 들어보면 남들은 거금의 보시도 하고 불사를 위해 뜻 깊은 일을 하는데 자기는 정성으로라도 불사에 빠지거나 스승께서 하시는 일에 소홀할 수가 없다는 것이었다. 그렇게 말하면서 본인이 잘하는 유치원 통학버스 운행을 자담(自擔)하고 나섰다.

사람은 역시 열성이 있고 신심이 깊어, 스스로 본인이 하는 일에 사명감을 갖게 되었을 때, 비로소 큰 일을 하게 된다는 것을 그를 통해 더 깊이 깨닫게 되었다. 이러한 나의 깨달음은 유치원 개원 후 보산 거사가 지칠 줄 모르고 도회의 골목길을 누비고 다니는 것을 바라보면서 내 마음속에 간직한 삶의 철학이 되었다.

사람은 자기 스스로가 아무리 큰일을 하고 있더라도 그 뜻을 바로 알지 못하면 사명감을 가지기 어렵다. 그러나 남들이 보기에 비록 평범한 일이라도 거기에 담겨진 의미를 제대로 알았을 때는 그 일에 대한 긍지를 갖게 되며 보람도 얻을 수 있고, 또 책임감이나 사명감도 한층 커진다. 이런 것이 어쩌면 삶의 바른 자세가 아닐까 하고 생각해 본다. 진정한 삶의 자세는 일의 크기에 따라 생각이 달라지거나 변화하는 외부의 요인이 아니라, 어디까지나 또 무슨 일을 하든지 그 일에 대한 자신의 충실성에 있다는 것을 보산 거사를 보며 깨닫게 되었다.

그때 보산 거사가 유치원 버스 운행을 천직(天職)으로 여겨 정열을 뿜어대는 것을 곁에서 바라보며 나는 나 자신을 조금씩 심화시키고 있었다.

서로 믿고 잘 어울리는 사람들은 알게 모르게 주고받는 것이 많고, 아울러 거기에서 얻게 되는 인생의 성숙은 사뭇 값진 것이다. 스님 회하에 모인 사람들이 각자 맡은 일은 서로 다르고 제각기 분야마다 따로따로 구별이 있었지만 그 내면에 흐르고 있는 상호 믿음은 하등의 차이나 구분도 찾아볼 수가 없었다. 그때의 절 분위기는 말 그대로 의욕 넘치고 사명감 넘치는 활력과 평화로 가득했다. 누가 애써 강조하지 않아도 서로 아끼고 보살펴 주는 마음이 보였고 무엇이든지 함께 하는 뜨거운 우정이 일상에서 그대로 손에 잡혔다. 그런 중에도 보산 거사는 커다란 목소리 덕분에 더욱 활기 넘치게 보였고 매사에 의욕적인 모습으로 자리매김 하고 있었다. 그리고 그는 평소 부처님께 절 잘하는 수행의 힘으로 언제나 동료들 간에 좋은 분위기를 만들었고, 스님의 일을 성공적으로 가꾸어 가고 있었다.

그렇지만 그러한 매우 중요한 사실을 본인은 잘 느끼지 못하고 있었다. 이미 타고난 그의 본원력에 의해 자연스럽게 그만의 특성과 능력이 소리 없이 형성되고 있었기 때문에 미처 알 수 없었던 것이다.

이렇게 불광의 뒤따르거니들은 모두가 제각기의 특장(特長)이 있었는데, 그것은 평화라는 스님의 터전 위에 조화롭게 피어나고 드러나서 한층 그 아름다움을 더했다. 그것은 바로 보산 거사와 같이 자기 일에 충실하는 일심의 힘이었다. 그러기에 뒤따르거니들의 본원의 힘은 일심에서 나오는 것이다. 불광의 모든 뒤따르거니들의 힘도 일심이 바탕이었다. 그때의 일심 수행자 보산은 지금도 열렬히 잘 살고 있다.

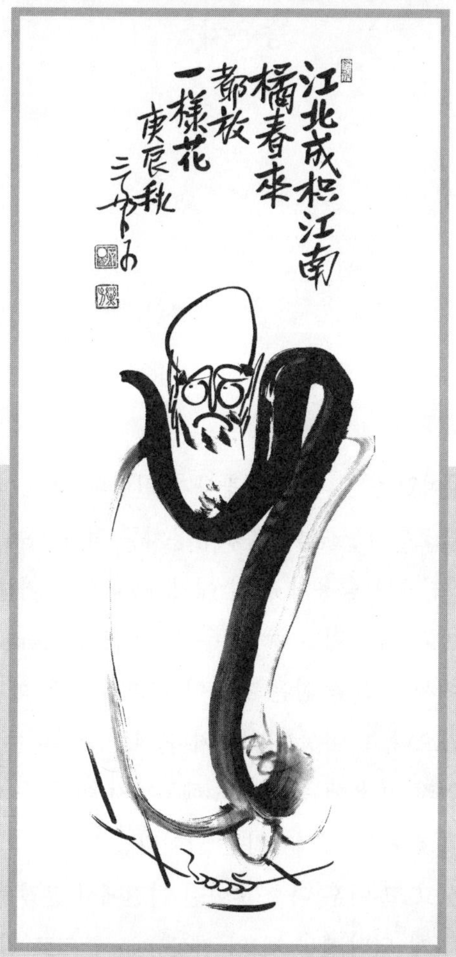

제 9 장

능소능대(能小能大)

- 일천제와 보살 -

江北成枳江南橘	강남귤이 강북에서는 탱자된다해도
春來都放一樣花	봄이오면 꽃모양은 모두한가지네.

승용차

1980년대 중반이었을 것이다. 불광사가 건립된 지 3, 4년의 세월이 지났을 때 대중들로부터 스님의 전용 승용차를 하나 사자는 의견이 나왔다. 물론 그 이전에도 승용차 구입 얘기가 여러 번 거론되었지만 그때마다 스님의 호된 꾸지람만 듣고 우리 상좌들은 물러서고 말았다. 사실 상좌 입장에서야 하늘 같은 스승이 한마디 운을 떼면 바로 그것이 법이고 율이었으니 그 이상 졸라보거나 떼를 써본다는 것은 엄두도 내지 못할 일이었다. 마음에는 있어도 행동까지 이를 수 없는 일이 태반이었다. 스님의 허락이 있기까지는 말이다.

절(불광사)을 짓고 그 이후 다소 좋아진 여건에서 본격적으로 포교를 더욱 왕성하게 하게 되니(불광 제2기 잠실시대) 참으로 일거리가 많았다. 스님을 비롯하여 모든 절 식구가 영일(寧日) 없이 분주한 생활을 했다. 매일매일 발생하는 법등가족 모임이나 문병기도, 상가의 시다림은 어찌나 많은지 하루도 빈 날이 없었고 어떤 경우에는 밤을 도와 각자 맡은 소임에 따라 임무를 완수했던 때도 많았다.

특히 불광 전체를 이끌고 가는 스님은 더욱 힘들고 일이 많았다. 왜냐하면 신도 거의가 이런저런 행사에 오직 스님만을 원했다. 가정을 방문해 주기를 원했고, 병원에서 도력 높은 큰스님이 기도해 주기를 원했고, 결혼식 주례 맡아주기를 원했다. 누구의 청이라도 자신의 몸이 힘들다고 야멸차게 물리치지 못하는 스님의 자애로운 성품으로 어찌 허락하지 않을 것인가. 더군다나 재가불자들이 세속의 일을 제쳐놓고 수행하고 남 돕는다는 데야 스님으로서는 아무리 힘들고 설령 몸이 아프더라도 더더욱 사양할 수 없는 일이었다. 그때마다 스님은 승합차(봉고)를 타고 그 모든 일을 다 보았다.

그때 불광사에서 처음으로 구입한 차량이 봉고 승합차였다. 이 승합차 한 대로 불광사의 모든 일을 다 처리했다. 승차감이 좋다 나쁘다 하는 것은 사치스러운 얘기였고 소임자들이나 대중 모두 서로 차가 필요하다고 아우성이었다. 승합차라도 차지하기가 그렇게 용이하지 않았던 것이다. 그런 절 형편이었지만 그래도 스님이 일을 나갈 때는 우선으로 차를 배정하곤 했다.

그러나 막상 차를 몰고 도로로 나가면 승합차는 우선 도로 1차선으로 주행할 수 없기 때문에 기동성이 훨씬 뒤떨어졌다. 그리고 소음이 크고 승차감이 나빠서 스님이 차에서나마 잠시 쉬기도 어려웠다. 그나마 차가 준비되어 있을 때 말이지 전달이 잘못되거나 착오가 생기면 그런 승합차마저 놓쳐 버리게 된다. 그러면 스님은 대중교통을 이용해야 하는 불편을 겪어야 했다. 그래서 스님 전용 승용차가 꼭 필요했던 것이 그때의 상황이었고 대중들이나 주변의 판단이었다. 스님 자신은 약간 힘들어도 검소하게 살자, 조금 불편을 감수하면 가만히 앉아서 거금을 벌게 된다고 말하면서 재청 삼청 하는 대중의 뜻을 스님은 수행자의 본분인 검약 정신을 내세워 오히려 우리를 타이르고 달랬다.

그때 마침 우리 불광사 우바이(여신도) 중에서 스님의 속가 성씨와 같은 자혜림 보살이 있었는데 성품이 소탈하고 허걸찼다. 법명은 자혜림이었지만 우리는 그를 곧잘 '고(高)보살'이라고 성(姓)을 내세워 불렀다. 감히 우리 상좌들은 스님 앞에서 꼼짝도 못하는데 그 신도는 스님 앞에서 스스럼없이 말도 잘하고 부탁도 잘하고 또 스님을 웃기기도 잘했다.

우리는 스님 전용차 구입을 위해 불가불 특명 대사를 선발하기로 했고, 마침내 고보살을 만장일치로 뽑았다. 그러니까 승용차의 필요성을 고보살이 나서서 스님을 설득하라는 것이었다. 그렇게 입심 좋았던 고보살도 온갖 노력을 기울여서야 겨우겨우 힘겹게 스님의 허락을 받았다.(그보다는 스님이 이제는 대중의 뜻을 받아들여야겠다고 판단했겠지만)

우리는 스님 전용 승용차 구입을 허락 받고 프린스라는 차를 구입했다. 그 당시에 프린스보다 월등하게 좋은 차도 많이 있었고 동명 차종 중에서도 가격에 따라 여러 차등이 있었지만 스님 마음을 편안하게 해드리기 위해 제일 낮은 단계의 차를 샀다. 그러나 처음에는 스님 전용차라고 구입했지만 시간이 흐르면서 어느 사이 대중 공용차가 되었다.

"네 차 내 차 구별 없이 우리 함께 사용하자. 누구든지 일이 있으면 타고 가라. 신도가 승단에 보시한 물건은 나누어야 하는 법이고 함께 사용해야만 부처님 가르침에 맞는 것이다."

그 후부터 내가 외출할 일이 있어서 스님께 인사를 드리면 프린스 세워 놓지 말고 타고 가서 일 보라고 말했다. 물론 대답은 '예!' 하지만 감히 어른 것을 멋대로 쓸 수 없다는 생각 때문에 처음에는 타지 못했다. 그러나 시간이 가면서 스님의 계속된 권유에 의해 한번, 두 번 사용하다 보니까 나중에는 그만 습관이 되어 스님 차가 아니라 내 차가 된 것 같았고, 급기야는 대중의 차가 되다시피 했다. 그 당시 철도 없이 스님 차를 타고 다니면서 우쭐댔던 기억이 지금도 잊혀지지 않는다. 이와 같이 철저히 당신 것을 따로 지니지 않았던 스님. 그 무엇도 대중과 함께 하고자 했던 무소유, 그 공의(公義)의 삶.

그것은 스님 입적 뒤에도 내 삶의 이정표가 되고, 내 인생의 기준이 되어 비슷한 일을 하게 될 때 다시금 새겨보고 있다.

능소능대

사람의 능력은 과연 얼마나 될까. 능력의 형태가 있다면 어떻게 생겼을까. 그리고 능력의 실체는 무엇이고 또 크기가 있다면 얼마나 클까?

이런 생각을 가끔 해 본다. 비단 나뿐만 아니라 누구나 한번쯤은 해 본 생각일 것이다. 어쩌면 능력이라고 하는 말은 필요 없는 말일지도 모르겠다. 왜냐하면 사람은 제각기 자신만이 잘하는 일이 따로 있기 때문이고, 각자 개성의 차이에 따라 표현 양식만 제각각 다를 뿐이다. 이런 사람의 개인적인 특성이나 고유한 취향은 우열(優劣)을 가릴 문제도 아니고, 능력의 차이를 논할 문제도 역시 아니라는 생각이 든다. 이러한 입장에서 능력은 본래 없는 것이고 개인의 특성만 있다고 한다면 어떨까 하는 생각을 해보았다.

일반적으로는 그렇다고 하더라도 도(道)의 경지에서는 능력이라는 말이 가능할지 모르겠다. 도력(道力)이 곧 능력이라면 얼마만큼 도력을 발휘하느냐에 따라서 범부 세간에서 보는 능력일 수도 있고 그 크기일 수도 있는 것이다.

도의 세계에서 능력은 사람이 클 때는 무한히 크고, 작을 때는 바늘 끝 하나도 꽂을 곳이 없는 협소함이 되어야 함을 일러 주고 있다. 이것을 다르게 능소능대라고 한다. 자유자재로 무한정 작을 수 있고 무한정 클 수 있는 경지, 이것은 어디에도 얽매이지 않는 그 마음이 임의소요할 기량과 자재의 신력을 지니고 있어야 가능한 것이다. 또 이것은 다만 도의 주체자가 행하는 삶이요, 도달하는 경지라고 여겨진다.

스님은 이점에서 참으로 탁월했다. 작은 부분에서는 섬세하고 치밀하여 심지어는 여성스럽다는 말을 들을 만큼 발 밑의 일을 잘 살폈으며, 또 큰 부분에서는 타의 추종을 불허할 만큼 지극했다. 이러한 스님의 경지는 역시 자기를 모두 버린 사람만이 가능한 것이고 도달하는 세계다. 즉 '마하반야바라밀'이라는 뜻이다. 사실 이러한 경지는 어느 한 구석에라도 자기의 존재가 남아 있다면 도저히 흉내낼 수 없는 일이고 금방 탄로날 일이다. 세상의 다른 일은 모방도 있고 가짜도 있고 흉내도 있지만 이 일만은 그런 것이 범접하거나 어루대지 못한다.

이제 다시 스님의 삶을 조용히 생각해 보면 스님은 어떤 일에나, 그 누구에게나 항상 지극했고 정중했다. 스님은 평소 안온과 평안으로 서두르거나 번거롭지 않았으며 모든 일에 항상 지극했고 모든 사람에 다함 없이 정성스러웠다. 하루하루가 지극했고 순간순간 지극했다. 이것이야말로 스님만의 고유한 특장이고 그 능력이리라. 참으로 뛰어난 무비의 능력, 도의 가장 원만한 세계라고 나는 확신한다. 이 불가사의하고 신비한 힘을 말하여 능소능대라고 말하며 도력(능력)이라고도 할 것이다.

그렇다면 이 놀라운 힘은 어디서 왔을까? 스님에게만 있는 무슨 특별한 힘일까. 아니면 기도를 잘해서 천상에서 얻어 왔을까. 나는 스님의 놀라운 면을 볼 때마다 이런 의문을 자주 가졌다. 그리고 나이가 들수록 그런 의문은 더 커졌고 내 자신을 비추어 보는 계기가 되기도 했다. 내가 아니라 다른 사람이라도 스님 곁에 있으면 누구나 한번쯤 생각해 볼 수 있는 일이다.

그러나 불교에 대해 조금만 이해가 있는 사람이라면 대답은 금방 찾게 된다. 그것은 바로 자기가 없는(無我) 자리에서 솟아나는 걸림 없는 무한의 힘(에너지)이기 때문이다. 무아의 경지가 능소능대의 입각처다.

인생을 살면서 사람이 마냥 강하기만 해도 안 되고 또 부드럽기만 해도 안 될 것이라면, 과연 어느 때 부드러워야 하고, 또 어느 때 강해야 하는가는 훈련에 의해서 얻어지는 것도 아니고, 또 많은 알음알이에 의해서 저절로 생겨지는 것도 아니다. 그것은 오직 자기를 비운 사람만이 도달하는 경계요, 철저히 자기가 허물어진 텅 빈 곳의 참 소식인 무애자재일 뿐이다.

그래서 나는 스님의 삶을 줄곧 곁에서 대하며 무아의 경지를 실지로 보게 되었고 알게 되었기에 그런 모습을 능소능대라고 말할 수 있지 않을까 생각해 본다.

스님도 싫어하는 게 있네

스님이 질색하며 싫어하는 것이 있다. 스님 같은 분이 자기 절제 없이 감정의 호오(好惡)를 범부처럼 쉽사리 나타낼까 의아해 할 수도 있겠지만, 그러나 분명 스님에게도 싫어했던 것이 있었으니 독자들이 좀 실망스러울지 모르겠다. 그러나 사실 그대로를 밝히고자 하는 것은 혹시나 스님을 이해하는 데 다소나마 도움이 될까 해서이다. 아무래도 스님뿐만 아니라 사람을 폭 넓게 이해하는 데는 우선 함께 생활하는 시간이 있어야겠지만 글이나 말로 상대를 알고 이해하기 위해서는 다양한 여러 가지 요소가 필요할 것 같다.

스님이 질색할 정도로 싫어하는 것을 단도직입으로 바로 얘기하면, 부처님을 무엇 무엇으로 제한하여 규정하거나 터부시하는 일체의 행위였다. 의도가 무엇이든 간에 부처님과의 사이에 거리를 두거나 장막을 치는 일에 대해서는 무척이나 싫어했고 한마디로 딱 질색이었다.

보통 때 스님은 화내는 일 없이 온화하게 지낸다. 자비롭고 평화스럽기 그지없는, 마치 생불처럼 생활한다고나 할까. 그러한 스님을 곁에서 바라보고 있노라면 평화를 느끼게 되고 안온을 얻어 마냥 스님 곁에만 머물고 싶다. 그러한 스님이기에 평생 화내지 않고 살 것 같지만 그렇지가 않다는 얘기다. 즉 화를 심하게 낼 때도 있다는 것이다.

예를 든다면 불자가 부처님을 만날 때, 이래서 안 되고 저래서 안 되고, 또 뭣은 안 되고, 어쩌면 또 안 되고, 공경심이라는 허울을 씌워서 안 되고, 정성이 지나쳐서 이유가 생기고 등등의 갖가지 구실을 만들어서 부처님과의 사이에 장벽을 치면, 그것은 부처님을 모시려고 하는 것이 아니라 오히려 멀리 하는 행위를 하고 있다고 보고 스님은 화를 내고 소리를 버럭 지른다. 얼굴을 쳐다보기가 두려울 정도로 준엄한 표정이 되어 잘못 생각하고 있는 사람들의 못된 버릇을 딱 끊어 버린다. 두 번 다시는 그러한 생각을 못하게 짐짓 엄한 표정을 한동안 풀지 않는다. 그런 뒤에야 다시 조용히 타이르고 깨우쳐 주기를 잊지 않는다.

"부처님을 공경한다고 해서 유리상자 속에 가둬 놓으면 안돼요. 우리 불자는 그런 행위나 생각을 잠시도 가져서는 안 됩니다. 항상 나와 함께 하는 대자대비 부처님, 비록 내가 잘못한 일이 있다손 치더라도 부처님이 가까이 있어야 뉘우치기도 하고 다시 서원을 세워 새로운 사람도 되는 것이지, 설령 아무리 잘 받든다고 해도 부처님이 멀리 있으면 아무것도 되는 일이 없어요. 다소 소홀히 모신다 해도 가까이 있어야 부처님께서 나를 지켜주고 인도하고 가호하는 대비의 은혜가 있어요. 사람들은 온갖 핑계를 마련해서 부처님을 멀리 하려고만 하고 있어요. 그래가지고는 부처님의 한량없는 은혜 속의 참 주인이 되기 어려워요. 부처님을 가까이 하고자 하면서 사실은 멀리 하고 있는 행위를 어리석다고 해야 될지 또는 뭐라고 해야 할지 모르겠군요."

이러한 스님의 진노(震怒)는 대자대비의 큰 은혜라는 사실을 알아야 바로 스님을 본다.

스님은 난해해

스님을 보고 있으면 어느 때는 무척 관대하고, 또 어느 때는 협소(?)하기 그지없는 이중적인 모습을 느낄 때가 있다. 처음에는 놀라서 눈을 크게 뜨고 멀건히 스님을 바라보며 무척 의아해 했다.

그때그때 순간적으로 바뀌고 변화하는 스승의 이중성에 갈피를 잡지 못해 혼란을 겪으면서도 나는 스님에 대한 보다 더 확고한 깊이 있는 이해를 위해 스님을 더욱 자세히 관찰하기 시작했고 그 해답을 얻으려고 부단히 노력했다. 그렇게 시간이 가면서 얻어지거나 느껴지는 것은 처음 기대했던 것과는 많이 다른 쪽이었다. 뭔가 분명히 나타나거나 내 손에 쥐어지는 것이 아니고 거기에는 내가 미처 알 수 없는 어떤 미묘한 흐름이 있는 것을 발견한 것이다. 그것은 얼핏 보아 눈에 잘 띄지 않는 것이지만 분명 거기에는 어떤 법칙이 뚜렷이 존재하고 있는 것을 알고 느끼게 된 것이다.

나는 더욱 흥미로운 마음으로 미묘하기 짝이 없는 그 흐름에서 잠시도 눈을 떼지 않고 지속적인 관심을 늦추지 않은 채 주시했다. 그런 나의 계속적인 노력과 시간 덕분으로 조금씩 이해되는 부분이 나타났다. 내가 스님에 대하여 이해하고 발견한 것은 하나의 법칙이었으며 공식이었다. 그 법칙이자 공식이라고 하는 것이 말하자면 이렇다. 좀 괴변(怪變) 같기도 하지만, 사실은 아무런 정해진 형식이나 공식이 따로 없다는 것이다. 그냥 그대로 텅 빈 것이라고나 할까, 아니 어찌 보면 무질서 속의 혼란과 같은 상태라고 해야 할지, 뭔가 잘 알 수 없는 공백 같은 빈 공간을 느낀다는 말이다. 그래서 나는 한편으로 더더욱 혼란스럽고 이상스럽기까지 했다.

그러나 뭔가 하나의 흐름이 있다는 법칙과 공식은 분명 감지되었는데, 다시 그 흐름을 자세히 들여다보면 아무것도 없이 그냥 텅 비어 있는 것이다. 바로 여기, 이상스럽게 텅 빈 곳에서 스님의 이중성이 비롯되어 현실로 눈앞에 나타나는 것이다. 만약 그 흐름이 텅 비지 않고 뭔가 가득 차 있다면 스님의 이중성은 없었을 것이고 미묘한 작용은 이루어지지 않았을 것이다. 그리고 나의 놀라움이나 의심도 떠오르지 않았을 것이다.

아무튼 그 텅 빈 곳에서 비롯된 이중성은 무척이나 자유자재하였다. 소위 그것을 걸림 없는 경지라고 말해도 될까. 보통 사람들과는 또 다른 정신영역이었고 놀라운 사실이기도 했다. 그 텅 빈 가운데는 유연한 부드러움, 선행에 대한 무한계, 이타행에 대한 자기 한정의 철폐 등등이 임의롭게 나타났다. 알고 보니 스님의 모든 것이 그 텅 빈 곳에서 비롯되었던 것이다.

나는 드디어 그것을 발견하게 되었고, 그것을 어느 정도 이해하게 되었다. 사실 이중성이라는 것도 하나의 억지 표현에 지나지 않는다.

다만 그것이 무엇으로 규정되어 있지 않고 어떤 형태로 도식화되거나 개념화되어 있지 않았다는 또 다른 표현에 불과할 뿐이다. 그러기에 일반인이 무덤덤하게 보아서는 전혀 알 수 없는 것이며, 오히려 거리감 있게 생각할 수 있는 것이기도 했다. 그 이중성은 무엇으로 규정되거나 정형화되기 전의 미분화 상태 그대로라고 본다. 그래서 무한한 가능성이었다고 말할 수 있는 것이다. 역시 그 점이 매우 독특하고 흥미로운 점일 것이다. 세간살이 어느 기준으로도 적용시킬 수 없는 미묘한 것이기에, 무한 가능성이라는 말이 된다.

비유하자면 마치 옛 사람들의 집 짓는 것과 같다고 말할 수 있다. 옛날에는 집 지을 때 매우 검소하게 지었다. 인색할 정도로 소박하고 절제하여 간신히 사람만 겨우 출입할 정도라면, 좋게 말해 검소한 것이고 실지로는 지독하게 짜고 매섭게 집을 지은 것이다. 그러나 자연을 받아들이고 누리는 데는 조금도 인색함을 찾아볼 수 없고, 오히려 햇빛과 바람을 넉넉하게 욕심껏 받아들여 집안의 공간에 풍족하게 저장했다. 이런 것이 내가 말하는 스님의 대표적인 이중성이다.

마찬가지로 자기 자신에 대해서는 인색하기 그지없지만 남에게는 풍족하기가 한국 제일의 부자와 같았다. 전형적인 한국의 할아버지, 젊은 사람들이 다 알지 못하는 깊이를 간직하고 있는 속 깊은 할아버지의 이중성이 젊은 내가 미처 알지 못한 스님의 난해함이었다.

조직이란

불교에서 조직이란 말을 해석해 보면 일반적인 해석과는 다른 뜻을 가지게 될 것이다. 불교의 조직은 보살행을 함께 닦아가는 벗들과의 자발적인 만남, 또는 뜻을 함께 하여 협력하는 결성체나 부처님 가르침을 함께 수행하는 동참자·동행자의 관계를 의미할 것이다.

불자가 불국토를 성취하고 중생을 성숙시키는 보살 과업을 닦아가기 위한 동지 집합체를 조직이라고 한다면, 그 조직은 곧 신앙이다. 그렇기에 조직(신앙)의 근본정신은 무아(無我)를 바탕으로 한 것이고, 끊임없는 내면의 밝은 덕성의 자연스러운 표출을 통해 동지 상호간의 유대와 결속력을 가지게 되는 것이라고 본다.

스님은 자기 자신의 수행(上求菩提)과 남을 위한 전법(下化衆生)을 결코 나누지 않았다. 항상 전법을 통해 자타불이(自他不二)의 진실하고 수승한 경지를 현실 가운데 그대로 구현했으며, 자타(自他) 동시의 원만성숙을 가장 큰 수행으로 보았으며, 또 바람직한 수행으로 생각했다. 그러한 경우, 자타의 관계도 조직이라 할 수 있고, 내지 그러한 성숙의 단계까지 향상할 수 있는 과정의 수행자들 상호관계를 역시 조직이라고 말할 수 있다고 본다.

이러한 의미에서 조직이라면 우리는 수행공동체를 떠올릴 수 있으며, 그 수행공동체는 한국불교의 출가 수행자들이 면면히 이어 내려온 유구한 전통이기도 할 것이다. 큰절의 총림(叢林) 체제나 선원의 청규나 규약 등 이 모두가 조직(수행 공동체)의 근간이 되는 정신이고 질서다. 스님은 이러한 조직 가운데서 출가 수행자(스님들)의 역할을 매우 강조했다.

"출가 수행자는 항상 분명해야 해요. 출가의 뜻과 역할이 뛰어나야 그 공덕이 있고 부처님의 법이 오래오래[久住] 머물게 돼요. 곧 출가자는 법(부처님 교법)의 증거자가 되어야 하고 보살행의 중심이 되는 것을 말해요. 재가불자도 할 수 있는 부분은 남겨두더라도 출가자가 아니면 할 수 없는 일이나 하기 어려운 일을 출가자가 맡지 않으면 얻기 어려운 가장 중요한 불법의 핵심을 놓치게 될지 몰라요."

스님은 이렇게 불법을 지키고 펴 나감에 있어서 보다 효율적이며 생산적인 관계를 적시하고 있었다. 과거의 우리 전통대로 스님들만 어울려서 개인적인 수행 위주로 살아간다면 새로운 포교방안이나 전법구상이나 조직 편성은 없어도 될지 모른다. 이제 한국불교가 새롭게 태어나고 한국불교의 새 물줄기가 되고자 한다면 신도를 재가 수행자라고 하는 조직 구성원으로 받아들이지 않을 수 없을 뿐만 아니라 조직의 확대 재편도 피할 수 없는 일이 될 것이다. 여기에서 스님은 새 물줄기로서 불광의 조직 원리를 이렇게 천명(闡明)하고 있다.

"불광은 불법을 통해 개인을 지키고 국가를 지키고 세계평화를 지킨다. 그렇게 하기 위해서는 상응한 조직을 가져야 한다. 국가를 지킬 수 있는 조직과 국제적인 조직을 통해 세계평화를 달성할 수 있어야 한다. 우선 신도 상호간의 신앙(조직)을 통해 보살행을 실천하고 그 중요성을 깨달아 나가야 한다. 서로 돕고 협력하는 것이 얼마나 요긴하고 절실한 수행과제이며 생명의 원리인가를 느끼고 깨달아야 한다. 우리 불광의 개인을 지키고 국가를 지키는 기본 조직은 법등이다. 법등은 불광의 열렬한 신앙이다. 지혜로 자비로 동참·동행하지 않으면 개인과 국가 또는 세계평화를 지켜가기 어렵다. 그렇기 때문에 우선 국내 조직(법등신앙)을 확립하고 그 터전 위에 국제적인 조직을 강화해 나가야만 불국토 성취, 중생성숙의 원대한 포부와 이상이 달성될 것이다. 거듭 말하거니와 불광의 법등(法燈)은 조직이 아니다. 다만 보살도 실천이고, 수행이고, 성불의 길이고, 불성의 현현(顯現)이며 우리들 모두가 생명의 뿌리를 내린 공동 성숙(成熟)의 굳건한 토대이다."

그렇다. 성숙한 믿음은 불광의 영광이다. 어느 때나 불광 불자들은 이웃과 사회, 법등과 함께 하는 성숙한 삶이 될 것을 스님은 열렬하게 강조하고 있다. 부처님의 참뜻인 깨달음과 행이 둘이 아닌(覺行圓滿) 실재(實在)는 개인적인 교화나 덕화를 통해서도 가능하고 성취되어야 하지만, 조직을 통해서 수행 공동체가 함께 이룩해 나가야 될 보살 동지들의 가장 중요한 덕목이고 불국토 성취의 공업(共業)이기도 한 것이다.

이와 같이 인간 삶 속에 깊숙이 불교의 원리를 다시 튼튼하게 구축하고, 아니 이미 있는 본래의 진리 토대를 확인하고 형성해 가야 하는 것이다. 그런데 이러한 일련의 작업은 매우 이상적이며 바람직하고 순조로운 것이다. 왜냐하면 인간의 본성 질서와 그대로 일치하기 때문이다. 조금도 어색하거나 불편하거나 이질적이지 않을 뿐만 아니라, 바로 거기 그 자리서 본래의 동질을 보게 되고 만나게 되며 깨닫게 되고 드러내게 될 것이다.

우리는 여기서 더더욱 함께 모여 수행하는 고래(古來)의 전통을 자랑스럽게 생각하고 내지 발전·계승시키려는 굳센 의지를 강화해서 현대 인류의 삶 속으로 젖어들고 녹아 들어가야 할 것이다. 이러한 측면에서 불광의 법등운동은 바로 세계평화운동이며 스님의 반야바라밀은 구국구세의 인류 성불운동으로 이해해야 할 것이다.

내가 스님을 이 시대의 석가모니 부처님의 화현(化現)으로 믿는 까닭이 바로 이점이다. 석가모니 부처님의 한량없는 구세대비의 바다에 온몸으로 풍덩 뛰어들어 그 원력을 이 시대에 펼친 것이 불광의 법등운동이고 전법운동이며 반야바라밀운동이다.

비전(秘傳)과 밀전(密傳)

사람들은 흔히 말한다. 옛날 임제 선사 집안의 가풍은 '할'이고 덕산 선사 집안의 가풍은 '방'이라고…….

그렇다면 오늘 우리들 각자 집안의 가풍은 무엇인가. 있을까, 없을까. 있다면 과연 무엇일까? 궁금하다. 가풍이 무엇인지 어떤 내용인지 매우 궁금하다.

그러나 가풍이 없는 집도 매우 많을 것이고, 또는 선대의 융성했던 가풍이 내려올수록 잊혀지거나 사라져 버린 몰락한 집안도 있을 것이다. 가풍의 유무는 집안의 흥망성쇠와도 조금은 관련이 있는 것 같다. 그러나 그것은 본인들이 각자 다시 정리하고 챙겨보는 일로 미뤄 놓고, 나는 여기서 스님의 가풍을 잠시 생각해 보고 싶다. 이 이야기는 역시 내가 스님 회하에 있을 때 스님께 배웠던 바고, 수없이 귀로 들었던 훈도 내용 가운데 하나이다.

스님은 전 생애를 기울여 한국불교의 진정한 발전에 대해서 부단히 연구하고 노력해 왔으며 남다른 고뇌와 정진을 거듭했다. 그러한 스님의 뜨거운 신심과 각별한 노력에 의해 불광이 태어났고, 마침내 한국 불교의 포교 대본산으로 위치를 점하게 되었다. 불광은 대각사에서 출발하여 성장에 성장을 거듭해서 마침내 잠실에 법당을 마련하였고, 포교와 전법의 본거지로 전법 지상의 깃발을 잠실에서 재차 올린 뒤 내가 초대 교육담당 지도위원을 맡게 되었다.

1987년 11월 6일 일요정기법회 날, 스님으로부터 '교육담당 지도위원'이라는 꽤나 긴 이름의 보살행 부촉을 받고 오후 늦게 스님 방에 갔더니, 마치 내가 오기를 기다리고 있었던 것처럼 반겨 주었다. 스님은 곧바로 나만을 위한 독대, 특별 설법에 들어갔다. 스님은 나를 앉혀 놓고 마치 1,000명의 대중 앞에서 설법하듯이 장중하고 진지하게 포교와 전법 방략(불광가풍)을 선언하듯이 역설해 나갔다.

"한국불교의 진정한 발전은 불자 모두가 나서야 해요. 누구에게 책임을 미루거나 특정한 사람을 탓하거나 무엇이 어떻게 되기를 바라고만 있다든지, 또는 역사 속에다 오늘날의 현실문제를 돌린다든지 하는 것으로 자위를 삼고 만족해서는 안돼요. 사실은 우리 모두가 부처님 은혜 속의 주인공이고, 우리 모두가 불법의 혜명을 자담한 책임자이며, 진리의 주인들이고 담당자들이 아닌가. 그런데 어떻게 방관자가 될 수 있으며 모른 체 하거나 누가 대신해 줄 것이라는 안이한 생각을 할 수 있는가 말이다. 지금 바로 이 자리에서 우리 다같이 일어나야 하고 행동해야 하고 역사 앞으로 썩 나서야 한다. 일어나라! 행동하라! 슬기로운 형제들이여! 이렇게 외치고 앞장서야 한다. 즉 다시 말해 한국불교의 진정한 발전은 불자 모두가 무상(無上)의 은혜에 대한 무한 책임을 함께 지는 포교사가 되어야 한다.

우리 불광의 전법 방략과 목표는 우선적으로 불광 불자 모두를 법사화하는 것이다. 송암은 교육담당 지도위원으로서 나의 이 생각을 각별하게 명심해 주기를 바란다. 그렇게 하기 위해 계속해서 신도교육을 시키고 법사 양성을 통해 사회의 무진장한 수요를 풍부하게 공급해야 한다.

불광의 전법 포교 전략이 모든 불자들을 법사화하는 것이라면 불광의 전법 포교 전술은 모든 사람에게 불교교육의 기회를 완전히 열어 놓고 줄기차게 교육시키는 것이다. 그래서 불광 형제는 모두가 마하보살이 되며 임원이 되어야 한다. 가정에서 법회에서 또는 어디를 가든 법등을 만들고 법회를 열어서 진리의 횃불을 높이 들어야 한다.

여기서 주의해야 될 것은 불교교육이라고 하는 것은 지식욕구의 충족이 아니라 각성생명을 현시하는 것이고, 각성생명의 노현을 통해 바라밀 국토 성취라는 신앙을 확립하는 것이다. 열렬한 신앙 없이는 자기를 바꾸기 어렵고 자기의 성숙 없이 부처님의 뜻이 이 땅, 이 국토에 구현될 수 없다는 사실을 명심하자. 그러기 위해서는 믿음과 행을 온전히 할 수 있는 신앙에 대한 참교육이 있어야 하고, 그 교육은 참 생명을 찾고 발견하는 일과 직결되어 있어야 한다.

우리 불광은 반야바라밀로 눈을 삼고 보현행원으로 손발을 삼아야 한다. 이것도 말을 빌어서 표현하자니 그런 구분이 있는 것이지 사실은 언어 이전, 표현 이전의 생명 자체의 원형일 뿐이고 다만 교육을 통해 그것을 고스란히 드러내자는 것뿐이다.

송암! 교육의 주안점을 여기에 두란 말이다. 장차 불광 법사는 무한 자비심의 발로인 감사와 친절로 가풍(불자 자존심)을 삼고 반야바라밀로 무상(無相)의 면모를 보고 무한 창조를 이뤄 나가야 할 것이다. 이점에 역점을 두어 교육계획을 수립하고 새로운 방안을 마련해 보아라.

오늘 교육담당 지도위원의 보살 임무를 부촉 받은 너에게 간곡히 부탁한다.” (이 말씀을 하던 날, 스님은 옛날 선사들이 제자에게 傳法偈를 전해주는 의식을 치르듯 나를 대했다.)

그렇다. 불광 가풍은 오로지 감사와 친절이다. 스님으로부터 친히 전법 부촉을 받은 날 오후, 몸소 나에게 내린 스님의 특별 명령이었고 훈도이자 한국불교를 발전시킬 수 있는 비법의 은밀한 전수였다. 또한 불광 가풍의 비전(秘傳)과 밀전(密傳)을 나는 간직하리라.

활발발한 법회

사람들은 잠실에 불광사가 건립된 뒤의 안정된 포교를 불광 발전 2
기라고 말한다. 거기에는 여러 까닭이 있고 나름대로 합당한 분석이
있을 것이다.

아무튼 불광 전법불사 2기에 접어든 잠실 불광사에서 나는 두 번째
로 사무담당 지도위원을 맡게 되었다(1985.9.1). 불광사의 절 운영은 사
중 소임자가 맡고 법회 운영은 사무담당 지도위원이 맡는 것이다.

그때 내 나이 삼십대 중반쯤이었으니 지금도 부족하지만 그 당시에
는 불광의 소임을 맡을 인물이 도무지 되지 못했는데, 적임자 부재의
부득이한 사유도 있었고 또 스님의 과분한 배려도 있어서 결국은 부족
한 내가 중책을 맡게 되었다. 나는 부촉을 받으면서 마음속으로 다짐
하기를 다만 스님의 심부름이나 잘해야지 하는 각오를 했다. 그 당시
에는 내 나름대로의 특별한 포부도 없었고 한창 배워야 할 때였던지라
의견을 낼 만큼 성장하지 못한 상태였다.

이 글을 쓰려고 그 당시 스님의 말씀을 듣고 메모해 둔 것을 찾았다.

마침 노트 한쪽에 그 당시의 메모가 그대로 남아 있기에 거기에 의지하여 스님의 법회 운영 방침을 다시 한번 음미하며 살펴보고 앞으로 나의 지침을 삼았으면 해서 이 글을 쓴다.

법회의 방침에 대한 설명은 문서로나 다른 전달 방법에 의해서가 아니라 스님의 친설로 시작되었다. 스님께서 나에게 강조하여 말씀한 내용과 나의 의견을 하문한 대화 형식이었다.

"앞으로 우리 법회 분위기를 우선 네 가지로 정리하자. 첫째는 부처님 대자비 은혜와 위신력이 충만한 역동적인 법회를 만드는 것이고, 둘째는 감사와 환희가 넘치는 법회 분위기를 조성하고, 셋째는 항상 새로운 서원과 다짐이 솟아나는 법회, 마지막으로 친절과 겸손이 도도히 흐르는 법회로 성장시키자."

이어서 법회 진행의 기본 방침도 스님이 설명했다.

"법회 진행은 첫째, 여법(부처님 법에 맞게)해야 불자들이 기뻐[法悅]하고 성장한다. 둘째, 물 흐르듯이 자연스러워야 신도들의 마음이 편안해지고 법회에 뿌리를 내려 착실하게 수행한다. 셋째는 경건심이다. 세속생활에서 체험하지 못하는 신앙적인 경건심의 발로는 성실한 삶의 원천이 된다. 마지막으로 다 함께이다. 법회의식 진행을 전문가들끼리만 서로 주거니 받거니 해서는 안 된다. 서툴면 서툰 대로 각자 주도적으로 참여하여야 법회에 대한 동참의식과 책임감이 느껴져 자각이 일어 함께 성장할 수 있다."

그 당시 스님 말씀을 메모해 둔 노트를 찬찬히 들여다보니 그런 대로 자세히 기록한 부분이 많았다. 좀 아쉬운 부분이 있긴 해도 그대로 옮겨 스님을 조금이라도 더 느낄 수 있도록 해야겠다는 생각으로 그 전문을 다시 옮겨 본다.

"그리고 매월 한번씩 열리는 구도법회를 더욱 충실하게 하자. 신도 각자가 수행하여 얻은 체험의 과실을 공개적으로 나누고 회향하는 기회인 신앙발표에 대한 준비를 보다 철저히 하자.

또 불교인으로서 일상생활을 주체적으로 열어 나갈 역량을 배양하는 질의 응답(구도문답 : 불교방송 자비의 전화 역할)을 성실히 해서 신도들의 눈과 귀를 활짝 열어줘야 한다.

그리고 모든 법회에는 출가 스님이 앞장서야 된다. 스님들의 동참 수행 없이 신도들의 자발적인 수행만으로는 법회가 크게 성장하기 어렵다. 스님들이 앞장서서 인도자가 되고 안내자가 되어야 한다. 과거 갈매리 보현사에서 구도법회 할 때는 처음부터 끝까지 내가 신도들과 함께 했다.

아울러 우리 법회는 부처님의 생애를 모든 불자의 진실한 삶으로 삼기 위해 부지런히 『불타전』을 학습하고 수행해야 한다. 『불타전』 학습은 구도모임이나 교육시에 특히 강조하였으면 한다.

그리고 진실한 참회의식은 수행자가 자기를 성장시키는 중요한 관건이다. 수행자의 진실한 자기발로(自己發露)를 통해 일약 불(佛) 경계에 도달할 수 있다는 것을 명심하고 매월 봉행하는 포살이나 기타 참회의식을 소중히 해주기 바란다.

앞으로 정기법회 때 국악을 합창 반주로 사용해 볼 것도 준비해 보고 계획을 수립해 보았으면 한다. 그리고 법회 중에 갖는 헌공시간을 지금보다 더 앞으로 당기면 어떨까? 먼저 부처님께 공양 올리고 서원을 다짐하며 감사 올리는 것이 좋을 것 같지. 순서 조정을 생각해 봐.

그리고 또 우리 불자들이 집에서 모시는 조상님들의 기제를 불교적인 방법으로 지냈으면 좋겠구나. 불교 재가 제례의식이 지난번 지원의

요청에 의해 마련되어 있으니 교육시간에 소개하고 적극 권장하길 바
란다.”

이렇게 스님의 법회운영에 대한 여러 가지 계획을 듣고 받아 적으면
서, ‘이는 실로 자상하면서도 활발하기 그지없는 내용들이고, 삶의 의
욕과 높은 희망을 마음껏 고양하는 즐거운 제안이며 착안이라는 생각
이 든다.’는 당시 내 느낌의 메모가 노트 한쪽에 얌전히 부기(附記)되어
있었다.

사실 그 당시만 해도 스님 말씀을 부지런히 받아 적는 것에만 열중
했지 속 깊은 내용에 대한 이해는 매우 부족했다. 이제야 조금 눈앞이
트이는 것 같아 때늦은 감사를 스님께 올린다.

사무사(思無邪)

스님의 평소 일상생활은 밝고 적극적이었다.

나는 스님 곁에 살면서 스님의 무엇에도 걸리지 않는 훤출한 발상, 뛰어난 창의력과 굳센 신념을 늘 접하곤 했다. 비록 내 자신이 힘들다 싶을 때도 스님을 뵈면 새 힘이 솟았고 힘찬 용기를 얻었다. 사람이 나이가 들면 들수록 가리는 것도 많고 주저하는 것도 많은 법인데 스님은 그런 면에서 좀처럼 우물쭈물하는 기색이 없었다. 한결같은 일관성과 굳건한 삶의 철학은 연령의 높아감을 떠나고, 육신의 노쇠함을 아랑곳하지 않은 채 문자 그대로 태산북두(泰山北斗)였다.

스님께서 입적하여 그 육신의 몸을 감쪽같이 감추자 나는 스님 생전보다 스님에 대한 생각을 훨씬 더 깊이 하게 되었고 더 절실히 스님의 보다 깊은 뜻을 찾게 되었다. 그런 까닭인지 스님 생전에 미처 몰랐던 스님의 숨은 뜻을 입적 후 비로소 이해한 것도 많다. 남들이 알거나 들으면 불효자라고 흉잡고 나무라겠지만 숨길 수 없는 사실임에 난들 어쩌랴.

망발이 되겠지만 이제 내가 조금 철이 들었다고 전제해 놓고 얘기해 본다면, 생전 스님의 일상을 다시금 곰곰 살펴보았을 때 위에서 이미 말한 대로 스님의 평상 삶의 활발발은 바로 청정(淸淨)의 힘이라고 생각된다. 다시 말해서 청정한 무애(無碍)의 실상과 세계를 고스란히 현실에 나툰 것이 스님의 일상생활이었다고 본다.

왜냐하면 스님의 생각에는 티끌이 없었다. 부처님 일을 하면서 기우나 염려가 없었고 금기나 터부가 없었다. 밝고 밝은 대명천지에 본지풍광(本地風光), 그뿐이었다. 그렇기에 내가 힘이 없다가도 스님 곁에 가면 힘이 솟았고 다시 용기가 솟았으며 순간순간 지혜의 선방편이 나에게까지 넘쳐서 나도 스님처럼 금방 활발발한 모습을 되찾곤 했다.

어른이 어린아이처럼 순진하다든지, 노인의 생각이 밝고 긍정적이며 한없이 너그럽다고 하는 것은, 생각 가운데 잡념이 없으며 티끌이 없는 순일하고 무잡한 세계를 말한다.

사람의 정신은 환경에 따라 영향을 받게 되는데, 특히 육체의 변화에 매우 민감한 정신 반응을 띤다는 것을 생각할 때, 언제나 한결같은 정신을 소유한다거나 아니면 나이가 들고 육신이 노쇠해도 정신은 오히려 성숙하고 오랜 세월을 견딘 연륜을 따라 정신이 향상된다면 역시 보통으로 있는 흔한 일은 아닐 것이다. 이러한 점은 나이 든 모든 사람들이 목표로 삼아야 할 훌륭한 노년일 것이다. 어쩌면 부러워해도 좋은 아름다운 모습일지도 모르겠다. 그런 점에서 스님은 심한 병고 중에서도 늘 정신의 자비와 너그러움과 청정을 지켰고 삶의 활력을 잃지 않았으며 얼굴에는 동안(童顔)의 밝은 미소를 간직했다. 사실 이 모든 것은 스님 자신, 내면의 표현이었고 내부로부터 비롯된 수행자 정신의 광채 어린 발휘였다고 해도 좋을 것이다.

스님의 생각이 지극히 맑고 깨끗하여 일체에 걸림이 없었다는 것을 말로 표현하자면 바로 사무사(思無邪)였다.

젊은 시절부터 순수하게 살고, 일심으로 살고, 봉사와 헌신으로 살아온 사람만이 도달하는 진리의 경지가 청정이며 사무사일 것이라고, 나는 스님의 삶을 보고 깨달았으며 또한 확신했다.

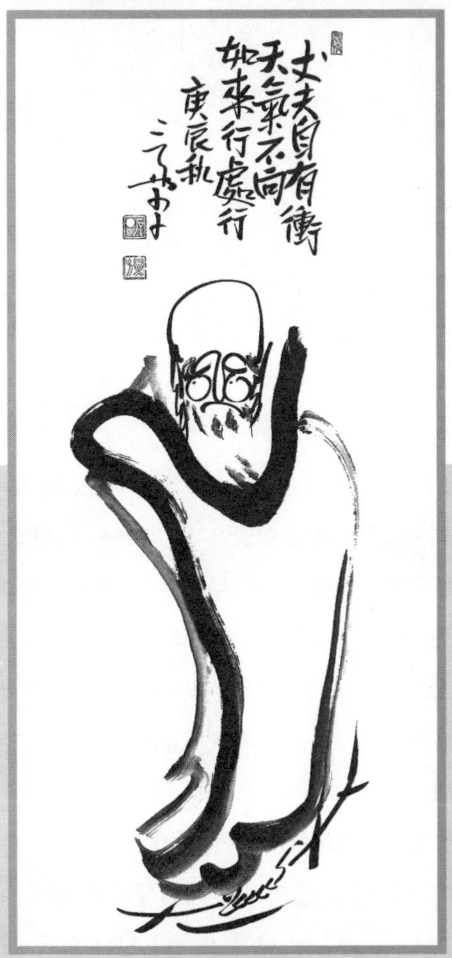

제 10 장

거울보기

- 수 행 과 거 울 보 기 -

丈夫自有衝天氣　　　장부의 기상은 하늘을 뚫으니

不向如來行處行　　　여래께서 행하시고 가신 길도 향하지 않네.

거울보기

스님이 쪼그리고 앉아 있는 모습은 마치 한 마리 학과 같다. 등은 굽고 몸은 야위었고 눈은 빛나고 얼굴은 밝고 목은 유난히 길다. 불편한 온몸을 동그랗게 구부려 앉으면 두 무릎은 어깨를 넘었다. 그 몸을 내가 팔 벌려 안으면 한 아름도 안되게 야위었다. 그나마 방안에서 움직일 때는 쪼그려 앉은 채 두 발을 번갈아 조금씩 움직여 간신히 앞으로 나아갔고, 내 걸음으로 두 걸음도 채 안 되는 거리를 도달하는 데도 무려 한참이나 걸렸다.

우리 스님은 병약하고 노쇠하여, 내가 1992년 1월 중순 인도 성지순례시에 새벽 일찍 파트나를 출발하여 바이샬리로 향하는 버스 안에서 내다 본 숲속의 학을 닮았다. 스님이 쪼그려 앉아 있을 때는 두 무릎이 양어깨보다 높고 등은 마치 활등처럼 굽었다.

스님은 그렇게 학의 모습으로 쪼그려 앉은 채 책을 읽고 있다가 내가 방에 들어서자 안경너머로 절하는 나를 가만히 바라보다가 미소하면서 예상하지도 못했던 질문을 나에게 던졌다.

"송암! 하루에 거울을 몇 번이나 보는가?"

얼굴은 웃고 있었지만 스님의 말은 나의 의표를 바로 찔러 왔다. 깜짝 놀란 나는 속으로 생각하기를, '내가 속인도 아닌데 몸치장 할 일도 없고 특별히 맵시낼 일도 없는데 갑자기 무슨 말씀이람.' 얼떨떨해 하는 나에게 연신 미소하면서 이어서 말했다.

"송암, 내가 말하는 의미를 잘 모르는 것 같군 그래. 이봐, 거울에는 두 종류가 있어. 몸뚱이를 비춰 주는 유리거울과 마음을 비춰 주는 옛 거울[古鏡]이 있지. 그 까짓 유리거울이야 출가인에게 무슨 소용이 있겠나. 있어도 무용지물에 지나지 않겠지.

우리 출가인은 잃어버린 옛 거울을 다시 찾기 위해 무서운 결심을 하고 각자 집을 나선 것 아니야. 그렇다면 당연히 옛 거울을 찾아야 하고 이미 찾았으면 자주 들여다보아야지. 사실은 말이야, 우리가 자주 거울을 들여다보는 것이 바로 수행이야. 그러니까 거울을 통해 있는 그대로의 자기 모습을 잘 보아야 해. 그리고 자기의 생각과 말과 행, 그 모두를 면밀히 살펴보고 세세히 조목조목 따져 봐야 하거든. 그 가운데는 잘한 것도 있고 잘못한 것도 있게 마련이야.

우리 수행자는 우선 잘잘못을 가리고 아는 것이 수행의 출발이고 또 완성이지. 부처님도 포살 때나 자자를 할 때 몸소 대중에게 당신의 잘못이 있거든 지적해 주기를 청했거든. 우리가 얼핏 생각하면 부처님이 무슨 잘못이 있을까 하겠지만 부처님이 대중에게 그렇게 말씀하시는 그것이 바로 수행의 완성이고 최고의 정점이기도 하지.

또 잘한 일은 더욱 잘할 수 있도록 더 큰 원을 세워야 하고 잘못한 일은 참회하고 다시는 잘못하지 않을 것을 굳게 다짐해야 해. 그렇게 하는 것이 수행의 길로 가는 것이고 또한 옛 거울을 자주 보는 것이야.

아니 잠시도 거울과 떨어지지 않는 것이야. 진리 성숙의 길로 가기 위해 우리는 항상 거울을 들여다보고 있어야 하는 것이야. 거울이 없다면 우리는 아무것도 볼 수 없게 되고 말지. 그러니까 거울이 얼마나 중요한 것이라는 것은 더 이상 말이 필요 없는 일이지.

자, 그러면 거울이 뭘까. 다시 한번 생각해 봐. 그렇지만 송암은 이미 잘 알고 있을 거야. 거울은 바로 부처님 가르침이고 자기 자신의 참 성품이지. 부처님 가르침으로 자기 자신을 어느 때나 비추어 보는 거야. 일체처 일체시에서 끊어짐 없이 상조(相照)하는 구경(究竟)이 성취되어야 하는 것이야."

이렇게 거울 이야기의 매듭을 짓고 스님은 다시 자리에 누웠다. 오그렸던 다리를 폈다. 옆에 있던 내가 스님의 등을 받쳐드려 편안히 눕도록 도와드렸고 잘 펴지지 않는 스님의 두 무릎을 손으로 눌러 죽 펴드렸다. 스님은 뼈마디가 시원하다고 말하면서 나를 쳐다보았다.

그런데 스님은 요즈음의 내 게으른 생활을 어떻게 아셨을까, 참 신기하기도 하지. 사실 스님 훈도대로 요즘 나는 거울 보는 일을 게을리하면서 마냥 시간만 녹이면서 세월을 허송하며 지내고 있었다. 제대로 알지 못하면서도 다 아는 것처럼 행동했고, 출가 수행자면서도 부귀영화를 누리는 거부 장자나 고관 대작처럼 사람을 낮춰 보고, 오만하고 교만하게 잘못된 생각만 거미줄처럼 늘이면서 지내고 있었다.

사실 그 당시 스님께서 나에게 내린 거울 법문은 혼신의 힘을 다하여 설한 것이다. 말씀이 끝나자마자 자리에 눕는 것을 보더라도 알 수 있는 일이다. 상좌를 조금이라도 더 가르치기 위하여 불석신명(不惜身命)의 노고를 마다 않은 것이다. 이 얼마나 간절한 염원이고 위법망구(爲法忘軀)의 보살행인가 말이다.

내가 살면서 스님처럼 저렇게 혼신의 힘을 쏟아가며 생활한 적이 과연 몇 번이나 되며, 또 그 얼마였던가. 제자에게 가르침을 내리자마자 쓰러지듯이 자리에 눕고 마는 저 안타까운 광경을 제자는 어떻게 생각하고 받아들였을까. 노인의 흔한 잔소리로 생각하며 얼른 자리를 피해 훌훌 털어 버리듯이 잊어버렸던 것은 아니었을까. 또는 고개를 절레절레 내저으면서 속으로 생각하기를 노인의 잔소리가 또 시작되었구나 하고 못마땅해 하며 마지못해 듣는 척하지는 않았을까.

이제야 내 온몸이 오그라드는 아쉬움과 후회가 밀려온다. 나를 위해, 어리석은 나를 위해 온몸의 기력을 다 소진한 스승, 그러한 스승의 막중한 은혜를 이제 어떻게 보답해야 할까. 스승의 은혜를 갚기 위해 스승을 등에 업고 수미산을 돌고 돌아 나의 뼈가 앙상하게 드러나도 그 은혜의 만분의 일도 갚을 수 없다는 말씀이 정녕 진리였구나. 아아, 크신 그 은혜 어찌하랴! 스승의 은혜는 바다와 같은데 내 힘은 일적(一滴)이구나.

그렇다. 매우 적절한 때에 스님은 내게 바른 길을 일러준 것이다. 지금 당장 미루지 말고 거울을 보자. 바로 부처님 진리 거울 앞에 서서 언제나 나를 비추어 보고 면밀하게 살펴보자. 그래서 항상 거울을 떠나지 않는 성실한 사람이 되고 거울 앞에 서 있기를 좋아하는 진실한 사람이 되고 참된 수행자가 되자. 그것만이 나의 장탄식을 멈추게 하고 다함 없는 은혜를 갚아가는 오직 하나의 유일한 길이 될 것이다.

무서워라, 단골 손님

　스님의 대각사 시절, 스님에게 정기적으로 찾아오는 단골 손님이 있
었다. 매월 한번씩 거의 비슷한 날짜에 어김없이 꼬박꼬박 찾아오곤
했다. 처음 내가 그분들과 별 이해관계가 없었음에도 반기지 않았던
것은 내 나름의 판단과 속사정 때문이었다.

　오랜 세월이 지난 지금에 와서 그때 사정을 말로 꼭 집어서 이야기
하기는 좀 뭣하기도 하고 어렵기도 하지만 우선 금방 떠오르는 생각으
로는 그분들의 분위기가 내 느낌에 좀 거슬렸다. 그 당시 어린 내가 보
기에 그분들의 수행자답지 않는 거만한 몸짓과 뭔가 마뜩찮게 풍겨지
고 비춰지는 눈빛, 그리고 이상한 옷차림새의 태도와 상체를 별나게
움직이며 걷는 건달 같은 걸음걸이 등, 지금 생각해도 이유는 많았다.
아무튼 그 당시 철없는 나로서는 미처 감당하기 어려운 점이 그분들이
올 때마다 느껴졌고 또 몹시 거슬렸던 것이다.

　사람의 깊은 속내는 제대로 모른 채 겉모양만 보고 판단하는 얄은
수준의 출가 애송이에 지나지 않았던 나는 단지 그분들의 그러한 겉모

양만 보고 속으로 못마땅해 했던 것이다.

그 손님들은 하나 같이 체격이 장대하거나 아니면 눈매가 매서운 인상을 풍겼다. 뭔가 무섭고 약간은 험악한 분위기가 느껴졌으며 예의나 겸손, 자비와는 거리가 멀게 생각되었다. 그 손님들은 대각사에 척 들어서면 마치 제집에 온양 누구에게 묻거나 아는 체 하는 일도 없었다. 한달음에 곧장 법당 뒤, 햇빛도 들어오지 않는 구석진 골방으로 쏜살같이 직행하는 것이다. 옷자락에 바람이 일어날 정도로 사뭇 기세 등등했다.

나는 그 손님들이 오기만 하면 어린 마음에 은근히 걱정이 되어 별일도 없으면서 스님 방 주변을 배회하며 내 모든 신경을 스님 방 쪽으로 기울였다. 내 깜냥에는 그 손님들이 혹시 우리 스님을 괴롭히지나 않나 하고 긴장하면서 불안해했다. 그럴 때는 일부러 스님 방 아궁이의 말짱한 연탄불도 들여다보고, 또 방 입구의 손바닥만한 마루도 괜스레 걸레질을 하기도 했다. 스님을 어떤 위험으로부터 지켜야 한다는 어린 생각에 마음놓지 못하고 스님 방 주변을 배회하며 온 신경을 스님 방으로 집중하고 있다가 그 손님들이 가고 난 뒤에야 비로소 안도의 한숨을 크게 내쉬곤 했다.

그런데 그런 일이 몇 번 반복되는 가운데 나는 새로운 점을 그분들에게 발견하게 되었다. 나도 점차 그 손님들에 대해 조금씩 익숙해지자 그분들이 오게 되면 오히려 내가 먼저 인사도 하고 얼굴을 쳐다볼 수 있게 되었다. 그 손님들의 표정이나 태도를 자세히 바라보면 처음 스님 방에 들어갈 때와 나중 나올 때의 모습이 완연히 달랐다. 처음 들어갈 때는 딱딱하게 굳은 얼굴로 뭔가 긴장되어 들어갔다가도 나중 나올 때는 싱글벙글 웃으면서 방문을 드르륵 열고 환한 표정으로 방을 나섰다. 그 손님들을 배웅하느라 뒤에 서 있는 스님도 얼굴에 정다운 미소를 띤 채 서로 대화를 나누었다.

처음 한 동안, 내 부족하고 어린 식견으로는 그들에 대한 거부감으로 무조건 오는 것이 싫었고 오기만 하면 인상을 써가며 감시하다시피 경계했다. 아무튼 그 손님들이 도착한 시간부터 갈 때까지 나는 계속 긴장 속에 있었고, 그 긴장 때문에 그들의 모습을 제대로 볼 수 없었던 것이다. 그러나 만나는 횟수가 점점 많아지고 조금씩 얼굴이 익어지고 어느 정도 내 마음의 여유가 생기자 비로소 그분들의 본 모습이 제대로 눈에 들어오기 시작했던 것이다.

사실 그 손님들은 내가 염려했던 것처럼 스님에게 어떤 불만이 있어서 온 것이거나 무엇을 요구하기 위해서 온 것이 아니라, 스님이 좋아서 찾아온 것이었고 세상살이와 수행이 힘들었을 때 스님으로부터 위안 받고 격려 듣기 위해 찾아온 것이었다. 단지 그분들의 좀 독특한 태도나 걸음걸이가 유난히 눈에 거슬렸을 뿐이지 특별한 악감정을 품고 있었던 것은 아니었다. 그때도 스님은 항상 누가 오더라도 온화하게 맞이했고 매우 인간적으로 따뜻이 대했다. 그때나 그 이후나 스님이 사람을 맞이하는 태도가 남다른 것은 바로 부처님 가르침에 근거했기 때문이라고 본다.

그리고 스님은 출가자라고 하는 자긍심이 매우 뛰어난 분이었다. 그렇기에 부처님 가르침을 충실히 실천하는 것은 역설적이긴 해도 바로 스님 자신의 자긍심과 직결되어 있기도 했다. 이렇게 말하면 부처님 가르침보다 스님 자존심이 더 중요했던 것처럼 들릴 수도 있겠지만 그런 얘기는 아니다. 또한 스님의 신앙심은 '부처님 가르침을 현실에서 증거하는 사람이 바로 출가 수행자이며 진리의 궁행 실천이 도 문중의 본분'이라고 하는 것이다. 그러한 스님의 법다운 태도가 일반적인 범부 입장에서 보면 많이 다를 수밖에 없고 다소 놀라운 것일 수도 있는 것이다. 그러나 스님 자신에게는 그저 어느 때나 한결같은 수행자의 평범한 일상일 뿐이었다.

그때 스님을 찾아온 손님 중에서는 나이로나 수행으로나 스님에게 있어서는 모두 동생뻘이었고 또는 훨씬 그 아래일 수도 있었는데 그들 모두를 아무 차별 없이 따뜻이 감싸 안는 스님의 인간적이고 넉넉한 자비에 의해 인간사 삶 속에 숱하게 얽혀 있는 고뇌의 문제가 모두 풀려 저절로 녹아 없어져 버리는 것이었다. 바로 그 힘(스님의 자비)이 사람을 매월 오게 만드는 것이었고 주변 사람들이 뭐라고 생각하든(내가 무슨 눈총을 주어도 개의치 않고) 아랑곳없이 당당하게 대문을 들어설 수 있게 했던 용기라고 여겨진다.

자비는 사람의 어두운 표정을 밝게 바꾸는 힘이 있고 비뚤어진 마음을 바로 잡는 힘이 있다. 또 생사의 겁약에서 벗어날 지혜도 있다. 그리고 나약하거나 좌절한 사람에게 진리의 힘을 얻게 하고 다시 용기를 솟아나게 하는 뛰어난 명약인 것이다.

내가 잘 알지 못하고 오히려 적개심을 갖고 경계하기만 했던 그 손님들은 당대에 이름을 드날렸던 강화·마하·천장 스님 등이었다. 그 특별한 손님들은 스님을 만나고는 대각사 큰방에 들어와서 스님과 나눈 정겹고 흐뭇한 이야기를 우스개 소리를 섞어가며 대중들에게 낱낱이 들려 주었다. 나는 이야기를 듣는 것만으로도 스님의 지극히 인간적인 체취가 물씬 풍겨져 무척 흐뭇하고 자랑스럽기가 이루 말할 수가 없었다. 오히려 나중에는 그 손님들이 밉기는커녕 기다려졌다.

장군 같은 스님들이 갸날픈 우리 스님으로부터 위로 받고 격려 받고 나오면서 좋아하던 모습을 생각해 보면 역시 자비는 젊음에만 있지도 않고 우람한 신체에만 있지도 않음을 알 수 있는 일이었다. 스님과 그 분들이 웃으면서 골방 문을 드르륵 열고 나오는 모습은 무척 대조적이었지만 모두가 한바탕 활짝 웃는 파안대소는 지금도 가끔 떠오르며 못 내 잊을 수가 없다. 스님들의 순진한 어울림은 한 폭의 동양화 신선도 그림 같았다고나 할까.

석촌호수와 스님의 행선

한없는 억겁의 시간, 천고의 세월 동안 굽이쳐 흐르던 한강의 물줄기가 얼마나 많이 바뀌고 또 바뀌었을까. 그렇게 아득한 시간 속에 도도히 흘러가는 강물에 비해 잠시 스쳐가다시피, 아니 잠깐 머물다 떠나는 우리 인간이 그 변화를 다 알 수는 없어도, 저 유유한 강물은 그 오랜 세월 동안 한결같이 묵묵히 흐르면서 이리 구불 저리 꼬불 별별 모양과 조화를 지으며 뱀을 만들기도 했고 용을 만들기도 했을 것이다. 그리고 만들었다가 지우고 또 지웠는가 하면 다시 만드는 막측한 변화를 부리기도 했을 것이다.

실제로 이러한 추측이 오늘날 우리 눈앞에 현실로 놓여진 잠실 벌판의 석촌호수다. 유구한 세월, 강물이 이리저리 흘러가다가 물길 따라 자연스럽게 생겨난 곳이 석촌호수다. 한강이 오랜 시간 솜씨를 발휘하여 만든 작품이다.

그 옛날 송파나루가 어디쯤 있음직한 곳에 지금은 건물들만 삼대밭처럼 들어서 있다. 지명이 암시하는 소나무나 무시로 배가 건너가고 건너왔을 나루는 이제 그 어디에도 찾아볼 수 없고 상전벽해의 놀라운 모습으로 호수에는 수상공원이 들어섰고 놀이 배만 무시로 이리저리 떠다닐 뿐이다.

그래도 이 부근에 불광사가 처음 건립되었을 때는 호수 주변 산책로가 매우 한가로웠는데, 잠실 벌판에 아파트가 벌집처럼 속속 들어서면서 주거 인구가 늘고 거기에 따르는 상가 건물과 여러 가지 용도의 빌딩들이 빼곡이 들어서자 호수 주변 산책로는 하루가 다르게 점점 복잡해져서 옛날 같은 정취는 눈을 씻고 찾아도 도저히 찾을 수 없는 일이 되고 말았다.

그러니까 얼마 전, 호수 따라 이어진 산책로가 무척 한가로웠을 때 스님은 거의 하루에 한번씩 호수로 포행을 나갔다. 주로 점심공양 후에 나갔지만 때로는 아침공양 후에 나서기도 했다. 늘 스님이 애용하는 천 조각을 붙여서 만든 약간 낡은 운동화를 신고 앞장을 서면 누군가가 배행을 하곤 했다. 젊은 우리들은 스님 따라 나서는 배행이 싫어서, 아니 싫어서라기보다는 불편해서 서로 눈치껏 피하기 일쑤였고 어쩌다가 따라나서게 되더라도 마지못한 기색이 역력하게 스님의 몇 발자국 뒤에서 묵묵히 노동(?)을 마치는 것이 고작이었다.

지금 생각하면 호숫가 주변에 봄이면 꽃이 피어 좋았고, 여름이면 그런 대로 녹음이 우거져 싱그러웠고, 가을이면 맑은 하늘이 좋아서 사시절 볼거리도 많고 건강에도 무척 유익했는데도 그 당시에는 왜 그런 생각이 도무지 들지 않았는지 내 자신이 지금 다시 생각해 봐도 한심스럽고 이상스럽기까지 하다.

특히 봄철이 되면 사방이 탁 트인 호수 주변에는 가장 먼저 개나리 진달래가 양지 바른 언덕에서부터 다투어 피어서 눈길을 끌었는데도

그런 광경이 눈에 들어오지 않았다는 것이 도무지 이해가 되지 않는
다. 아마 스님이 천 날, 만 날 이 세상에 계시리라고 생각하여 스님을
모시는 일이 얼마나 복된 일인지를 몰각한 어리석음 때문이었을 것이
다.

그때를 다시 자세히 생각해 보면 심지어 어느 때는 스님 혼자서 쓸
쓸히 호수를 돌아오게 한 적도 있었다. 애석하고 죄스럽기 그지없는
일이었다. 몸둘 바를 모를 만큼 송구하여 스님 진영 앞에 서기도 차마
부끄럽다.

아무튼 스님 행선시간에 배행하면 호수 주변에 야단스럽게 피어난
온갖 꽃들을 보는 재미도 좋았을 텐데, 그때는 그런 것들이 도무지 눈
에 들어오지 않았고 다만 스님을 모신다는 생각만 억지로 하면서 뒤를
따랐을 뿐이었다. 간혹 스님께서 이것저것 말을 붙여오면 그때서야 깜
짝 놀라 대답을 할 정도로 딴 생각에 사로잡혀 있었으니 스님인들 왜
그런 낌새를 몰랐을까. 세상 어떤 일에 있어서 아무리 잘한 일이어도
만족은 없을 테지만, 그것도 정도 나름이지 당시 스님을 모시면서 소
홀했던 일은 지금 아무리 다시 생각해 봐도 어느 한 구석이라도 잘 했
다고 자위할 만한 곳이 전혀 없다.

스님 뒤 조금 떨어진 곳에서 망상에 사로잡혀 따라 걷다 보면 나도
몰래 스님 뒷모습만 바라보고 걸을 때도 있다. 뒤에서 보는 스님의 모
습은 왼쪽 어깨가 약간 위로 올라갔고 목은 학처럼 길게 뻗어 있다. 늦
가을, 찬바람이 불 때쯤이면 스님의 목을 바라보는 것만으로도 서늘한
기운을 느낄 정도였다. 스님의 체형은 일반적인 한국 사람과 약간 다
른 점이 있다. 즉 다리가 상체보다 길어 보인다는 점이다. 아기 같이
순백한 살결과 목 언저리의 청순함이 소년처럼 느껴져 자꾸만 쳐다보

던 기억만 새롭다.

대개가 스님은 앞서 걷고 나는 뒤따르는 형식이었는데 어쩌다가 말 몇 마디 건넬 때도 있지만 거의가 호수 한 바퀴를 다 돌 때까지 말 한 마디 없을 때도 많았다. 그 당시에는 스님이 무슨 생각을 하면서 걸어가나 했는데, 이제 나이 들어 스님 따라 걷는 것이 노동이 아니라는 반성을 갖게 되자 스님이 다시 느껴졌다. 스님의 호수돌이는 운동시간이나 취미시간이 아니라 행선시간이었음을 깨닫게 된 것이다.

자식이 철들면 부모는 이미 떠났다는 옛말이 조금도 틀리지 않음에 한탄만 더할 뿐이고 아쉬움만 더 클 뿐이다. 사실 그때는 행선이니 포행이니 하는 생각보다 단순한 생각에 스님의 면모를 제대로 느낄 수 없었는데, 지금 다시 돌아보면 그때 스님은 오직 묵묵히 행선 중이었음을 깨닫게 된 것이다. 그것은 스님의 걸음걸이나 몸 모양을 보면 알 수 있는 일이다. 사람이 생각을 집중하면 모든 몸 동작에서 일정함을 갖게 되고, 또 곁에서 스님 태도를 보면 지극히 안정된 상태에 몰입해 있음을 금방 알 수 있었다.

그 당시 스님의 걸음걸이를 다시 머릿속에 하나하나 그려보면 걸음걸이 그대로 일행삼매였다. 비록 병약과 노약으로 씩씩한 걸음의 보폭은 아니었지만, 그렇다고 흐트러진 걸음도 아니었고 휘청거리거나 허청거리는 걸음도 아니었다. 아니, 오히려 단정하고 주의력 깊기까지 한 편안하고 안정된 걸음이었다. 의연한 자세가 그렇게 태산 같을 수가 없었다. 젊지만 내 걸음을 스님의 걸음에 견주어 보면 스님은 산 같고 나는 바람 속의 버드나무와 같았다고나 할까. 생각해 보면 나와 스님은 비교가 될 수 없었다. 나는 걸음걸이에서도 스님처럼 고도의 안정성을 유지할 수가 없었고 하루도 빠지지 않는 끈기에서도 비교가 되지 않는 인물이었다. 그것은 오직 삼매력의 차이다. 사실 마음공부는 이렇게 감추거나 속일 수가 없는 것이다. 그래서 도는 말에만 있지 않고 일체처 일체시에 전성적 노현(露現)이라고 하는 것을 다시 실감하고도 남음이 있다.

스님이 석촌호수를 걸어가는 포행의 모습이 마치 학 같다고 할까, 사슴 같다고 할까. 아니야 표표한 신선 같지, 글쎄 그럴까! 아마도 탁발하시는 부처님 같으실 거야.(아, 눈에 잡힐 듯 선하기만 하구나.)

대해일미(大海一味)

　나는 가끔 외람되게도 스님이 만약 출가하지 않았다면 어떤 사람이
되었을까를 생각해 본 적이 있다.

　문화예술계의 인사가 되었을까. 원래 감수성이 풍부한 분이었고 음
악·문학·미술 등 어느 분야에서도 막히는 데 없이 폭 넓은 이해와
교양의 소유자였기 때문이다. 아니면 학교 선생님이 되었을지도 모른
다. 그 분야 역시 스님의 성향으로 보아 아주 적당했을 것이라는 생각
이다. 우선 책 읽고 연구하기 좋아했으며 무엇이나 논리 정연한 체계
를 세우는 데 매우 밝았고, 또 자상한 성품이나 높은 도덕성, 청결하고
꼿꼿한 심지가 너무나 잘 맞을 것 같았다. 그 밖에 경제인, 정치인, 기
술자……

　설령 스님이 무엇을 했다 하여도 열정적으로 맡은 일을 해 나갔으리
라는 믿음이 앞선다. 나는 스님에 대해 이런 생각을 하면서 혼자 웃어
보기도 했고 고개를 끄덕거려 본 적도 있었다.

　그러나 최종적인 결론은 역시 스님은 부처님 제자가 가장 잘 어울리

는 천연의 타고난 모습이라는 생각이다. 아마 그 밖에 다른 무엇을 했어도 스님은 결코 만족하지 못했을 것이다. 그 까닭은 스님은 추구정신이 깊고 정밀했으며 호한하고 집요하여 무슨 일이라도 마음먹고 시작한 일은 끝을 볼 때까지 중단한 법이 거의 없었다. 그러한 스님의 뛰어난 성정에 잘 부합하는 것은 역시 불교밖에 없다는 생각이다. 불법의 광대무변한 사상과 심오하기 그지없는 철학적인 세계만이 스님을 감동시킬 수 있고 몸 바치게 할 수 있으리라는 생각에서이다.

일찍이 스님이 소년시절에 동서고금의 전적을 두루 섭렵했지만 결국은 불교에서 그 모든 것의 회통점과 참 생명의 나아갈 길을 찾았던 것이다. 종교도 어릴 때는 천주교를 다녔다. 어머니에 대한 효도의 뜻으로 시작했지만 끝내 거기서는 기쁨과 만족을 얻지 못하고 절에 와서야 제대로 안심입명을 얻게 되었던 것이다.

남을 대하는 스님의 겉모습은 참으로 부드러웠지만 자신을 다스리고 극복하는 내심의 꿋꿋함은 그 누구도 흉내내기 어려운 독보적이고 여여하여 부동한 경지였다. 말하자면 스님의 겉모습과는 천양지차다. 그런 전형적인 외유내강의 성정을 지닌 스님, 그런 성품의 소유자가 최종적으로 도달할 수 있는 곳은 과연 어디였을까. 또 무엇이 가장 적당한 일이었을까를 아무리 여러 번 생각해 봐도 마침내 도달한 나의 생각은 불법만이 스님에게 기쁨을 줄 수 있고 만족을 줄 수 있을 거라는 결론으로 나의 망상은 끝이 났다.

여기서 스님과 이미 작고한 동국대 고익진 교수의 관계를 잠깐 생각해 보고 싶다. 이 글을 쓰고 있는 지금은 이미 두 분 모두 고인이 되었지만 필자에게는 큰 영향을 끼친 분들이다.

고익진 교수는 건강이 악화된 후에 불교를 만났고, 그 후에도 줄곧 병고 속에서 불교학 정진을 계속하였다. 괴롭기 짝이 없는 병고 속에서 온갖 어려움을 스스로 극복하면서 불교학과 수행에 전념하여 살았던 자랑스러운 한국의 일등 모범불자였다.

고익진 교수는 우리나라 불교학계에서 아함의 중요성을 미처 인식하지 못했을 때, 가장 먼저 아함경의 중요성을 역설했으며, 대승의 가르침을 제대로 이해하고 심화하기 위해서는 아함을 알지 못하면 안 된다고 힘주어 강조했다. 그러한 고익진 교수의 주장을 뒤에서 소리 없이 지지하고 응원하고 아끼고 함께 했던 사람이 스님이다.

지금 내가 두 분 생전의 인간관계를 다시 돌이켜보아도 스님의 고익진 교수에 대한 생각은 각별했던 것으로 기억에 남아 있다. 고익진 교수 역시 스님에 대한 믿음과 의지가 컸으며, 몸은 비록 떨어져 있어도 오고가는 인편에 서로의 소식을 함께 있는 사람들 이상 친밀하게 주고받으며 정신적으로 깊은 유대감을 가지고 매우 가깝게 지냈던 것이다. 그것은 두 분 서로의 비슷한 처지와 흡사한 환경(병고) 때문이 아니라, 바로 아함경의 중요성에 대한 인식의 일치 때문이라는 생각이다. 이점에 있어서는 조계종 종정이었던 성철 스님도 같은 입장이었다고 본다. 불법의 핵심을 파악하고 사상의 정통을 얻은 이들은 비록 함께 동문수학하지 않아도 대해일미(大海一味)의 불법 근본을 통해 자연스럽게 상통하는 것 같았다. 그러나 스님과 고익진 교수의 견해가 전적으로 같았던 것은 아니었다. 다만 아함경의 중요성에 대한 인식을 같이 했고, 단지 내가 보기에 스님이 학문의 길로 들어섰다면 매우 명철하고 저명한 학자가 되었을 것이라는 생각일 뿐, 아니 어쩌면 고익진 교수 같지 않았을까 하는 생각으로 두 분을 대비해 그려본 것에 지나지 않는다.

사실 스님 성품에는 매우 개척적이고 새로운 것에 대한 열망과 창조적인 에너지가 가득하다. 물론 전통의 존중과 불법에 대한 뚜렷한 신념은 시공을 초월한 불변의 확신으로 무엇과도 비교할 수 없는 스님만의 독특한 또 하나의 세계로 자리잡고 있지만 말이다.

아무튼 고익진 교수는 수많은 불교학의 업적을 쌓았으면서도 끝내 병고에서 벗어나지 못하고 아까운 나이에 일찍 세연을 거두고 말았다. 너무나 애석한 일이고 불교계의 큰 손실이었다.

고익진 교수의 임종 소식을 듣고 무척 안타까워했던 스님의 모습을 지금도 선연히 기억하고 있다. 뭔가 크게 낭패한 것 같은 형언할 수 없는 슬픔과 아쉬움의 그늘이 스님의 얼굴에 드리워지는 것을 그때 보았다.

어른 모시기

옛날 어른들, 우리의 선조들은 학문적인 배움의 기회가 많지 않았다. 인생의 교훈이나 삶의 방식은 거의 모두 체험으로 받아들인 것이지, 배움을 통해 기억창고 속에 여러 가지 지식을 축적하였다가 필요할 때마다 하나하나 꺼내어 그것으로 인생을 산 것이 아니다.

그러니까 옛 어른들은 지식은 없어도 지혜가 많았다고나 할까. 물론 경험도 일종의 지식임에는 틀림없고 또 그것을 입으로 구전하여 다른 사람에게 전해 주고받은 것도 사실이다. 그러나 이러한 지식보다는 지혜에 의지하여 삶을 살았던 것이 더 많았다는 얘기다. 옛 우리 선조님들이 주로 의지했던 지혜는 직관에 의해 드러난 것이다. 직관이란 마음이 맑아야 하고 순박해야 작용하는 일체감에 대한 이해인 것이다. 척 보아 알았다고 하는 것은 주관과 객관이 둘이 아닌 미분(未分)의 실지를 꿰뚫어 본 것이다.

그러나 시대가 발달하여 후대로 내려올수록 지식이 범람하여 홍수 사태를 이룰 정도가 되어 지금은 그 지식들을 감당하기조차 벅차게 되었다. 그러기에 요즘 젊은 사람들은 어른들을 모시는 것도 역시 분명하다. 쌓아온 지식에 의해 이치에 맞아야 한다는 것이다. 어른의 말이나 행을 잘 따져보고 이치에 맞을 때만 따를 것이냐 따르지 않을 것이냐를 결정한다는 얘기다. 다시 얘기하면 옳고 그름의 시비를 딱 가려서 모실 것은 모시고 고칠 것은 고쳐 나간다고 하는 지극히 이론적인 지식 위주의 소위 똑똑한 생각이다.

그러나 어른을 모신다고 하는 것은 몸을 받들기 이전에 마음을 편안하게 해드리는 것이라고 본다면 지식만으로는 분명 안 되는 일도 있을 것이다. 어른의 말씀이나 행을 받아주고 따라 준다는 것은 일의 옳고 그름 이전에 서로 한마음이 되는 것이다. 한마음이 되었을 때 편안할 뿐만 아니라 어른과 함께 사는 것이 즐겁다.

옳고 그름은 시대에 따라 상황에 따라 언제나 바뀌어 간다. 또 인간의 생각은 변해가고 흘러간다. 사상도 그렇고 이념도 그렇고 인간의 마음도 그렇다. 그러한 무상(無常)의 물결 따라 달라지는 것에 기준을 두고 어른을 모신다면, 모심을 받는 어른이나 모시려고 하는 젊은이나 다같이 얼마나 힘들고 또 거기에 따르는 변화가 얼마나 많아야 할까. 그 번거로움은 이루 말할 수 없을 것이다. 그래서 도저히 안 될 일이고, 어불성설(語不成說)이다.

그러므로 진정으로 어른을 모시는 일은 무상(無常)의 헛된 물결에 맡기지 않아야 하며 세상의 유행병 같은 시비의 판단에 근거해서는 안 되리라. 그런 것을 모두 초월하여 무조건 순종하고, 모심의 주·객체가 한마음이 되어야 한다고 주장하면 잠꼬대 같은 소리로 생각할까.

세상의 모든 이목(耳目)이 껍데기 지식에 근거하여 판단하고 거기에 따라 어른을 모신다고 해도 나는 스님이 다시 오면 무조건 순종하고 받들며 모실 것이다. 내 생각은 깨끗하게 싹 비우고 어른 마음을 내 안에 간직하고 받아들여 스님과 나는 한마음이 되고 한 덩어리가 될 것이다. 나의 때늦은 깨달음은 '지극한 효는 자기를 비우는 것'이다.

쫓겨난 여동생

속세를 떠난 출가승들은 대개 삼엄하리 만큼 치열한 출가정신을 가지고 일생을 살아간다. 그러기에 일반인들이 보면 이해하기 어려운 점도 많다.

우선 출가정신의 기본이라고 하면 부모 형제와의 완전한 이별로부터 시작된다. 이미 출가를 결행한 사람이 속가의 집에 들락거리면 설령 그만한 까닭이 있다 하더라도 보는 사람의 느낌은 의아해진다. 그리고 무엇보다 위험한 것은 자기 자신도 모르는 사이 속화되기가 십상이다. 그런 여러 가지 이유 때문에, 또는 자신을 미리 경계하느라 더더욱 속가의 부모 형제들과는 짐짓 만나지도 않을 뿐만 아니라 일체 거래도 없이 지내기 일쑤이고, 그래도 부득이 만나게 되면 무슨 원수나 되는 것처럼 외면하거나, 그도 아니면 냉랭하기 짝이 없는 분위기에서 잠깐 얼굴만 서로 보고 금방 돌아서고 만다. 그것은 이 세상에서 가장 끊기 어려운 혈친과의 인연을 인위적으로 끊기 위한 하나의 몸부림이다. 마치 생나무 가지를 찢는 것처럼 아픈 괴로운 몸부림이다. 출가정신의 충실과 부처님 길을 가는 것, 즉 수행과는 비례한다고 본다. 특별히 다른 뜻이 있어서가 아니다. 그러나 출가자라면 누구나 이런 과정을 대부분 겪게 마련이고 또한 극복해야 될 스스로의 과제이기도 한 것이다.

몇 해 전 입적한 성철 선사도 그러했고, 청담 스님 등 당대의 선지식들을 비롯하여 명망 있는 유수한 스님들이 모두 똑같은 길을 걸었다. 이점에 있어서는 스님도 역시 예외가 될 수 없었다. 왜냐하면 스님에게도 다정한 가족이 있었고 또 스님의 몸 속에도 누구 못지 않은 따뜻한 인간의 피가 흐르고 있었으니까 말이다. 그렇지만 그러한 벽을 과감히 뛰어넘어 단호한 자세로 세연을 끊고 진정한 수행자가 되었기에 스님의 빛나는 출가정신은 후학들에게 사표가 되고 귀감이 되었다. 이와 같이 출가는 삼엄한 이별과 철저한 분리 속에서 시작된다.

이처럼 출가의 길이 냉혹하고 혹독해야 하기에 출가 당사자도 인간인 이상, 역시 이점이 제일 극복하기 힘든 부분이다. 어쩌면 스님은 다정다감한 감성이 유난히 풍부하고, 그러한 자신의 성품을 이미 잘 알고 있는 일이었기에 다른 사람보다 훨씬 냉혹하기 이를 데 없는 각오와 표정으로 남아 있는 가족들의 눈물을 쏟게 만들었을 거라는 생각이 든다.

내가 스님 회하에서 지낼 때, 스님의 친여동생인 정주 보살 고병남 불자에게 들은 얘기를 다시 기억해 보면 그 이야기를 듣는 것만으로도 찬바람이 불고 서리가 내렸다. 정주 보살은 직접 당사자였으니까 아픔과 슬픔이 오죽했으랴.

그러니까 정주 보살의 입장에서 스님의 출가를 보면, 두 분 부모님은 이미 별세하셨고 큰언니는 가정을 이룬 지 오래되었으며 둘째 언니는 두어 해 전 영문도 모르는 병으로 이 세상 사람이 아니었다. 그리고 큰오빠는 그 훨씬 전 둘째 언니보다 먼저 이승을 하직하고 말았다. 피붙이라고는 유일한 둘째 오빠, 즉 스님만 의지하고 살다가 불현듯 오라버니가 석 달만 있다가 돌아온다고 하면서 절로 가서는 영영 돌아오지 않았던 것이다.

당시 철부지 미혼 처녀였던 여동생은 태산같이 믿고 의지하던 오라버니가 입산하여 출가하고 난 뒤, 혼자 집에 있다가 결혼하게 되었는데, 그간의 사정이야 어찌 말로 다 표현할 수 있으랴. 정말 말할 수 없이 무섭고 외롭고 어려웠다고 했다. 출가하기 전 집에 있을 때 가족들에게 그토록 다정하고 자비로웠던 오라버니였기에 더더욱 그리움과 궁금함은 이루 말로 다 표현할 수가 없었다고 했다. 나는 정주 보살의 서러웠던 지난 이야기를 들으면서 단장의 슬픔은 부모와 자식간의 일만은 아닌 것으로 생각했다. 한 인물의 진정한 출가를 위해서 주변이 겪어야 했던 생나무 가지 찢는 모진 고통은 당하지 않은 사람들은 속속들이 다 알 수가 없을 것이다.

그러나 인생의 분명한 원칙은 고통 중에도 세월은 흘러간다고 하는 사실일 것이다. 그렇게 세월이 흘러갔고 그 속에서 파묻혀 살아가던 중, 얼핏 바람결에 들리는 소문에 꿈에도 잊지 못하던 오라버니 스님이 서울 조계사에 머문다고 했다. 그 소식을 듣고도 곧바로 달려가 만나지 못하고 며칠이나 망설이고 또 망설인 끝에 간신히 용기를 내어 찾아갔다. 집에서 같이 있을 때도 오라버니는 무슨 일이든지 한번 마음먹고 일을 시작하면 열렬하기가 비할 데 없는 성품이어서 자상하면서도 무섭고 어려운 분이었기에 혹시 날벼락이 떨어지지나 않을까 염려하고 망설였던 것이다.

아니나 다를까, 만나자마자 집에서 살림이나 잘하지 않고 출가하여 공부하는 스님 찾아왔다고 어찌나 야단을 치는지 그렇게 보고 싶던 오라버니의 얼굴 한번 제대로 쳐다보지도 못하고, 하염없이 고개를 숙이고 앉아 있다가 조계사를 쫓겨나다시피 뒤돌아 나오는데, 눈물이 앞을 가려 장님처럼 더듬어 가며 간신히 집까지 돌아왔다고 했다.

그야말로 스님의 출가정신은 차디찬 얼음이었고 날이 바짝 서 있는 예리한 칼이었다. 나에게 그 얘기를 들려 준 스님의 친동생 정주 보살은 이미 수십 년의 세월이 흘러 까마득히 지난 세월이 되었는데도 그때의 서러움을 잊지 못했고, 그 얼음 같은 차디찬 광경을 지우지 못한 것을 보면, 출가정신을 바르게 세우려고 했던 스님의 수행 태도가 상상할 수도 없을 만큼 엄청났음을 충분히 짐작할 수 있었다.

나는 그런 무서운 스님의 상좌가 되었다. 이제 다시 지난날을 돌아보면, 나는 스님이 온몸을 던지고 손발이 다 닳도록 애써서 봄부터 가을까지 땀흘려 가꾸어 놓은 과실을 힘도 들이지 않고 편안히 따먹은 사람과 같다는 생각을 해 본다. 바꾸어 얘기하면 스님 자신은 일생을 통해 모든 것을 다 바쳐가며 열렬하게 불도(佛道)를 닦아서 현재의 불광에 이르렀는데, 나는 너무나 편안하게 스님이 목숨 걸고 얻은 귀한 법을 만나게 되고 얻게 되었으니 말이다.

이것을 어떻게 말하면 될까. 무엇에 비유하면 가장 적절할까. 너무나 엄청나고 큰 일이어서 나는 무엇에 비유하고 어떻게 표현해야 할지 그 방법을 알지 못하겠다. 아무튼 분명한 것은 스님의 과실(果實), 스님의 귀한 법을 얻고 만난 은혜가 내게 있다는 것이다. 은혜는 대가 없이 일방적으로 받기만 했던 사람이 느끼는 심리 상태에 대한 표현이다. 그런 까닭에 이제 나는 은혜를 갚아야 한다. 옛 성현들이 말씀하시기를 은혜를 모르거나 갚지 않으면 사람이 아니라고 했다.

　그러나 나는 사람이고 싶다. 더더욱 스님이 바라는 사람이 되고 싶다. 그래서 비록 내 나이 이미 많아도 스님에게 칭찬 받고 어리광 부리고 싶다. 조심스럽게 아주 살금살금 스님과 농담도 하고 싶다. 그러기에 하늘보다 더 높은 은혜를 갚아야 한다. 그래야 내 소원이 이루어질 수 있을 것이다. 세상 사람들이 보기에 만약 나에게 조금이라도 취할 것이 있다면 그것은 전적으로 스님의 무거운 은혜 덕분이라는 것을 밝히고 싶다.

附錄／자료모음

先師의 유고를 혹시라도 분실할까봐 나중에 발견된 원고를 새로 넣기도 했고, 왜곡된 사실을 바르게 고치려고 했던 원고도 있다.

그리고 先師의 불교운동을 내가 계승함에 있어서 과연 선사의 사상과 제대로 부합하는지 공증 받고 싶어서 싣는 것도 있다. 본문 흐름과는 다소 차이가 있기에 따로 부록으로 묶었다.

(필자 白)

반야바라밀결사 헌장

반야바라밀결사는 반야안으로 보현행원을 원만하여 중생성숙 국토 성취를 이룩하는 대각 구국구세 운동을 말한다. 본 결사(結社)의 근본 사상은 석가모니 부처님의 핵심 교법인 대장경 반야부에 근거하며, 반야안 획득을 성불의 요체(要諦)로 삼았던 선불교의 정통성을 계승하고, 근세의 대각 구국구세 보살이었던 용성진종 조사의 대각교 운동을 결사의 뿌리로 한다. 이에 근거하여 동산혜일, 소천의탁, 퇴옹성철 선사를 대각교 운동의 전등(傳燈) 보살로 받들어 결사의 조종(祖宗)으로 모신다.

본 결사의 개창조는 금하광덕 선사이며 개창조에 대한 칭호를 법주(法主)라고 한다.(이하 반야바라밀 결사를 보현도량으로 약칭한다.) 본 결사의 수행지표는 법주의 구국구세 방략을 계승하고 발전시켜서 바라밀 국토 성취의 요결로 삼는다.

본 결사의 방향과 바라밀 선지식들(결사동참 대중)의 수행은 법주의 반야바라밀결사 신앙장전에 따른다.

이 결사의 성립은 개창조인 법주의 사상과 대서원에 의해서 완성되었고 또한 개창조는 대한민국시대의 불자들에게 본격적인 반야바라밀 사상을 위법망구로 광작(廣作) 홍포(弘布)하였기에 이후부터 결사의 대표자를 다만 사주(社主), 또는 회주(會主)라고 부르며 법주의 칭호는 영원히 개창조에게만 헌공(獻供)한다.

결사 동참은 수행 계위(階位)에 관계없이 누구나 정법호지(正法護持) 발원에 동참하여 호법 공양금을 봉납하는 날로부터 결사 동참을 인정하며 동지로 대한다. 비록 새로운 결사 동참자의 불교 수행과 이해가 다소 부족하고 때늦은 인연이라 해도 이 수승한 대각 구국구세의 장하고 뜻 깊은 세기의 대작불사인 결사에 동참하겠다는 마음의 발로(發露)는 이미 과거의 특별한 서원으로 말미암지 않고는 실로 어려운 일인지라, 우선 흔쾌히 옛 인연을 아름답게 맞이한 뒤 형식과 내용은 차후 충실히 갖추어 가기로 한다.

결사에 동참한 동지들은 바라밀 선지식으로 서로 부른다.(다만 각자 자기 자신을 나타낼 때는 바라밀 행자, 보현 행자, 반야 행자라고 해야 한다.) 그러나 출가 2중에게는 비구·비구니로 호칭하며 법계를 두되(조계종 종헌·종법에 준함) 재가 2중에게는 다음 4단계의 수행 계위(階位)를 둔다.

① 초학(初學) 보살 : 처음 입문하여 바라밀 교육을 마치고 정법호지발원에 동참하고 재가 5계를 수지한 결사 동참 만 3년까지의 수행자.

② 삼학(三學) 보살 : 초학보살의 제반 수행과정을 모두 마치고 명교사의 법사위(法師位)에 오른 결사 동참 수행자.

③ 명학(明學) 보살 : 포교사의 법사위에 오른 결사 동참 수행자(포
교사는 명교사위로 5년 이상의 전법활동을 수행한 불자가 소정의 교
육을 득하고 규정에 의하여 그 위에 오름). 명예 포교사(생업으로 익
힌 專業을 통해 국가 발전이나 종단에 크게 기여했거나, 뛰어난 불사
의 공적이 있거나, 사회에 대한 참다운 선행으로 모든 이의 귀감이
되어 불자의 위덕을 크게 떨친 불자. - 사주가 심사하여 최종 결정함).
④ 선학(先學) 보살 : 포교사의 법사위에 오른 지 15년이 경과하여
전법사가 되었거나, 수행과 덕망이 출중한 세납 70세 이상 된 결
사 동참 수행자.

　모든 동지들에게 결사 공동체는 동체대비의 부처님 진리에 근거하
고 있음을 천명하고 상호 불가분의 일체감을 거듭 확립하여 용맹정진
으로 여래 부촉을 완수하기 위한 질서와 상호존중의 기준을 위와 같이
세우는 것이다. 동지들은 어느 때나 각자가 바라밀 선지식임을 명심한
다. 결사의 근본 목표는 개인의 이익과 안락을 구함이 아니다. 또한 개
인의 깨달음을 얻기 위한 집합체도 아니다. 오직 일체 중생 모두 함께
성불이라는 동일생명의 근본 입장에 철저히 서야 함을 거듭 밝히고자
한다.

(필자 作)

반야바라밀결사 신앙장전

　　바라밀 선지식들은 반야바라밀결사 보현도량 신앙장전에 의하여 자타(인류)의 본래면목을 열어간다.(반야바라밀결사의 명칭을 이하 보현도량으로 약칭한다.)

　　— 보현도량의 신앙과 수행활동에 관한 근본원칙은 이 장전이 정한 바에 따르고 보현도량의 모든 규정과 활동 원리는 이 장전에 연유된다. —

① 귀의 : 보현도량은 석가모니불을 본존으로 하는 삼보를 신앙한다.

② 교법 : 보현도량은 석가모니불의 대각구세 원리를 받들어 마하 반야바라밀의 교법을 수행한다. 교의(敎義)의 해석 및 수행 요목(要目)은 불교교리에 의거하여 법주가 확정한다.

③ 지도자 : 보현도량은 사주가 지도하며 통솔한다.

④ 동지 : 보현도량 동지는 불법에 의하여 삶의 목표와 사명을 함께 하는 형제로서 매사에 동일체로서 헌신·협동하고 상호 존경하며 화경(和敬)을 실천하고 지도체제를 존중하며 결코 불자 덕행과

수행 요목에 반하는 행위를 일체 하지 않는다.

⑤ 수행원칙 : 보현도량 동지는 교법에 의한 자각과 불국건설을 실현하기 위하여 사회 제반 현실에 처하여 책임을 자담하고 끊임없이 기도 전법하여 국가 사회 발전에 초석이 되고 광명이 된다. (여기까지는 개산조이며 보현도량 법주이신 금하당 광덕 대선사의 지침이며, 이하는 대선사의 사상을 계승하고자 하는 세칙 사항이다.)

⑥ 바라밀 선지식(동지)의 신앙 수칙

우리는 횃불이다.(반야안 확립선언)

스스로 타오르며 역사를 밝힌다.(보현행 원만·국토성취)

⑦ 바라밀 선지식의 전법오서

우리는 파라미타 법등입니다.

- 전법으로 바른 믿음을 삼겠습니다.
- 전법으로 정정진을 삼겠습니다.
- 전법으로 무상공덕을 삼겠습니다.
- 전법으로 최상의 보은을 삼겠습니다.
- 전법으로 정토를 성취하겠습니다.

⑧ 바라밀 선지식의 서원노래

보현행원송과 마하반야의 노래

⑨ 바라밀 선지식의 상호인사

마하반야바라밀(상호 축원)

보현행원으로 보리 이루리(서원 성취)

⑩ 바라밀 선지식의 반야활구

내 생명 부처님 무량공덕 생명(반야안 확립선언)

용맹 정진하여 바라밀 국토 성취한다.(보현행 원만·국토성취)

⑪ 바라밀 선지식의 신앙 생활

㉠ 정법호지 발원

바라밀 선지식은 정법호지 발원으로 성불한다.

㉡ 일과수행 정진

아침 일과 : 마하반야바라밀 염송(3000념 이상)

저녁 일과 : 반야심경 사경(1회 이상)

㉢ 법등수행 동참

법등은 바라밀 선지식들이 보살도를 닦아가는 신앙의 토대이다.

㉣ 청법법회 동참

법회 동참은 종합 수행(三慧 : 文思修)으로서 바라밀 선지식들을
불보살님의 안목으로 성숙시키는 관건이다.

㉤ 행원수행 동참

보살행은 대소가 없고 오직 일심의 지극한 현전일 뿐이다.

㉥ 상수불학 동참

항상 부처님을 따라 배운다.

이 장전은 보현도량 회장단의 자문을 거쳐 사주가 제정한다.

불기 2544(2000)년 12월 15일

사 주

(필자 作)

학생들을 키우는 정신

　　1982년 9월에 불광 고등학생(신달법등) 법회에서 중학생을 따로 떼어
내어 중학생들만의 법회(목련법등)를 결성했다. 이때까지 중학생들은
고등학생들 틈에 끼어서 함께 법회를 했기 때문에 여러 가지 불편이
많았다. 우선 학년과 나이에 따른 불교에 대한 이해도에서 많은 격차
가 있었다. 나이에 따르는 불교에 대한 이해의 차이와 한계는 결코 간
단한 문제가 아니었다. 그리고 그것을 어른들 정도의 수준으로 생각하
여 적당히 넘겨도 좋을 일이 아니었다.

　　그러한 현실적인 한계와 이유로 중학생들을 고등학생에서 분리하여
각자 독자적인 법회로 독립하기로 했던 것이다. 물론 이것은 스님의
결정이었다. 내가 동국대 비구들의 기숙사인 서울 수유리 화계사 옆
백상원에 있다가 불광사로 들어가게 되니까 스님께서 시의적절하게
단안을 내려 나에게 중학생 법회를 맡기고, 그 무렵 새로 만든 어린이
법회(연꽃들의 모임)는 지홍 스님에게 맡겼다. 그러니까 불광이 잠실로
이사하고 바로 두 개의 법회가 새로 생긴 것이다. 그 동안 불광법회가

서울 종로 대각사에서 셋방살이하면서 수행하다가 잠실에 법당을 지어 이사하고 난 뒤 중학생 법회를 만들어 새로운 법등으로 출발했던 것이다.

그 당시 새로 지은 잠실 불광사는 미처 공사가 다 끝나지 않은 상태에서 우선 입주부터 하고 나머지 마무리 공사를 계속하고 있었기 때문에 조금은 불편한 환경이었다. 당시 불광사의 경제적인 사정으로 인해 모든 시설을 한꺼번에 완벽하게 마쳐 놓고 이사하기가 어려웠기 때문이었다. 한쪽에서는 건물 마무리 공사를 하면서 또 한쪽에서는 법회를 열어가는 이중의 불편을 참으며 생활하던 때에 중학생 법회와 어린이 법회를 개설하여 자라나는 새싹들을 위한 전법불사를 시작했다.

사실 그 해 초파일부터 잠실에서 약간의 봉축준비를 했는데, 그것은 우리 절이라는 소중함 때문이었지 공사가 끝나서가 아니었다. 땅바닥에 거적때기를 깔아 놓고 불비한 여건에서도 초파일 봉축준비를 했듯이 학생회 법회도 망치소리 기계소리를 들어가면서 시작했다. 그 당시 불광 불자들은 모두가 우리 절에 대한 각별한 정성을 간직하고 있었다. 즉 우리 절에 대한 높은 관심과 뜨거운 열성, 자부심 가득한 기대를 가지고 있었다.

앞에서 말한 대로 나는 그 해 여름방학 때 백상원을 나와 망치소리 기계톱 소리가 채 끝나지 않은 잠실 불광사로 들어갔고, 동시에 중학생 법회를 새로 만들어서 지도법사를 맡았다. 그때 나를 도와 함께 일한 선생님들로는 체육교사 출신의 보리은 최윤정 불자가 가장 나이 많은 연장자 선생님이었고, 소아과 의사였던 자인 불자와 고등학교 국어 선생님이었던 환희행 정학심 불자, 모 대기업의 회장실 비서였던 연전 유경희 불자 등이 주축이 되었고, 그 밖에 여러 분들의 직·간접적인 협력과 지원이 있었다.

그때 나의 나이는 한창 때였고 여러 선생님들도 비슷한 또래였기에 우리는 젊음과 열정을 토대로 불광에 대한 무한의 책임감과 불자라는 사명감, 스님의 전폭적인 신뢰와 인정으로 최고조의 분위기를 가지고 일했다. 또한 오직 부처님 뜻에만 인생의 가치를 두었던 때였기에 불사에 대한 책임과 사명감에 온몸을 내던진 시절이었다. 특히 스님의 회하에서 일한다는 것이 우리를 더욱 고무시켰고 거기다가 선동적인 성격인 내가 앞장선 상태였으니 마치 활활 타는 불길에 기름을 끼얹은 것처럼 그 기세가 대단했다. 우리 모두가 평소 하고싶은 일을 하게 되었기에 빠져든 몰입과 우러난 정성으로 말미암아 누가 나서서 말릴 사이도 없이 속도를 내기 시작했다. 이에 당사자들인 우리 자신들은 누구 할 것 없이 모두 신나고 즐거웠다.

이제 다시 돌아보면 그때 나를 도왔던 선생님들이 엄청나게 뜨거운 신심으로 불타 올랐기에 나는 오히려 그들의 뒤를 따라가기도 바쁠 지경이었다는 생각이 든다. 아무튼 그렇게 시작된 중학생 법회가 짧은 기간 중에 기대 이상의 성과를 내게 되어 그 다음 해 중·고등학생 합쳐서 교계에서는 처음으로 야영 수련대회를 가파르고 험한 설악산으로 가게 되었다.

우리는 절에서 편안히 잠자며 안락하게 놀면서 해주는 밥 먹는 것보다는, 절 옆 빈터에 질서정연하게 텐트를 치고 학생들 스스로 숙식을 해결했다. 많은 학생들을 데리고 험한 설악산에서 힘들고 어렵게 치르는 수련대회였기에 나와 선생님들은 무척 긴장했다. 우리는 둘째 날에 백담사에서 출발하여 봉정암까지 산행했고, 셋째 날에는 소청·중청을 거쳐 대청봉, 천불동 계곡을 타고 신흥사로 내려오는 산행 코스를

택했고 그 결과도 매우 좋았다. 다행스럽게도 안전 사고는 한 건도 없었다. 모험적인 수련대회가 무사히 끝난 뒤 비록 짧은 3박 4일의 일정이었지만 참가 학생들이 높은 성취감을 가지게 되어 많은 것을 얻게되었고 깨닫게 되었다. 참가 학생들은 자기 자신도 몰라보게 훌쩍 성장한 것을 깨달았다. 괄목상대(刮目相對)가 아니라, 괄목자신이었던 것이다.

그 당시 대부분의 학생 수련대회는 주로 지정된 사찰에서 3박 4일 정도의 일정으로 이미 정해진 프로그램에 의해서 천편일률적으로 진행되었는데, 우리는 항상 새로운 것을 보고 느끼는 호기심 충만한 특별 프로그램을 만들어 자연과 하나, 동료와 하나, 선생님과 하나 되는 훈련 체험을 도입했다. 그런 준비로 사전에 청소년 전문기관이나 사회의 일반단체도 방문해서 여러 가지 자료도 얻고 이야기도 많이 들었다. 그렇지만 선뜻 마음에 닿는 것이 없어서 결국은 밤을 새워 자체 프로그램을 만들어 쓸 수밖에 없었다. 그것이 지금까지 이어지고 있는 불광 학생회의 여름 수련대회의 시작이었고 그 뿌리가 되었다. 그런 우리들의 열성과 노력을 보고 수련대회 명칭을 법주 스님께서 '횃불정진대회'로 멋지게 명명(命名)해 주었다.

우리는 그것을 계기로 본격적인 불교청소년운동을 시작하려고 욕심을 내어 새로운 준비를 하고 있었다. 그 원형은 신라의 화랑에 연원을 두었고 방법은 여러 가지 현대적인 사례를 모아서 우리들에게 맞는 것으로 취사 선택하기로 했다. 그렇게 하여 청소년 육성에 대한 틀을 짜면서 만든 뼈대들이 청소년 법회의 목적, 강령, 청소년 상(像) 등이니 이는 내가 직접 앞장서서 만들었다. 물론 모든 과정을 낱낱이 스님께 보고드렸고 일일이 허락 받은 뒤 시행했지만 말이다.

우선 그 골조를 들여다보자. 이미 과거의 일이 되었지만 작으나마 교훈 받아야 할 역사가 있을 것이다. 먼저 법회 개설 취지문이다.

1. 중학생 법회 개설에 대해서(취지문)

본래부터 부처님의 광명은 찬연히 빛나고 있습니다. 겁 전, 겁 후의 무한한 영겁의 시간과 공간을 가로질러 내려오고 있는 부처님의 광명은 마치 푸른 하늘에 빛나고 있는 저 태양처럼 쉼도 없이 끝도 없이 오직 영원히 모든 세계에 차별 없이 부어 주십니다.

가난한 사람이 살고, 병든 사람이 살고, 못난 사람이 사는 곳이라고 해서 불광이 빛나지 않는 것이 아니라, 다만 그 밝고 찬란한 빛을 그들이 눈을 뜨고도 보지 못하기 때문에 우리는 그들에게 가난하다거나 병들었다고 말할 뿐이지 실로는 가난하고 병든 것이 아닙니다. 그것은 불행이 아니고 어둠이 아닙니다. 오직 혁혁한 광명천지입니다. 그러므로 눈만 뜨면 찬란한 광명이 눈부시게 쏟아지고 있는 아름다운 평원에 서 있는 자신을 깨닫게 됩니다. 인간 누구나 다함께 서로 손에 손을 잡고 있는 것을 깨닫게 됩니다.

중생 누구나 눈뜨면 성불이고 극락입니다. 이 땅은 바로 그러한 부처님의 상적광토(常寂光土)이고 무량무변한 부처님의 공덕생명 속에 우리의 생명이 약여한 일심 법계의 만고 광명에 여래와 함께 호흡하고 있는 거룩한 땅입니다. 이 준엄한 사실을 목전에 둔 우리들은 크나큰 행운아들입니다.

이제 우리는 모든 사람의 성품이 여래와 같은 존귀한 동일 생명임을 깊이 자각하고 빛나는 삶을 살아가야 할 것입니다. 우리들 각자의 가치 높은 삶의 실현으로 보리도(菩提道)와 중생 세간에 기여해야 할 것입니다. 그리하여 인간이 가지고 있는 본래의 권능과 무한의 가치를 아낌없이 남김없이 실현해야 합니다.

인간의 존재와 권위가 이렇게 성스러움을 온 인류가 일찍이 알았다면, 이미 이 세계는 대립과 투쟁에 의한 멸망의 위협에서 벗어났을 것입니다. 그리고 종속적 관계에 의한 노예적 근성과 인간 모독의 속죄 의식은 지구 밖으로 추방되었을 것이지만, 아직도 어둡고 추운 곳이 있고 스스로 죄인이 되어 죄의 행렬에 자기 몸을 던져 인간성 비하를 끝없이 자행하는 무리들이 분명히 있어 스스로 어둡고 암울한 세계를 만들어 광명세계를 등져 버리고 있습니다. 여기에 광명이 비춰야 합니다. 지혜와 자비의 광명이 비치도록 우리는 진리의 등불을 높이 들어 올려야 합니다.

부처님의 생명은 원래 밝은 것이기에 우리 불자의 속성도 밝을 수밖에 없습니다. 실로 우리 불자는 횃불입니다. 부처님의 상적광토에서 부처님의 광명에 점등한 진리의 횃불입니다. 그러기에 우리는 타올라야 합니다. 거침없이 활활 타올라야 합니다. 어두운 곳, 추운 곳, 병든 곳, 그 어디에서든 우리는 맹렬한 광명의 불길로 활활 타올라야 합니다. 그리하여 우리의 세계가 본래부터 찬연히 빛나고 있는 광명의 땅임을 만방에 선언하고 다시 확인해야 합니다. 이 놀라운 사실을 우리 스스로가 거듭 확인하고 또한 모든 사람과 내지 빛을 등져 버린 사람까지도 확인시켜 주어야 합니다. 그것을 이름하여 세계평화운동이라고 말하며 부처님께서 당부하신 중생성숙 국토성취의 부촉(附囑)입니다.

사람의 본 면목이 이와 같이 원래 밝은 것이라면 사람은 누구나 밝음을 찾아야 하고 그 모습대로 살아가야 하는 것은 너무나 당연한 인간의 도리이며 인간의 진정하고 고귀한 가치일 것입니다. 굳이 불교라고 말할 것도 없는 너무나 자연스러운 일이기도 합니다. 사람의 성장은 광명의 회복으로 나타나야 하며 실천적인 모습은 진리의 참된 교육을 통해 보살의 육성이라고 하는 원대한 인류의 이상을 향해 나아가는 것이어야 할 것입니다.

이것이 불광 학생법회 개설(開設)의 뜻이고 포부이며 높은 이상입니다. 모든 인간의 진정한 성장이 진리의 기초 위에 이루어져 인류의 미래가 부처님 뜻에 따라 원만해지기를 바라는 간절한 뜻에서 불광 중학생 법회를 개설합니다.

2. 불광선언   반야활구

우리는 횃불이다 ＝내 생명 부처님 무량공덕 생명(반야실상·믿음)

스스로 타오르며 ＝용맹정진 하여(자각각타·정진)

역사를 밝힌다　＝바라밀 국토 성취한다.(각성원만·현전)

3. 불광 학생법회 선언

우리는 불법의 상속자,

세상의 어둠을 밝히는 보살이 되어

결정코 이 땅에 부처님 나라 성취하리라.

4. 불광 학생법회 다짐

우리는 마하반야바라밀 결사향도로서

때에 따라, 곳에 따라

사자 되고 코끼리 되어

바라밀 국토 성취한다.

5. 불광 학생법회의 목적

각성을 확립하여 인성을 완성하며 미혹으로부터 인간과 역사를 구제하는 보살을 양성한다.

(불광 청소년 불자들은 마하반야바라밀 향도(香徒)로서 각성(覺性)을 체득(體得)하여 미혹으로부터 인간과 역사의 구제를 삼보님께 서원하고, 깊고 넓은 바라밀 수행으로 우리의 생명이 본래부터 각성 생명임을 굳게 믿어 영원히 꺼지지 않는 횃불로 자각각타(自覺覺他)의 각(覺)운동을 전개하여 각성원만(覺性圓滿)의 청정 불국토를 성취하여 보살의 대원(大願)을 이룬다. 이에 불광 학생법회는 불광법회에 소속한 법등(法燈)으로서 바라밀 수행과 정진을 통해 바라밀 향도임을 굳게 결심하여 스스로의 정체성을 거듭 천명하고 그 숭고한 보살행을 자임한다. 이로부터 바라밀 향도들은 금수강산, 조국 생명의 터전 위에서 씩씩하고 활기찬 수행으로 굳건한 각성의 믿음을 체득하고 깨끗하고 지혜로운 성품을 남김없이 드러내어 고결한 인격으로 우정과 사랑을 성취하며 아름답고 자비로운 성품을 현전하여 중생세간의 생명 질서와 세계 인류의 이익을 위해 봉사하고 헌신한다.)

6. 불광 학생법회 신조

모든 바라밀 향도들은 배달 겨레의 자랑스러운 후예로서 찬란한 문화민족의 높은 긍지를 가지며, 조상님으로부터 이어져 내려오는 자비와 지혜를 가지고 오늘의 시대에 밝은 등불이 되고, 세계평화의 수호자가 되며 진리 국토 건설의 역군이 된다. 거듭 바라밀 향도들은 조상님의 정신을 계승하여 나라의 발전과 세계평화와 인류행복의 향도자가 되기 위하여 빛나는 선열의 그 정신을 신조로 삼는다.

드높은 기상(고구려 정신)
중생과 세간의 완성을 위하여
나는 보살의 대서원을 세우겠습니다.

불굴의 기백(백제 정신)
중생과 세간의 완성을 위하여
나는 보살의 용맹정진을 따르겠습니다.

훤출한 인격(신라 정신)
중생과 세간의 완성을 위하여
나는 보살의 만행무궁을 실천하겠습니다.

7. 불광 학생법회 청소년 상
사자여, 큰 지혜로 진리 굴리고
            (사자여, 큰 지혜 여기 나투어 중생 건져라.)
사자여, 큰 소리 사자후로 마군을 제압하고
            (사자여, 큰 용맹 여기 나투어 불법 지켜라.)
사자여, 큰 용맹 위엄으로 불법 지켜라.
            (사자여, 큰 위엄 여기 나투어 진리 세워라.)

백상이여, 행원으로 어두운 세상의 횃불이 되고
            (백상이여, 큰 자비 여기 나투어 중생 감싸라.)
백상이여, 열 가지로 하늘땅을 진동하고
            (백상이여, 큰 행원 여기 나투어 불국토 성취하라.)

백상이여, 보현의 용맹정진으로 보리 이루라.

　　　(백상이여, 큰 정진 여기 나투어 보리 이루라.)

8. 불광 학생법회 지침

불광 학생들은 오늘의 시대에 방황하는 인류를 구제하기 위하여 빛나는 지혜와 폭넓은 지식과 훌륭한 인격을 갖추기 위하여 항상 최선의 노력과 진리에 대한 열정을 아끼지 않을 뿐만 아니라 보현보살의 행원을 원대한 삶의 지향점으로 삼는다.

씩씩하고 활기차게 ― 굳건한 믿음

깨끗하고 지혜롭게 ― 고결한 인격

아름답고 자비롭게 ― 투철한 봉사

9. 불광 학생법회 수행강령(修行綱領)

횃불이 스스로 몸을 태워 어둠을 몰아내듯이 우리는 횃불로써 역사를 밝힌다.

촛불이 스스로 몸을 태워 광명을 나투듯이 우리는 촛불로써 진리에 몸 바친다.

향이 스스로 몸을 태워 주변을 맑히듯이 우리는 향으로써 세계를 맑힌다.

10. 발원문(학생법회)

태양보다 밝은 지혜와 따뜻한 은혜로 온 누리 중생을 보살펴 주시는 자비하신 부처님께 저희 학생 불자들은 일심으로 정례하옵니다.

저희들은 부처님의 가르침을 만나서 부처님의 한량없는 은덕이 일찍부터 저희에게 부어지고 있음을 알았습니다.

거룩한 가문에 태어나 지극히 자애로우신 부모님과 우애 깊은 형제를 만난 것을 감사 드립니다. 빛나는 역사를 지닌 아름다운 강산에 큰 이상을 펼쳐 이웃과 세계에 이바지할 수 있는 훌륭한 때에 태어난 것을 또한 감사 드립니다. 그리고 저희 조상님들께서 지극히 슬기로우신 것처럼 저희들 또한 큰 지혜와 밝은 덕성과 끝없는 용기를 이어받았음을 다시 감사 드립니다.

자비하신 부처님!

저희들이 나라의 큰 일꾼이 되어 빛나는 조국을 가꿀 수 있도록 보살펴 주시오며, 장차 부처님의 법으로 온 세계를 평화롭고 번영되게 하며, 모든 사람들이 참되고 성공할 수 있도록 돕는 일을 잘하게 하여 주옵소서.

저희들 몸과 마음이 항상 건강하고, 지혜와 자비심은 넓고 깊으며, 용기는 더욱 막힘이 없어 부모님과 스승님과 삼보님의 크신 뜻을 받들어 행하여 마침내 불국토를 이룩하는 거룩한 보살이 되도록 인도하여 주소서.

나무마하반야바라밀

나무석가모니불, 나무석가모니불, 나무시아본사석가모니불.

(※흥분 잘하고 들뜨기 좋아하는 필자가 일을 저질러 놓으면 으레 스님이 뒷감당하여 정리 정돈해서 비로소 온전해지는 것이다. 여기에 실린 글들도 초안은 필자의 몫이었고, 선택의 결정과 정리는 스님의 몫이었다. 그렇게 하여 학생법회의 모든 준비도 가능하게 이루어졌던 것이다.)

불교 화혼식

1. 불교 화혼식의 유래

 - 연꽃 다섯 송이, 두 송이의 인연담 -

우리 부처님께서 과거 아득한 구원겁(久遠劫) 전, 선혜(善慧) 선인이었을 때 그 나라에는 등조왕이라는 임금과 보광불이라는 부처님이 계셨습니다.

등조왕은 보광불께 꽃공양을 올리기 위해 백성에게 사사로운 꽃 매매를 금지시키고, 나라의 모든 꽃은 임금에게 바쳐 부처님께 꽃공양을 올리게 하라는 명령을 내렸습니다. 그때 어느 산중에 구리라는 선녀가 칠경화라고 이름하는 귀한 꽃을 가지고 있었는데 나라의 명령을 두려워하여 그 꽃을 병 속에 감추어 두었습니다.

선인은 산속에서 수행하다가 등조왕이 부처님께 꽃공양을 올리기 위해 나라의 모든 꽃을 모아 들여 헌화 준비를 한다는 말을 듣고, 자기도 신심이 크게 일어나 지성으로 좋은 꽃을 구하기 위해 여기저기 다니다가 마침 선녀에게 칠경화가 있다는 말을 전해 듣고 그를 찾아가니, 서로 만나자마자 선인의 지성 감응으로 선녀가 감추어 두었던 꽃이 저절로 피어나 병 밖으로 그 아름다운 모습이 솟아올랐습니다. 그것을 보게 된 선인은 선녀에게 그 꽃을 자기에게 팔 것을 원했습니다. 선녀는 병 속의 꽃이 선인을 만나는 순간에 밖으로 피어 나옴을 신기하게 여기면서도 주저하여 말하기를, "이 꽃은 대왕에게 바쳐 부처님께 공양을 올릴 물건입니다."라며 거절하였습니다.

그러나 선인은 조금도 물러서지 않고 거듭 꽃을 팔라고 간청하면서 꽃값이 얼마냐고 자꾸만 물어 왔습니다. 선녀는 그 꽃을 끝내 팔지 않을 작정으로 꽃값을 한 송이에 은전 백 냥이라고 깜짝 놀랄 아주 비싼 값으로 말했습니다.

그러자 선혜 선인은 아무런 주저나 망설임 없이 선뜻 오백 냥을 내어주며 다섯 송이만 달라고 하였습니다. 선녀는 선인의 그러한 지성에 깊이 감복하여 이 꽃을 팔기는 하겠으나, 세세생생 자기와 더불어 부부 되기를 조건으로 내세웠습니다.

이에 선인이 대답하되,

"나는 도를 닦는 사람이라 다시 나고 죽는 생사의 인연을 맺을 수 없다."고 거절하니 선녀는 사실이 그러하면 이 꽃을 선인에게 팔 수가 없다고 딱 잘라 거절하는 것이었습니다.

선인은 도저히 어찌할 수 없어 다시 선녀에게 말하되,

"그대의 소원이 그러하다면 나도 소원이 한 가지 있노라. 후일 우리가 함께 부부가 된 연후에 내가 무엇이든지 하고자 하는 일에 대하여, 특히 보시나 지혜 등 보살행을 닦을 때에 신체와 국성, 처자나 재산 등 모든 것을 다 보시할지라도 결코 방해를 하지 않겠느냐?" 하고 물었습니다.

선녀는 그 말을 듣고 오히려 크게 기뻐하며,

"당신이 하는 일은 무엇이든 방해를 하지 않으리라." 맹세한 후 나머지 두 송이 꽃마저 선인에게 내어주며, "이것은 나의 발원으로 보광 부처님께 대신 올려달라."고 부탁하였습니다.

선인은 즉시 부처님을 찾아가 가지고 온 칠경화를 부처님의 머리 위에 뿌렸습니다. 왕과 대신들이 뿌린 꽃들은 모두 땅으로 떨어졌으나, 선인이 뿌린 칠경화만이 공중에 머물러 넓고 큰 화대를 지어 부처님을 꽃으로 감싸고 덮었습니다.

이 거룩한 장면을 보게 된 왕과 백성들은 모두 깜짝 놀랐습니다.

이때 보광불은 선인에게 수기로 말씀하셨습니다.

"그대는 이 인연 공덕으로 오는 세상 미래 세에 성불하여 이름을 석가모니라고 부를 것이니라."

그리하여 그때의 선혜 선인은 우리의 석가모니 부처님이 되셨고, 구리 선녀는 부처님의 출가 전 세속의 부인인 아쇼다라 비(妃)가 되었습니다.

이와 같은 부처님의 과거생 인연에 근거하여 오늘날 불자들의 부부 인연이 비롯된 것입니다. 이 인연은 도를 함께 닦는다라고 하는 도반의 약속이 내포되어 있다는 것을 인정하고 크게 자랑스러워 해야 합니다. 그러기에 이제 우리는 부처님의 수행시절 행적을 본받아 이 세상에 빛으로 살아가기를 다짐하고 약속해야 합니다.

(『佛本行集經』에서)

2. 화혼식순

① 개식선언

지금부터 신랑 우바새 ______군과 신부 우바이 ______양의 화혼식을 거행하겠습니다.

(절에서 할 때는 종을 다섯 번 치든지 목탁을 다섯 번 친다.)

② 주례임석

주례법사 스님(또는 법사)으로는 ______으로 계시는 ______께서 임석하시겠습니다.

③ 신랑입장 : 신랑 우바새 ______군이 입장하겠습니다.

④ 신부입장 : 신부 우바이 ______양이 입장하겠습니다.

⑤ 삼귀의

양가의 여러 어르신들과 만장하신 내빈 여러분!

주인공인 신랑 우바새 ______군과 신부 우바이 ______양이 백년 가약을 맺는 경사스러움을 부처님께 아뢰고 또 축복을 내려 주시기를 청하는 삼귀의례 순서입니다. 다같이 잠시 자리에서 일어나 두 손을 가슴에 모아 합장해 주시면 감사하겠습니다.

(아래 둘 중 택일)

(㉮ 그리고 오늘 주례법사 스님이신 ______의 선창을 따라 모두 제창하면서 세 차례 경례를 해주시기 바랍니다.)

(㉯ 그러면 반주에 맞추어 삼귀의를 노래로 하겠습니다.)

⑥ 축원문

여러분 대단히 감사합니다.

다음은 주례법사 스님께서 오늘의 성스러운 경사를 부처님께 아뢰고 복과 지혜를 내려 주시기를 청하는 축원문 봉독의 순서입

니다. 불편하시겠지만 잠깐 동안만 더 일어서신 그대로 합장하
시고 고개를 숙여 오늘의 두 사람의 앞날을 지성껏 축복해 주시
면 감사하겠습니다.

〈주례가 올리는 축원문〉
대자대비 본사 석가모니 부처님 세존 전에 병법 사문은 계수하
옵고 삼가 아뢰옵니다. 자비의 구름이 온 누리를 두루 덮고 신령
한 광명이 널리 빛나 길이 미혹의 어둠을 밝히는 이날,
동양 대한민국 서울특별시 청정 도량에서 우바새 _______군과
우바이 ______양이 결혼의 예의를 올리옵니다. 삼가 여래 인행
시의 옛일을 따르옵고 함께 무상대도를 이루기를 간절히 원하옵
니다. 일심 정성으로 일곱 송이의 꽃을 헌공하옵고 다시 엎드려
간절히 청하옵나니, 시방세계 일체 부처님께서는 증명하시옵소
서. 거듭 우러러 바라옵나니 지극하신 자비로써 섭수하시오며
묘한 위신력으로 가피하시사 이들의 마음과 마음이 서로 계합하
고 귀틀이 서로 합하며 금슬이 화애하고 믿음과 행이 두루 온전
하여 무상대도에 귀의하옵고 망극하신 크신 은혜를 갚아지이다.
나무 마하반야바라밀.
⑦ 신랑·신부 맞절
신랑·신부가 서로 인사하실 차례입니다. 신랑·신부는 서로 마
주보는 자세로 돌아서 주시기 바랍니다.
(이때 주례가 구령한다.—신랑·신부 맞절)
⑧ 신랑·신부, 부처님께 헌화
이제 신랑·신부가 두 사람의 정성을 합하여 부처님께 고귀한

꽃다발을 정성껏 올리겠습니다.

※ 미리 식전에 꽃 다섯 송이와 두 송이로 된 꽃다발을 준비한
다. 주례스님으로부터 말씀이 계시면 먼저 다섯 송이의 꽃을 화
동이 들고 신부에게 전해준다. 신부는 눈썹 높이까지 꽃을 받들
고 있다가 주례스님의 말씀이 끝나면 신랑에게 한 걸음 다가가
눈높이에서 그대로 전해준다. 신랑은 두 손을 받들어 꽃을 건네
받은 후 주례스님께 머리 위로 받들어 올린다. 그러면 주례스님
은 그 꽃을 부처님 전에 올린다. 나머지 두 송이의 꽃다발도 같
은 요령으로 하되 신부가 신랑에게 꽃을 전해줄 때 신랑이 신부
에게 다가간다.

㉮ 다섯송이 : 화동 - 신부 - 신랑 - 주례 - 부처님전 동쪽
㉯ 두 송이 : 화동 - 신부 - 신랑 - 주례 - 부처님전 서쪽
(식장이 법당이 아니고 예식장일 경우에는 주례스님이 꽃을 받아 보
관하였다가 절에 돌아와서 부처님 전에 바친다.)

〈주례의 헌화사〉

① 이 꽃, 신부 가슴에 간직된 다섯 송이의 꽃은 오늘의 두 사람
이 이 땅에 오기 전 아득히 머나먼 겁, 한 생명 가꿀 뜻을 세우고
깊이 간직했던 그 세운바 뜻이 불보살님의 가호를 입어 지금 이
자리에 피어났습니다. 이제 두 사람이 금생에 이 뜻을 다시 실현
하고자 결혼으로써 그 뜻을 확인하매 이제 신랑은 신부에게 간
직된 꽃을 받아서 부처님께 올리겠습니다.

② 이 꽃, 신부에게 간직된 꽃은 신부에게 간직된 나머지 그 모
두입니다. 오늘 결혼을 통해서 두 분의 기나긴 과거의 큰 꿈을

이루고자, 이제 그 나머지 꽃을 신랑의 손을 거쳐서 부처님께 올림으로써 두 분의 밝은 뜻을 부처님 앞에 아뢰고 증명하여 주심을 감사 올리겠습니다.

9 혼인서약

주례법사 스님을 따라 오늘의 두 주인공이 서로 굳은 약속을 하는 혼인서약의 순서입니다.

㉮ 신랑에게

㉮ 신부에게

(주례법사 스님께서 신랑, 그리고 신부에게 각각 물어보시면 이때 신랑·신부는 주례법사 스님께 반배하며 "예" 하고 또렷하고 자신 있게 함께 대답한다.)

〈주례의 혼인서약〉

① 두 사람 오늘의 이 만남은 금생에 시작된 것이 아니라 머나먼 과거생 인연의 결실이며 그 사이에 불보살님의 지극하신 가호가 함께 하고 있는 것입니다. 이제 두 사람은 서로가 원만하고 구족한 것을 깊이 믿어서 서로 지극한 마음으로 존중하고 시종여일하여야 하겠습니다.

☙ 능히 행할 것을 맹세합니까?

② 두 사람이 부처님의 가르침을 배워 그 가르침에 따라서 스스로의 꿈을 실현한다고 하는 이것은 먼저 부모님 모시기를 부처님 섬기는 것으로써 시작이 되어야 하겠습니다. 아울러 부처님의 가르침을 받들어 행하고 정결한 집안의 범절을 세우는 데 있어서 정성을 다해야 하겠습니다.

♤ 능히 행할 것을 맹세합니까?

③ 두 분은 몸은 각각이로되 실로 결혼을 통해서 하나의 생명, 하나의 인격을 이루는 관계에 이르렀습니다. 앞으로 살아가는 데 있어서 기쁜 일이나 슬픈 일이나 괴로울 때나 즐거울 때나, 서로 존중하고 사랑하고 헌신적으로 서로 받들어서 진실한 부부의 도를 다하고 마침내 나라와 사회의 발전에 견고한 기초가 될 것을 마음속에 다짐하여야 하겠습니다.

♤ 능히 행할 것을 맹세합니까?

⑩ 성혼선언

주례법사 스님으로부터 오늘의 이 거룩한 화혼이 원만히 이루어졌음을 모든 이웃에게 고하는 성혼선언이 있겠습니다.

〈주례의 성혼선언〉

이 자리를 함께하신 내외 귀빈 여러분!

오늘 신랑 우바새 _____군과 신부 우바이 _____양은 불보살님께서 증명하시고, 그 부모님과 일가 친척이 엄숙히 지켜보시는 가운데 일생동안 고락을 함께 할 부부가 될 것을 굳게 맹세하였습니다.

이제 본 주례는 두 사람의 결혼이 원만하게 이루어졌음을 선언합니다.

⑪ 주례사

주례법사 스님으로부터 두 사람의 앞날을 밝게 열어가는 희망의 법음을 열어 주시겠습니다. (주례가 별도 준비해야 함)

⑫ 축가 : 없을 경우 생략

⑬ 신랑·신부 내빈께 인사(내빈께 인사 전에 양가 부모님께 먼저 함)

⑭ 신랑·신부 행진

⑮ 폐식 선언

이것으로 ＿＿＿＿군과 ＿＿＿＿양의 화혼식을 모두 마치겠습니다.

(先師 作)

◑ 결혼은 두 남녀의 성적 결합인 동시에 두 가정의 친척으로의 결합이기도 하다. 결혼식은 그 성적 결합의 공증과 축복을 기원하는 형식이 된다. 공증의 권위와 축복의 의미는 참가한 일가 친지들과 빈객들의 축하와 흥겨움에서 얻을 수 있다.

결혼식이 끝나고 다시 별실에서 행하는 폐백은 생략한다. 원래의 뜻에 맞지도 않는다. 신혼여행 다녀와서 양가 부모님을 찾아뵙고 절한다. 결혼식만 올리고 바로 신혼여행을 떠나는 것이 좋다.

폐백은 원래 견구고례(見舅姑禮)라고 하여 시부모가 주체가 되어야 한다. 시부모는 안방에 소반상을 하나 놓고 그 위에 밤과 대추를 올려 놓는다. 그것으로 훌륭하다. 대추는 며느리가 아침 일찍 일어난다는 뜻이 있다. 즉 건강한 삶을 다짐하고 약속하는 것이다. 밤은 두려워 떤다고 하는 뜻이다. 며느리가 집안의 법도를 함부로 바꾸거나 소홀하게 하지 않고 소중히 하는 삶의 깊은 이해를 가지는 것이다.

결혼식은 반드시 낮이 아니어도 좋다. 저녁이나 오후에 치러도 좋다. 결혼식은 원래 낮의 축제가 아니라 밤의 축제이고 평일날 밤이나 오후에 하는 것이 좋다.

(필자 해설)

부처님 오신 날 욕불의식

부처님 오신 날 봉축 법요식이 끝난 뒤 욕불의식 준비를 완료하고 합창단의 합창(만생령을 위해 오심 - 찬불가는 전체를 다 불러야 함)이 끝나면 다음의 게송을 인례가 낭송한다.

관불게

여래께서　도솔에서　강생하시매

구룡들이　물을토해　목욕했어라

저희이제　정성다해　청정향수로

거룩하온　금색신을　관욕합니다.

목욕진언

거룩하온　금색신을　관욕하오니

모든중생　모든허물　맑아지옵고

바른지혜　공덕장엄　모두이루어

위--없는 정법신을 이뤄지이다.

나무 사만다 못다남 옴 아아나 삼마삼마 사바하 (세 번)

시수진언
제가이제 길상수를 삼업기우려
빛나옵신 여래정에 부우옵니다.
바랍노니 모든중생 번뇌다하여
모두함께 법왕위를 이어지이다.

옴 도니도니 가도니 사바하 (세 번)

탄생하심 — 합창(동참대중 다함께)

나무 삼계대사 사생자부 시아본사 서가모니불 … (백천 만 번)
(석가모니불 염불하면서 욕불진행. 다 끝나면 아래의 탄백 낭송한다.)

빛나올사 거룩하신 석가모니불
시방세계 무엇으로 견주어보리
이 세간 모든것을 다보았지만
부처님만 하온어른 다시없어라.

(先師 作)

신년 세알법회

순서

1. 송 주(주로 천수경 독송)
2. 통 알
3. 권 공
4. 축 원
5. 시 식

(동참 대중은 천수경 독송이 끝나면 이어서 전 대중이 통알을 한다. 그 때 인례자가 대중을 향해 '세알 아뢰옵니다.' 하고 알린다. 통알이 끝나고 대중은 모두 권공을 하는데 정법계진언부터 시작하여 축원 올리고 심경봉독까지 한다. 대중함께 조실(법주 - 불광사 경우 - 또는 회주) 스님께 세배하고 조실 스님의 하례사가 끝나면 시식에 들어간다.)

연향게

일-심- 향한-데　높이 솟으니
온-천지　푸른하늘　밝게 열려라
향운이-　온국토에　널리 퍼지니
대자대비　삼보님-　강림하시고
모든중생　오분법신　이뤄지이다 (반배)

나무상주 시방불 (반배)

나무상주 시방법 (반배)

나무상주 시방승 (반배)

시방세계　화장찰해　미진수　　부처님과
원만하온　수다라의　한량없는　큰법문과
보살들과　현성들께　지성바쳐　절하오며
저희이제　사부중과　나라위해　원하오니
자비하신　삼보시여　가호를　　내리소서 (반배)

나무 금강회상 불보살 (세 번 낭송하면서, 반배 세 번)

표 백(表白)

옥호광명	온천지에	두루빛나고
금색광명	무궁토록	항상빛나라
크신지혜	크신덕상	정변지님께
우러르고	귀의하고	예경합니다.
시회대중	정성다해	계수하오며
거룩하신	명호를	칭양합니다
바랍노니	부처님의	은덕을입어
현전하는	대중의	師尊四親과
일문의	권속들이	안강하오며
부처님의	크신법문	두루배워서
수명은	천만세고	복은바다며
지혜덕은	더욱크게	이뤄지이다
온천하	금혁소리	길이끊이고
나라와	세계는	평화하오며
아름다운	덕풍은	언제나불고
크신지혜	태양은	빛나지이다.

나무 금강 무량수 여래 인왕보살 마하살 (반배)

마하반야바라밀 (반배)

통 알(通謁)

伏請大衆	一代敎主釋迦世尊　前	歲謁三拜
伏請大衆	十方三世一切佛寶　前	歲謁三拜
伏請大衆	敎理行果一切法寶　前	歲謁三拜
伏請大衆	點燈心法 가섭·아난 양대존자 전	歲謁三拜
伏請大衆	樹法東土 달마·혜능 양대조사 전	歲謁三拜
伏請大衆	槿域法燈 원효·의상 양대조사 전	歲謁三拜
伏請大衆	護法輔衆 보조·서산 양대조사 전	歲謁三拜
伏請大衆	大覺淨土 용성·동산 양대조사 전	歲謁三拜
伏請大衆	救國救世 소천조사　　　　전	歲謁三拜
伏請大衆	重興祖道 퇴옹·금하 양대조사 전	歲謁三拜
伏請大衆	大小禪敎一切僧宝　前	歲謁三拜
伏請大衆	天仙地祇冥府十王　前	歲謁三拜
伏請大衆	金剛明王護法善神　前	歲謁三拜
伏請大衆	比寺創建有緣一切功德主　前	歲謁三拜
伏請大衆	存亡師親遠近親戚　前	歲謁三拜
伏請大衆	十類三途一切孤魂　前	歲謁三拜
伏請大衆	同住道伴合院大衆　前	歲謁三拜

(先師 作)

◗ 세알 시식은 此寺 創建 功德主와 一切哀魂 灵駕를 위하고 아울러 모든 同參者와 함께 한다. 이와 같은 때는 別座伏爲(寺中)가 되어서 먼저 院主나 別座가 분향·헌작 재배한다. (별좌가 가사를 벗고) 그 다

음 신도들 순서로 차례로 계속된다.

寺中 시식이 이루어지는 날은 일년 중에 四明日이라고 해서 다음과 같다.

① 정월(세알법회) ② 초파일 ③ 우란분일 ④ 성도일

(일반적으로 세알법회와 우란분일을 사중시식으로 한다. 그리고 초파일이나 성도일에는 사중시식은 않는 것이 좋고 현재 대부분의 절에서 그렇게 하고 있다.)

(필자 해설)

金河堂 光德大禪師 年譜

作成, 2001년 2월 1일
1차 수정·보완, 2001년 10월 16일

연도	연령	연　　　　보
1864	甲子年	후일, 翁師가 되신 새 佛教運動 大覺教의 開創祖 龍城震鐘 祖師 誕生(朝鮮 高宗 1年).
1886	丙戌年	龍城祖師, 경북 선산 모례원에서 勇猛精進 結社로 悟道(당년 23세).
1890	庚寅年	후일, 恩師가 되신 淨化佛事의 大功德主 東山慧日 大宗師 誕生(용성조사, 27세).
1897	丁酉年	후일, 法師가 되신 韶天大禪師 誕生.
1905		제2차 韓日協約(을사보호조약) 체결.
1910		① 3월, 안중근 義士, 여순 감옥에서 순국(死刑). ② 8월 22일 韓日合邦條約 調印.
1912		① 東山慧日 大宗師 出家(당년 23세). ② 후일, 拈華知音의 師兄이 되신 淨化佛事의 完成者이며 禪佛教의 思想家 退翁性徹 大宗師 誕生.
1919		① 光武帝의 國葬을 계기로 전국 각지, 방방곡곡에서 기미년 독립운동(3.1운동)이 요원의 불길로 勃發. ② 龍城祖師 독립운동으로 수감(상좌인 東山 대종사 3년 간 옥바라지).

1919		③ 上海 임시정부 수립. ④ 韶天禪師 3.1 독립운동 참가 후, 김좌진 장군 휘하에 入隊(당년 23세).
1921		龍城祖師 大覺敎 創立.
1927 (丁卯)	1	① 東山 大宗師 金泉 直指寺에서 悟道(당년 38세). ② 4월 4일(음 3.3), 경기도 화성군 오산읍 내리에서 아버지 高公 準學, 어머니 金氏 東娘의 2男3女 중 넷째로 출생. 본관 제주, 본명 秉完.
1935	9	退翁性徹 大宗師 東山 門下로 出家(당년 24세). (당시 東山 大宗師 46세, 海印寺 白蓮庵 住錫).
1939	13	兄, 秉烈 死亡.
1940	14	4월 1일(음 2.24) 龍城祖師 入寂(世壽 77세, 法臘 61세).
1941	15	아버지, 高公 準學 別世.
1945	19	日帝 强占에서 解放.
1946	20	어머니, 金氏 東娘 別世.
1947	21	① 韓國大學(현 서경대학의 前身)에 進學, 폐결핵 感染. ② 둘째 누이 死亡.
1950	24	① 韓國戰爭 勃發, 가을 釜山 梵魚寺 入山. ② 東山선사와의 만남을 통해 인생관, 세계관의 일대 전환을 맞이하여 범어사 선방(청풍당), 관음전, 지장전, 미륵암, 금강암, 송도, 죽도, 삼천포, 함안 장춘사 등에서 발분 정진.
1951	25	칠월칠석(양 8.9), 東山 大宗師를 戒師로 沙彌十戒 수계식 도중, 受 十戒를 受 五戒로 복창하고 스스로 거사의 신분으로 낮추어 겸허하게 수행함.

1953	27	韶天大禪師의 覺運動과 그 思想에 깊이 契合한바 '金剛經讀誦救國願力隊'에 참여 전국 순회.
1954	28	① 釜山 東萊 온천장 金井寺에서 悟道. ② 부산 범일동에서 최초의 法燈家族 특별법회 시작(1년 간 매주 실시). ③ 한국불교 淨化佛事 시작됨.
1956	30	대각회 창립, 초대회장에 취임(9.16).
1959	33	가을, 범어사 禪院에서 性昊·眞常·日陀 등 선사들과 現代禪學硏究會를 결성하고 취지문을 작성, 발표한 뒤『벽암록』및 여러 禪典을 현토함.
1960	34	① 범어사 보살계 때(음3.15) 東山大宗師를 恩師와 戒師로 受戒 ② 4.19 혁명 ③ 大韓佛敎譯經院을 설립하여 『벽암록』·『선문촬요』·『선문염송』·『선관책진』·『선문단련설』등 출판(현토).
1961	35	① 佛國寺에서 現代禪學硏究會 주최, 雪峰 師, 초청,『벽암록』최초 강의. ② 5.16 군사정변
1962	36	① 『벽암록』(성호 현토본) 간행(편집·현대선학연구회, 발행·대한불교역경원). ② 曹溪宗 서무국장으로 宗憲·宗法 제정과 불교재산관리법을 주도적으로 成案하고 기타 종단 法令 마련으로 종단의 법률적 틀을 만듦.
1965	39	① 恩師, 東山大宗師 入寂(음 3.23, 양 4.24. 오후 6시 무렵 世壽 76세, 法臘 53세). ② 서울 영동 奉恩寺 結社(주지취임)로 대학생불교연합회 창립과 대학생 수도원 설립(대불련, 초대 지도법사 담임).

1965	39	③『보현행원품』(프린트본) - 한국대학생불교연합회 교본으로 발행(6.5). ④ 학교법인 대동학원 이사 취임(8.18~1974.2.6).
1966	40	학교법인 원효학원 이사 취임(1979.3.4).
1967	41	『선관책진』 간행(진수당, 10.15).
1968	42	『보현행원품』 간행(해인사판, 성철스님 서문).
1971	45	① 조계종 총무부장 취임(~1973.1.25) ② 조계종 총무원장 직무대행(청담 스님 입적시, 11.25).
1972	46	① 自號 運海 사용(진리의 태양을 좋아하고 추종한다는 뜻의 高運海). ② 10월 維新 政治 쿠테타 敢行.
1974	48	① 財團法人 大覺會 理事長 就任(3.25~1976.6.29). ② '한마음헌장' 선포(4.2), 월간「불광」창간호에 게재. ③ 大覺寺에서 佛光會 創立(9.1). ④『반야심경 강의』완성 - 禪智와 般若眼의 究極을 밝힌 佛光敎典. ⑤ 月刊「佛光」創刊, 發行人 登錄(11.1, 불광회를 모체로 함). ⑥ 순수불교 선언(월간「불광」창간호 - 새불교결사운동).
1975	49	① 대각사에서 佛光法會 創立(10.16, 불광회를 모체로 함). ②『法寶壇經』刊行(대각출판부).
1976	50	사리불법등(대학생법회) 창등(2.5)
1977	51	① 普賢行者의 誓願 발표. ② 救國救世의 보살을 양성하기 위해『菩薩聖典』간행(10.30). ③ 學校法人 東國學園 理事 就任(11.23~1993.11.13).

1978	52	① 法師 韶天大禪師 入寂(4.15, 세수 82세). ② 禪智와 般若眼의 寶庫『禪門要典』 간행(10.9).
1979	53	① 파라미타 합창단 창단(3.29) ② 연꽃마을 이야기 출간(5.30) ③ 佛光出版部 開設(10.10), 發行人 登錄. ④ 12.12 新軍部 쿠데타 敢行.
1980	54	① 신달법등(중고등학생법회) 창등(9월) ② 新軍部 政權의 10.27法難 恣行.
1982	56	① 잠실 벌판에 佛光寺 竣工 奉獻(10.24.) - 불광 제2기 잠실시대 개막. ② 마하보디 합창단 창단(11월)
1983	57	① 活功救國救世運動을 위한 正法護持 發願(8월 3일 호법발원) 시작. ② 불광의식집『불광법회요전』 발간(3.10).
1984	58	대웅전(후불탱화) 금판 금강경 주조 봉안(2.11)
1986	60	① 佛光幼稚園 設立(10.19). ② 佛光布敎院 設立(10.19).
1987	61	① 回甲記念 불교 시론집『빛의 목소리』 간행(3.20).
1987	61	② '판소리 불타전' 공연 - 상수불학운동(5.5). ③ 6.29 시민항쟁 승리선언.
1991	65	월간「불광」200호 발행(6.1).
1992	66	① 創作 國樂交聲曲 '普賢行願頌' 발표 공연으로 새불교 운동을 거듭 제창함과 아울러 불교음악의 새로운 지평을 여는 계기가 되었음(4.2, 세종문화회관 대강당). ② 財團法人 大覺會 理事長 就任(5.12～1999.9.10).

1992	66	③ 圖書出版 한강수 開設(10.27), 發行人 登錄. ④ 佛光敎育院 設立(10.26, 석촌동 160-2의 건물 매입).
1993	67	① 財團法人 普德學會 理事 就任(3.30~1996.3.30). ② 分坐知音 退翁性徹 大宗師 入寂(11.4, 海印寺 堆 雪堂에서 世壽 82세, 法臘 59세).
1996	70	창작 국악교성곡 '父母恩重頌' 발표공연(5.11, 국립중앙극장).
1998	72	週報(일요정기법회용) 제1,000호 발행(8.9).
1999	73	① 佛光寺 法主室에서 2월 27일(음 1.12) 오후 2시 무렵, 大圓寂 般若寂光三昧에 듦.(爲法忘軀의 大慈大悲가 化歸本空 함) ② 入寂 100일(6.6) 추모재(到彼岸寺) 奉行. ③ 『광덕스님 시봉일기 1』(내일이면 늦으리) 출판(6.6). ④ 광덕스님 속환발원기도 - 티베트 수미산 순례단 출발(7.8).
2000		광덕스님 속환발원 - 1,000일기도 입재(2.27) 資 송암 奉行精進(도피안사).
2001		① 『광덕스님 시봉일기 2』(징검다리) 출판(2.27, 대원적 2주기) ② 범어사에 行蹟碑와 부도 제막(10.21). ③ 『광덕스님 시봉일기 3』(구국구세의 햇불) 출판(12.30)

作成, 門人 松庵至元 錄

뛰어난 목수와 옹이 많은 소나무의 만남

이 책의 본문을 다 쓰고 이제 후기를 쓰면서 꼭 고백할 것이 하나 있다. 그것은 이 책의 주요 내용이기도 하지만 바로 나와 스님과의 특별한 인연에 대해서다. 사실 이 책 전체의 흐름은 사자(師資)의 유별했던 관계를 그 상좌(上佐)였고 당사자인 내가 솔직하게 모든 것을 다 고백해 가고 있는 것이다.

다시 말하면 그 각별했던 스승과 상좌 사이의 모든 인연을 다 드러내어 스승께서 상좌를 키우기 위해 얼마나 노고가 크셨는가를 알리고 싶었고, 또 스승의 진심을 알리는 것으로 하늘 같으신 은혜를 조금이라도 보답하고 아울러 오래 간직하고 싶었던 것이 책이라는 수단이 되었던 것이다. 그것이 나의 본 마음이다.

그리고 그러한 대부분은 이미 앞의 본문에서 거의 다 밝혔고 여기 후기에서는 남은 한 가지를 꼭 말하고 싶어서다. 또 그것은 이 책 전체의 총 결론이라고 말해도 될 것이다.

이제 내가 그것을 고백함에 좀더 쉽게 비유하여 말하면 스님은 아주 뛰어난 목수와 같고 나는 야산(野山)에서 제멋대로 자란 굽고 옹이 많은 소나무와 같다. 그런 변변치 못한 재목을 얻은 목수는 밤낮으로 연구하고 다듬느라 제대로 잠도 못 자고 편안히 쉬지도 못하고 온갖 공을 다 기울였다. 그 까닭은 비록 쓸모없고 보잘것없는 재목이긴 했지만 그래도 나무 중에서는 사람들이 가장 좋아하고 족보가 으뜸인 소나무이기에 자로 재고 대패질을 하고 옹이를 잘라 내어 특성을 살렸던 것이다. 그래서 그 소나무에는 구석구석 목수의 손때가 반질반질하게 묻어 있다.

목수는 이미 얻은 재목이 최소한 무용(無用)한 물건으로 내버려지는 것을 막기 위해 온갖 노고를 마다 않았고 온 심혈을 기울여 집 짓는 그 어디, 한 모퉁이에라도 유용(有用)하게 하기 위해 끝까지 최선을 다했던 것이다. 오직 그 재목이 버려지지 않고 어디라도 쓰이는 것만이 목수의 간절한 바람이었고 또 목수로서 자신이 짊어져야 할 의무라고 생각했기에, 목수의 모든 기술을 쏟아 부었던 것이다. 아마 웬만한 목수였다면 굽고 옹이 많은 소나무를 벌써 내다버렸을지도 모를 일이다. 이것이 나와 스님과의 특별한 관계였고 하나 남은 고백의 내용이다.

옛날, 왕조시절에 황제가 별세하면 용귀대해(龍歸大海)라고 하였다. 나는 스님의 열반을 화귀본공(化歸本空)이라고 말하고 싶다. 왜냐하면 스님께서는 교화(敎化)의 인연을 모두 마치고 마치 부처님처럼 본래 그 자리로 돌아가셨기 때문이다. 이런 엄연한 사실을 이미 생각하고 또 뻔히 알면서도 나는 스님께서 속히 오십사 하고 간절히 바라고 있다. 스님 당신 입장에서야 번거롭고 귀찮은 일일 수도 있다. 하지만 보현행원품에 보살의 행원이 끝이 없는 까닭은 중생이 끝이 없어서가 아니라 내 생명이 끝이 없이 무궁하기 때문에 행원 역시 무궁하다는p 것을 이미 밝혀 주고 있다. 그런 보현의 입장에서 본다면 스님께서는 마땅히 다시 오셔서 거듭 큰일을 밝히셔야 한다고 나는 감히 당돌함을 무릅쓰고 주장한다. 그러기에 나는 스님 대원적 반야삼매 1주년(2000년 2월 27일)을 당하여 3년 결사 기도에 들어갔다.

3년 동안 일체 산문을 나서지 않고 오로지 기도 정진에만 충실하리라는 뜨거운 각오를 세웠다. 그것은 이미 앞에서 말한 대로 스님께서 속히 불광에 다시 오셔야 된다는 내 주장을 관철시키기 위해서다. 아무튼 매일매일 기도시간을 잘 챙기는 것은 기도 발원자라면 누구나 갖게 되는 기본일 것이다.

나는 그런 시간 외에 따로 스님을 생각하는 시간을 많이 가지고 있다. 물론 거기에는 내 나름대로 충분한 까닭이 있기 때문이다. 그것은 나는 스님을 생각하면 할수록 공부가 깊어지고 예전에 미처 몰랐던 사실을 다시 알게 되며, 이해하지 못했던 법문을 깨닫게 되는 내 자신을 새롭게 발견해서다. 그러기에 나는 더더욱 신심을 내어 스님께서 생전에 내리셨던 고구정녕의 훈도를 거듭 떠올리고, 스님의 일상생활, 평소의 언행 등 온갖 것들에 대한 기록을 찾고 자료를 수집하여 음미하고 뜻을 새긴다. 이 모두는 나에게 정진과 같고 화두와 같고 조사어록과 같다. 또 나에게 강을 건네 주는 나룻배와 같다.

아, 그러나 지금 내 몰골이 너무나 안타깝다. 버스 지나가고 난 뒤에 손들고 우두커니 서 있다니, 나는 세상에 웃음거리가 되고 말았다. 그렇지만 다시 정신을 차려 이렇게 늦게나마 겨우 철이 드는 나를 또 다른 내가 예의주시하고 있다. 스님 주세(住世)시에는 미처 알지 못하여 캄캄했던 것도 지금에야 가슴에 사무치게 느껴져서 새삼 놀라운 눈으로 다시 나를 바라보게 되니까 말이다.

결국 알고 보면 이 모든 것은 오직 나를 위해서다. 때로는 스님을 위한답시고, 은혜를 갚는다고 온갖 미사여구와 중언부언을 수없이 거듭 해도 종국은 역시 나를 위해서라는 것이다. 그래서 이런 책도 나오게 되나 보다.

아무튼 내가 나를 위해 쓴 이 특별한 책, 나는 내가 쓴 책을 항상 내 머리맡에 두고 바라보기도 하고 자주 여기저기를 펴서 순서 없이 읽기도 한다. 내가 발원하고 노력하여 다시 모신 스님과 함께 살고 싶어서다. 어느 때나 스님을 만나고 직접 교훈을 받으면 내가 인생을 살아가는 데 힘을 얻고 안심을 얻어 즐겁고 든든하다. 그러기에 스님 육신은 비록 멸하셨지만 법신(가르침)은 나에게 큰 의지처이고 내가 기댈 수 있는 유일한 언덕이며, 또 영원한 귀의처이다. 이와 같이 스님은 나에게 생전과 조금도 다름없으시다.

아, 스님의 은혜는 이와 같이 생멸(生滅)이 없으며 증감(增減)이 없고 거래(去來)가 없어 하늘보다 더 높은데, 내 키는 겨우 육척도 되지 않는다.

나에게 또 한 분의 스승님인 이 책도, 사실은 내 혼자 힘으로 만든 것이 아니다. 지난번(1권)처럼 전적으로 다른 분들의 은혜 덕분에 이 책(스님)이 세상에 출현(환생)하게 되었다. 그 은혜의 주인공들은 우선 가장 가까이에 있는 우리 신도들이다. 그들의 소박한 표현을 빌어보면 이곳 도피안사의 주지인 내가 어서어서 큰스님이 되는 것이 가장 큰 소원이란다. 나는 먼저 소박한 소원을 품어준 그들 모두에게 무한히 감사하고 싶다.

이 책이 나오기까지 스님의 후사를 묵묵히 받들고 있는 불광회 회주이며 불광 문도의 문장이신 보륜지정(寶輪至淨) 큰 사형께서 여러모로 그리고 이 책을 쓰는 동안 곁에서 말없이 지켜봐 주신 여러 증인들이 있다. 경진년 동안거(冬安居) 기간 동안 도피안사 나한전 시봉을 해 준 성해(成海) 선사, 스님의 일대기를 감동적으로 쓴 김재영 법사님, 그리고 스님의 이야기가 두 번째 세상에 나온다고 무척 좋아하는 지혜심·월광화 두 노 보살님, 여고 학창시절부터 동창이었고 지금은 도피안사 염불 도반으로까지 발전한 평등심·대연성 두 우정 깊은 불자님, 언제나 변함없이 가까이서 도솔산 불사를 지켜 주고 담당해준 묘덕심·진여성 두 고마운 불자님, 심지어 어린 나이임에도 월급을 푼푼이 모아서 크게 거들어 준 이동섭군 등, 이들의 보살행이 아니었으면 이 책이 제때에 나오기가 어려웠을 것이다. 무척 고맙다.

또 지난번처럼 이재운 불자님이 바쁜 중에도 하나하나 읽어 주었고, 혜관 거사 박성근 불자는 수원에서 죽산을 안방에서 건넌방 가듯이 부지런히 뛰어다녔다. 책 만드는 일류 기술자인 이상옥·김명희 콤비는 이번에도 역시 성심과 재능을 아끼지 않았다.

이미 오래 전 불광유치원 건립 불사 때 써 주셨던 글씨를 그 동안 고이 간직했다가 이번에 두 점을 이 책에 모셨다. 바로 칠보사 회주이신 석주 노스님의 은혜이다. 장(章)마다 선화(禪畵)를 그려주신 석정 큰스님의 각별한 보살핌, 컷을 그려 주신 소전 최홍원 화백님, 스님의 무성종송(無聲鍾頌)을 써 주신 서예가 죽림 정웅표 불자님. 운경표구사 김용신님 등 여러분들의 신심과 협력에 깊이 감사한다.

아울러 스님이 한평생 닦으신 수행공덕을 목청껏 소리 높여 찬송가를 멋지게 불러 주신 종단의 여러 명학 보살님들과 스님에 대한 신심이 너무나 깊은 글을 쓴 단월(檀越)들께도 특별히 감사한다.

그 동안 나는 도를 제대로 닦지도 못하면서 세속의 어버이께는 얼음

그 동안 나는 도를 제대로 닦지도 못하면서 세속의 어버이께는 얼음처럼 냉랭하게 대하여 그분들께 부처님 법은 이와 같이 차가운 것인가 하는 잘못된 의혹만 전해 드렸다. 무엇보다 부처님의 가르침을 왜곡시킨 죄, 실로 크다고 하겠다.

끝으로 세상을 살다 보면 잘하려고 열심히 노력했는데도 잘못되는 경우가 왕왕 있다. 만약, 이 책에 그런 부분이 있다면 나는 스님께 영영 벗어날 수 없는 큰 빚을 거듭 지게 된 것이다. 나는 스님께 진 그 무거운 빚을 갚기 위해서라도 어김없이 다음 생에 스님을 다시 만나게 될 것이다. 그것은 이미 오래 전부터 희망한 나의 간절한 소원이었으니, 이제 다시 무엇을 더 바라겠는가. 나무보현보살마하살.

先師 大圓寂 二週期를 앞두고
庚辰年 冬安居 解制日에
도솔산 도피안사 내원당에서   不肖門人 松庵至元 泣撰

追記

이 책을 쓰는 지난 일년 동안 내 곁에서 소리 없이 묵묵히 맡은바 임무를 충실히 해준 고마운 분들이 있다. 보현행, 혜공, 혜안, 원각, 혜봉, 혜각, 묘산, 법진, 법해, 경덕, 혜우 등에게 변함없이 오래오래 함께 불사할 수 있기를 바라고, 아울러 동수정업할 뜻만 세워 놓고 아직도 시절 인연이 도래하지 않아 보현 대도량에 합류하지 못한 벗들께는 어서 만나서 함께 도 닦을 수 있기를 간절히 기도한다.